U0922726

顾问　李军章　朱振东　江喜标

主编　闫联合

让"和润教育"滋养生命成长

华东师范大学出版社

图书在版编目(CIP)数据

让"和润教育"滋养生命成长/闫联合主编. —上海:华东师范大学出版社,2020
ISBN 978-7-5760-0025-2

Ⅰ.①让… Ⅱ.①闫… Ⅲ.①教育研究 Ⅳ.①G40-03

中国版本图书馆CIP数据核字(2020)第035248号

让"和润教育"滋养生命成长

主　　编　闫联合
责任编辑　彭呈军
特约审读　杨慧敏
责任校对　吕安轩　时东明
装帧设计　卢晓红

出版发行　华东师范大学出版社
社　　址　上海市中山北路3663号　邮编 200062
网　　址　www.ecnupress.com.cn
电　　话　021-60821666　行政传真 021-62572105
客服电话　021-62865537　门市(邮购)电话 021-62869887
地　　址　上海市中山北路3663号华东师范大学校内先锋路口
网　　店　http://hdsdcbs.tmall.com

印 刷 者　上海展强印刷有限公司
开　　本　787×1092　16开
印　　张　16.25
字　　数　241千字
版　　次　2020年4月第1版
印　　次　2020年4月第1次
书　　号　ISBN 978-7-5760-0025-2
定　　价　58.00元

出 版 人　王　焰

(如发现本版图书有印订质量问题,请寄回本社客服中心调换或电话021-62865537联系)

本书编委会

顾　问　李军章　朱振东　江喜标

主　编　闫联合

副主编　燕居丽　马仁厚　刘英军

编　委　刘海杰　张德才　刘清永　董海燕　张建军
　　　　孙建滨　李爱华　魏红光　宋　双

前言

朱振东

百年大计，教育为本；教育大计，教师为本。教师是教育发展的第一资源，是教育事业发展的基础，是提高教育质量、办好人民满意的教育的关键。

如何适应新时代的需要，遵循教育规律和教师成长发展规律，进一步改进教师继续教育方式，建设一支高素质专业化教师队伍，是我们一直在深入思考和积极探索的问题。

2015年，上海名师学习研究所在借鉴国内外教师教育专家研究成果的基础上，提出了嵌入日常教学、聚焦教师教学实践改进的教师继续教育新理念，这和我们广饶县改进教师继续教育方式、提高教师专业素质的想法和追求高度契合。

我们首批选择了广饶县同和小学、广饶县第一实验小学、广饶街道颜徐学校三所学校，依托上海名师学习研究所，在全国率先实施"嵌入式教师专业发展项目"，尝试将教师培训立足于课堂，嵌入日常教学，在促进教师专业发展方面做了一些有益的探索和尝试。

三年来，嵌入式教师专业发展项目在实验过程中不断修改、日臻完善，在助力我们广饶县中小学教师专业成长方面取得了明显成效。在此，对上海名师学习研究所在助力我县教师专业成长方面所做的创新性工作表示由衷的感谢！

现在，老师们将他们参与"嵌入式教师专业发展项目"以来的经历、收获和感悟结集成书。打开文集，一缕缕清香，一片片秋色，一份份感动扑面而来。一串串鲜活的故事，渗透着人性的光辉，承载着参训教师共同成长的经历；一篇篇精美的文章，记录着心灵的对话，迸溅出师生思想碰撞的火花。这些作品竹杖芒鞋，筚路蓝缕，记叙了参训者的艰辛；雁过留声，雪泥鸿爪，印证着实践者的足迹，是参训教师宝贵经验的总结。

从一个个感人的教育故事中，我读出了老师们在"嵌入式教师专业发展项目"中付出的辛勤汗水，读出了“嵌入式教师专业发展项目”给老师们带来的可喜变化，看到了“嵌入式教师专业发展项目”引起的老师们对传统教育的反思，更重要的是，我看到了“嵌入式教师专业发展项目”给老师们带来的关于未来教育需要什么样的教师的思考……

人类教育正从普遍教育时代跨入崭新的“终身化学习教育”时代。雅斯贝尔斯说：“教育是一棵树摇动另一棵树，一朵云推动另一朵云，一个灵魂唤醒另一个灵魂。”第一期嵌入式教师专业发展项目已接近尾声，但嵌入式教师专业发展项目的完成，不意味着教师专业成长的结束。希望老师们将“嵌入式教师专业发展项目”作为自身专业发展的新的起点，努力使自己成长为具有良好的职业道德、先进的教育理念、扎实的专业知识和较强的教育教学能力的卓越教师，为办好人民满意的教育作出自己更大的贡献。

本文作者简介：朱振东，山东省东营市广饶县教育局教学研究室主任，东营市特级教师，山东省教科所兼职研究员，广饶县第九、十届政协常委。主持的山东省教育科学“十一五”规划重点课题《和谐高效教学的本土化行动研究》，有效推动了全县中小学课堂教学改革，显著提高了课堂教学效率。荣获山东省教育科研先进个人、东营市优秀科技工作者、广饶县劳动模范、首届乐安工匠等多项荣誉称号。

序言
让“和润教育”滋养生命成长

闫联合

海滨广斥，饶于鱼盐；孙武故里，倪宽家乡；吕剧起源，齐笔发祥。广饶县第一实验小学就是根植于广饶这片沃土上的一颗闪耀明珠，学校创建于1980年，经历了广饶师范附属小学、广饶县县直第一小学、广饶县第一实验小学三段发展历程。四十年栉风沐雨，砥砺前行，学校得传统文化之神韵，教师强修养，炼品位，增强智慧，提升境界；学生读诗书，学礼仪，琴棋书画，各展其长。学生成长、学校发展必须建立在教师良好专业发展的基础之上，本书收录的就是广饶县第一实验小学的老师们在专业成长之路上点点滴滴的收获、感悟，字里行间流淌着浓浓的教育情怀。

育“和润”文化　绘精神底色

文化是民族的血脉，是人民的精神家园，是国家强盛的重要支撑。习近平总书记指出：“文化自信，是更基础、更广泛、更深厚的自信。”“要注重文化浸润、感染、熏陶，既要重视显性教育，也要重视潜移默化的隐性教育，实现入芝兰之室久而自芳的效果。”学校是孕育、传播文化的场所，传承、完善、引领和创新文化是现代学校应承担的使命。广饶县第一实验小学始终秉持文化立校、文化育人之方略，逐渐形成了属于自己的“和润”文化特色。和润，取“和而不同，润泽人生”之意。《论语・子路》记载：“君子和而不同，小人同而不和。”“和而不同”反映在教育上，就是既追求内在的和谐统一，又包容外在的个性差异，它体现着教师不同教学风格的异彩纷呈，也体现着学生个性发展的百花盛开。“润泽人生”体现学校育人于无形之中，启迪、熏陶、传递是学校教育的应有之义，用思想点燃思想，用灵魂唤醒灵魂。在“和润”文化的引领下，多年来我们坚持以“脚踏实地、竞进不息”描绘一小精神底色，紧紧围绕创“和乐相融、墨香浸润”的品牌学校为目标，重点围绕学校“和润”文化的内涵来构建学校课程体系和教师队伍建设，成效显著。2016年12月，广绕实验一小被评为山东省传统文化体验教育示范学校。

建“和润”课程　引“源头活水”

朱熹诗云：“问渠哪得清如许，为有源头活水来。”具体到学校的教育内容和方法，“源头活水”就是课程。在新课程背景下，师生不再只是课程的实施者、体验者、评价者，也应是课程的建设者。师生在课程的建设、实施、体验、评价过程中实现各自发展和教学相长。课程建设的过程，是不断促进教师的专业发展，促进学生全面而有个性的发展，并最终促进学校的特色发展的过程。我们确立了学校“和润”课程建设目标：国家课程校本化、地方课程活动化、学校课程特色化。

一是注重国家课程校本化，让所有学生共同发展。学校严格按照《义务教育课程设置实验方案》和《山东省义务教育课程设置实验方案》设置课程，真正做到开全课程，开足课时。从学校实际出发，对国家课程的部分学科进行了拓展整合。如，依据语文学科在识字、朗读、阅读量等方面的课程标准和学段要求开设了“晨颂、午写、暮读”课程，用“阅读存折”的评价方式引导激励学生提升语文素养。作为全国规范汉字书写教育特色学校，积极践行“方方正正写人生”理念，把写字和育人紧密结合，根据课程标准编写了《写字》、《诵读》教材，拓宽语文教学的时间和空间，促进读写结合。用设计、观看微课等方式实现数学课堂的“翻转”，有效地补充和拓展了国家课程内容。

二是推进地方课程活动化，让学生在实践体验中获得发展。建设基地实践课程，拓展和润载体。充分发挥学校家长委员会的作用和社区资源优势，确立了李鹊鹊苑、市历史博物馆、大王刘集党支部、孙子文化旅游区等12处校外教育基地，采用专题讲座、报告会、参观体验、社会调查、主题实践等方式上好地方课程。法官、医生、警察、消防队员、社区工作人员等成了地方课的老师；博物馆、文化园、养殖场、社区工作站也成了地方课的课堂。孩子们身临其境，零距离感知、体验，收到了很好的教学效果。

三是凸显校本课程特色化，提升学生综合素养。为加强课程资源建设，学校在“和润”理念指导下着力做好校本课程开发实施工作，在建构形成五大板块校本课程体系的基础上，强化校本课程的特色，形成了广饶实验一小特色的“和润课程”。一是把吕剧引入校园，成立了“小梨花”剧社，让地方特色文化得以传承，培养了众多的小戏迷。截至目前，在“全国‘小梅花’少儿戏曲大赛”中，已有刘倩君、蒋晓涵、冯紫君三名同学以优异成绩获得金梅花奖。学校“小梨花”剧社的“乡音乡情”等五个吕剧节目四次在中央电视台戏曲频道播出。二是乒乓球进课堂。利用“山东省乒乓球项目传统学校”的优势，针对学生年龄、心理特点，深入挖掘课程资源，编写了校本课程《乒乓球》训练教程，将乒乓球真正打造成学校的品牌特色体育项目。张乃雯、蒋昊成、田浩宇等同学多次代表东营市参加全国、省级比赛夺得相应组别的团体亚军、季军和单打冠、亚军的好成绩。2015 年 10 月，学校被评为首批“全国学校体育工作示范学校”。三是学校以课程超市的形式，组织校级课程和年级课程两级社团。校级社团包括音乐类、美术类、体育类、科技类四大门类二十七门课程；年级社团开设趣味数学、快乐英语、小小书法家等 64 个科目。学生根据自身特长选课走班，丰富了校本课程资源，让更多的孩子获得了自主发展，找到了自信。“翰墨情”书法艺术社团在全市少儿现场书法大赛中包揽小学组前四名；学校女子篮球队多次获东营市青少年篮球比赛小学组冠军，已两次代表东营市参加山东省青少年篮球联赛。

塑“和润”队伍，聚发展合力

教师是学校文化的创造者、践行者和传承者。建设一支具有正确的教育价值观、扎实的专业素质、高尚的职业道德的教师队伍是推动学校“和润”教育文化建设不断发展的根本保证。在多年的实践中，学校确立了制度导向、培训引领、实践内化的教师队伍培养模式，促进了教师队伍的专业成长和全面发展。

一是建立彰显“和润”文化内涵的考核制度，充分发挥评价的导向激励作用。实行同级部同学科一体化考核，加强团队合作意识，变看重个人教学成绩为看重年级备课组整体绩效。充分发挥集体智慧，凝聚教学合力。

二是学校围绕“如何培养卓越教师”这一目标，引进先进的教师培训理念和高层次的培训团队，实施了“嵌入式”教师培养工程。由上海名师学习研究所首创并实施的“嵌入式”培训以“教师质量提升”为抓手，聚焦教师质量的“人格倾向”、“专业准备”、“教学行为”三个维度的现状、改进、提升、优化，通过与上海教育专家一对一、名师现场示范课展示与指导、赴上海名校跟班学习等活动，实现学校和教师共同发展。“嵌入式”培训模式运用科学的理论体系、高端的分析系统、立足学校本位的培训模式深深地吸引着每一位参训教师。江喜标、蒋薇美、章健文、景洪春、姚剑强等来自上海的专家名师用理论引领、课堂示范、一对一辅导等方式重塑和完善了我们的教学思想与方法。我们的教师队伍经历了这种脱胎换骨、浴火重生般的磨砺，焕发出了专业发展的勃勃生机，进入了“清如许”的美好境界。

三是开展“合作派位式”团队精品课实践探索，塑造教师队伍的合作意识与团队精神。具体做法：首先，教研组成员深入学习课标，确定研讨主题，组内成员人人进行个性化备课。然后，进行集体备课。在个人充分备课的基础上形成组内最佳教学设计。抽签派位组内磨课，团队成员各有分工，参与课件制作、说课、评课。第三，我评我课。对集体打磨的课进行录制，自我观察、修订完善。第四，各学科组按照学校安排进行课堂教学展示、团队反思研讨。团队成员人人发言，结合“和润课堂”评价标准，提出教学改进建议。

一支思想过硬、业务精湛的教师队伍就是在这样的磨练中成长起来的。目前学校有全国优秀教师、辅导员 3 名，省、市特级教师 3 名，省优秀教师 4 名，省教学能手 3 名，市教学能手 47 名，市学科带头人 14 名，市县名师 12 名，县级以上各类骨干教师占专任教师的 60%以上。学校优秀教师队伍的形成为学生的成长、学校的发展奠定了坚实的基础，但队伍建设永远在路上。“路漫漫其修远兮，吾将上下而求索”，在学校发展之路上我们将一路耕耘，一路反思，百尺竿头，更进一步，不断丰厚学校“和润”文化的积淀，让“和润教育”滋养生命成长！

本文作者简介：闫联合，山东省广饶县第一实验小学校长，高级教师，一级校长。曾任山东省社会课教学专业委员会常务理事、东营市中小学教学指导委员会委员、东营市校长联合会小学分会副会长等学术兼职。主持、参研省、市课题十五项，参编教材、教辅用书和专著七本，多次执教省、市、县级公开课、优质课。曾荣获广饶县首届名校长、东营市教学能手、东营市师德标兵、山东省优秀教师、全国优秀教师等称号。

目录

学习编

来自上海的专家名师用理论引领、课堂示范、一对一辅导等方式重塑和完善了我们的教学思想与方法。“嵌入式”培训模式深深地吸引着每一位参训教师，他们跟随专家的脚步，学习解读文本、追寻课堂教学的那一船星辉……

向青草更青处漫溯

——嵌入式培训中关于文本细读的思考与实践

蒋云霞，1970年8月出生，大学学历。两次代表东营市参加山东省优质课比赛，多篇论文、教学设计、教学案例、教师下水文等获奖，先后被评为县优秀教师、教学能手、优秀班主任。参加工作以来，秉承“师以德为本，心以爱为源；以真理教书，用真情育人”的教学理念，始终以高度的责任心、事业心奋战在教学一线。

最早接触文本细读，是在2016年的11月份，章健文老师给我们做了关于文本细读的报告，章老师运用大量的文本列举，从文本细读的由来、角度、目的等方面，生动地介绍了文本细读。当时除了敬佩之外，更多的是疑问：文本细读这种方法确实很好，但也只能在准备公开课上临时用用，如果每一堂课都这样进行深入的文本细读，时间哪里够用啊！直到2017年3月，我们在上海名师研究所张喜标老师的带领下，来到上海市闸北区童园实验小学，走近学校老师的日常教学，才发现文本细读并不是遥不可及，只是我没有静下心来真正地研读文本。

随着嵌入式培训的深入，理论知识的不断吸收，我对文本细读原先的看法有了改变，开始了文本细读的理论学习与实践：2017年3月份，学习了章老师对《母鸡》的文本解读，我写出了学习心得；4月份章老师指导我对《燕子专列》和《颐和园》进行了文本细读；5月份章老师把《景阳冈》的文本解读发给我，我认真学习并与自己的解读做了比较，找出差距，再次写出心得体会；6月份我在独立细读文本的基础上，写出了《桂林山水》的教学设计，得到章老师的悉心指导；10月份，我对《黄果树听瀑》一文进行独立的文本细读，再次得到章老师的评价与指导。在这两年的培训期间，章老师还就文本细读的技术、策略等给我们做了多次报告，生动、鲜活的案例分析把我带入了一个崭新的天地，使我对文本细读有了更加深刻的认识。

一、茅塞顿开：文本细读的意义

说起来真是汗颜，作为一名专业的语文老师，却很少去独立解读文本，拿到教材后，靠着上网查阅，复制粘贴的方式寻找答案，教材解析、教学设计、课堂实录、教学课件，稍加改动皆为我所用。甚至已经习惯了依赖教参进行教学设计，选择教学方法。可以这么说，一旦离了这根拐杖，几乎是寸步难行啊！

语文教学其实就是“教什么”和“怎么教”的问题，而“教什么”比“怎么教”更重要。如果没有细读的备课方式，老师按照教参，或者仅凭经验来组织教学，照本宣科，没有自己对文本的独特感悟，教师就如一个传声筒，仅仅只是把教参上的教学内容按部就班地传递给学生，如此而已。那么，学生自己通过教参也能学习，还需要语文教师做什么？语文教师不应该，也不仅仅是个传声筒，他应该有自己对文本的见解，有自己的言语解读，而不是一个传递知识的工具。那么教师对文本独特的感悟哪里来？这就需要我们进行文本细读。

“细读”的字面意义并不深奥，就是仔细地、认真地阅读。如果说，一般的人，非中文专业的人阅读文本，可以是随便翻翻，可以是大致浏览，人们也不会对他们提出严格的要求，那么对语文教师就不能这样，而是需要细读。文本细读就是打开自己的生命，对文本的每一句话，每一个词，甚至是每一个标点符号，保持一种高度敏感和警觉，将文本里里外外爬梳个透，殚精竭虑，敲骨吸髓，读出课文背后的深意，用自己的言语经验、言语感悟、言语智慧乃至言语人格去与文本对话，与学生对话，唤醒学生的言语生命意识，促进学生的言语生命发展。

二、上下求索：文本细读的方法和途径

阅读教学中的文本细读，实质是以教师的细读引领学生的细读，以教师的细读体验唤醒学生的细读体验。那么应该怎样去细读文本呢？经过两年的培训，结合平时的教学实践，我认为可从以下几个方面入手：

1. 从谋篇布局方面细读

每篇课文在其谋篇布局上都有一定的特点，它传达了作者在表达上的目的、意图。细读文本，首先要把握好文章的篇章结构，才能理清文章的脉络，才能深入品味文本谋篇的巧妙和构思的精妙。

如《桥》一文设置悬疑的结构，课文先写老汉把一个小伙子从队伍里揪出来，让他排到后面去，结果小伙子被洪水冲走了。老汉与小伙子是什么关系？在这里并没有交代，只有当读到文章结尾“她来祭奠两个人，她丈夫和她儿子”时，我们才心头一震，原来老汉与小伙子是父子关系。读到这里，读者无不为之动容、震撼。那么，作者明明知道老汉与小伙子是父子关系，为什么不在前面交代，而在后面才点出来呢？这就是作者在布局谋篇上的独具匠心，这样安排，能使文章产生一种更加感人的效果，让读者有一种“意外”的震撼。这种意想不到的结尾，震撼人心，催人泪下。细读品味，就会发现这样先设置悬念后揭开谜底独具特色的结构形式，给学生的人物认知和情感体验产生了强烈的冲击和震撼。这种震撼人心的效果是那种平铺直叙的结构方式所不能达到的。

《落花生》在布局谋篇上很有特色。全文按照事情发展的顺序写了种花生、收花生、尝花生、议花生。从种到收要经历几个月的时间，作者却只用了“买种，翻地，播种，浇水”，“收获”几个词一笔带过，而过“花生节”，只是一个晚上的事，但在课文中却占了很大篇幅。作者为什么这样安排？这样的安排有什么好处呢？我们可以引导学生讨论，让学生对文章的主次、详略有具体的感受，懂得文章主次、详略是从中心思想的表达需要出发，进行裁剪的。

总之，引导学生感悟一些文本的结构特色，对于小学生的习作是大有裨益的。

2. 从语言风格方面细读

每个文本的语言风格不尽相同，或风趣幽默，或恬淡明丽，或清新隽永，或凝练含蓄。细读文本，需要我们对语言文字有敏锐的感受能力，要使学生有感悟，教师首先要有感悟；要使学生能体验，教师首先要能体验；要使学生有感动，教师首先要感动。这样你才能品悟到文章的精髓，才能在日常的教学中耳濡目染地引导学生感受、理解和欣赏，学习和领悟作者的写法，迁移运用。

《桥》一文语言非常有特点，多用简短的句段，来渲染紧张的气氛。如，课文开篇就写黎明的时候，雨突然大了。“像泼，像倒。”短短的四个字，构成了两句话，不仅描写雨水之“大”，而且表现出雨水的来势凶猛，为下文的山洪暴发作了铺垫。课文最后写“她来祭奠两个人。”“她丈夫和她儿子。”这里每句话都单独成段，语言极为洗练，却加强了故事的悲壮色彩，让人不禁为之动容。

《窃读记》一文通过自语式独白描绘心境，也别具特色。如：“啊！它在这里，原来不在昨天的地方了”，来表达终于发现书并没有卖出去，又可以接着读的惊喜；“就像在屋檐下躲雨，你总不好意思赶我走吧”，利用“下雨天，留客天”这种理所当然的借口，自我安慰，在书店里开心地读下去，有几分童稚，还有几分诡辩。在这种“窃读”的氛围中，一方面享受阅读的快乐，一方面还要时刻关注周围的环境，非常生动形象地表现了作者的心情变化，使人如历其境。

3. 从揣摩细节词句方面细读

细读文本，我们会发现很多课文的动人魅力大多隐藏在细节里面，若能关注这些细节，便可突出重点，迅速进入文本语言并产生身临其境的感觉，与作品融为一体，方能“将其言若出吾口，将其意若出吾心”。最终引导学生去发现文本的精华都有一些显著的特点。

《将相和》是一篇老课文，如果我们重新细读，就会对文本蕴含的人文内涵理解更深。如廉颇主动到蔺相如门上请罪，文中的叙述是：“于是，他脱下战袍，背上荆条，到蔺相如门上请罪。”我们常常以“负荆”来说明廉颇请罪的诚意，而忽略了“脱下战袍”这一细节。针对这一细节我们可以这样想：这身战袍曾陪伴着廉将军驰骋沙场，杀敌无数；这身战袍曾陪伴着廉将军大败齐国，攻取阳晋。这一身战袍，对于战功赫赫的廉大将军而言，意味着什么？荣誉、地位、名利……而今，廉将军脱下战袍，就意味着放下了自己的荣誉、名利、地位！细细咀嚼“脱下战袍”这一细节，我们就能更准确地把握人物的个性特点，更准确把握文本的人文内涵。

生动的语言往往并不华丽，但它却能通过细微处增强文章的形象性、生动性，丰富内涵，使人产生联想。如《燕子》一课：“蓝蓝的天空，电杆之间连着几痕细线，多么像五线谱啊。”这里的“痕”用得好，刚下过雨，电线细而高，天空淡蓝，“痕”显得那么朦胧淡远，若有若无。如用几“根”，则显得坐实，缺少韵味。

语言是交际的工具，是表情达意的载体，感悟文章一定要从语言入手，揣摩语言，品词析句，咬文嚼字，通过富于表现力的词句来感悟文本其中的文化、思想、情感。

结束语：以上是我在两年的培训中关于文本细读的一点感悟和做法，很不成熟，记下来与各位同行交流。在文本细读的道路上，我还只是个初探者，文本细读更要求教师具有一定的文化底蕴、思维方式、人生阅历、审美情趣等等，我会不畏艰难，一步步地前进，边学习边提高，边提高边反思，形成系统的、适合自己的文本细读方法。如果说文本细读是语文教学这条清溪中的有生命的青草，那么我依然愿意向青草更青处漫溯，撑一支长篙，追寻文本细读的一船星辉……

文本解读促我成长

商英丽，1981年5月出生，大学本科学历。先后被评为“广饶县优秀班主任”、“广饶县小学语文教学能手”、“山东省汉字规范化书写骨干教师”，撰写的论文和执教的优质课多次获奖，并多次参与省、县的课题研究。

教育理念：用“勤”鞭策自己，用“钻”提高业务，用“爱”呵护幼苗，用“心”体验学生。

为期两年的“嵌入式”培训学习已接近尾声。在这次培训中，我聆听了多位教育专家精彩的讲座，领略了他们课堂上的风采，也鞭策着我在不断地成长，无论是教学水平还是班级管理水平，都上升了一个新台阶。尤其是在一对一辅导中，景洪春老师精彩的报告和细心的指导让我受益匪浅。

在聆听了景洪春老师“关注学生学习经历，促进语言发展”的报告后，让我感受深刻的是景老师对文本的解读和对孩子的解读都非常到位。景老师说：“很多时候，我们不缺认真和熟练的教师，而是缺乏思考研究的老师。”反思自己的教学，我在很大程度上关注了自己在课堂上的角色——创设怎样的学习情境、设计怎样的学习活动、预设学生生成的多样性等，但缺乏对文本的深入解读。究其原因：一是自己对文本的钻研意识不强，对教参过度依赖。由于课改前后语文教材体系基本不变，内容变动也较小，我常常会有意无意地沿袭自己以往对教材的解读，在创造性地运用教材方面思考得很少，习惯上依赖教学参考书来替代自己对文本的解读。二是对文本的研究能力不够。自身的文学素养局限了对教材文本解读的水平。由于我既是一名语文教师又身兼班主任，头绪多，很多时候都忙于事务性工作。除学业进修的必修内容外，平时缺乏对文学作品的经常性研读，对快餐文化接触较多，但更多成分上是休闲、放松，所以自身文学素养停留在原有水平上，思想、观念、文化意识更新也不快，这些都影响着我对文本的解读。教材解读不到位，所以我的课堂教学就经常不尽人意。

剖析景老师的报告，在解读文本时首先要确定核心教学内容，而习惯了什么都舍不得放下的我们，更是要在今后的教学中去思考"核心教学内容"的确定。弄清楚教学的根本目的是帮助学生学习，而不是将教学内容硬塞、强加于学生，是在了解学生真实需求的基础上，明确自己可以从哪些方面给学生帮助后再来实施教学，只有这样做，才可以达到教学目标。还要设置教学前测、后测。语文教学内容的确定不能只停留在老师自己的认识层面，而是要建立在一个基于事实为依据的事实层面上。语文教学要尽快突破雾里看花的局面，只有教师教得明白，学生才会学有所获。教学内容的确定可归纳为四个板块，分别是根据"学生需要"确定教学内容；参照教学内容确定学习起点；沿着学生起点关注学习状态；评估学习结果。我的理解是，这四个板块有着明显的内在联系，以循序渐进、螺旋上升的方式构建成一个确定教学内容的模式。

在一对一学习辅导中，景老师针对我执教的二年级下册《蜜蜂引路》这一课，先肯定了我教学中的优点，也指出了不足之处。例如在课题上下的功夫还不足，题目是文章的精髓，在解题上要下足文章。在设计画列宁找养蜂人路线图时，老师代替学生板画，没有给学生提供发展的机会。我深刻反思了自己，一是文体意识过于薄弱，解读文本还不够深入。在解读文本时要能发现教材隐性价值，否则教学只能是蜻蜓点水，浮光掠影。二是教学过于形式化。习惯套用固有的教学模式，创新意识差。教学时常常为了追求文本的整体性而导致第一课时字词教学和文本解读的设计上有所偏失，进一步导致第二课时大部分时间在进行字词教学，不够科学合理。在此基础上，我对这一课的教学又进行了改进。首先要深入解读教材。在解读教材时要注重认识文本意义：由浅入深，由表及里，由现象到本质，有所创见。学会有梯度的教学设计，引领学生体会文本情感。教学过程中还要重视学生有所积累，并增强训练语言的意识。其次是关注学生发展。我们传授的很多知识都是经典的、陈旧的。但我们传授的对象在变。今天的孩子是全新的，所以在教学中我们要多多解读我们的学生，关注学生的学习经历——架设"言语桥梁"，引导学生习得不同形式的言语能力。课堂上要有学习时间，给学生提供沉浸文本的时间，重视学生的发展。在学校举办的人人一节公开课活动中，我再次执教《蜜蜂引路》这节课，经过潜心研读文本，我在课堂上是游刃有余，学生兴趣盎然，在提高课堂效率的同时，也得到了学生的肯定。

在平时的教学中，我也力争每篇课文做到深入细致的文本解读。例如在教学《搭石》一课时，我从“语言文字”入手——品其味、悟其神，凸现文本之生命。第一自然段中的“脱鞋绾裤”这个词语，在教学时，先通过查字典，解释“绾”的意思，接着将文中的“山洪过后，人们出工、收工、赶集、访友，来来去去，必须脱鞋绾裤”这句话分解开来，再读出“人们出工时就必须脱鞋绾裤，收工时也必须脱鞋绾裤，赶集时需要脱鞋绾裤，访友时还必须脱鞋绾裤……”这样在语境中把这个词语的意思理解了，搭石存在的意义便凸显了出来，那么“搭石精神”对于人们生活的重要，学生也就铭记于心了。《麦哨》一课两次写了麦哨，“‘呜叶，呜叶，呜……’田野里，什么声响和着孩子的鼻音，在浓绿的麦叶上掠过？一声呼，一声应，忽高忽低，那么欢快，那么柔美。”采用了前后呼应的结构编排，构成了形式上的美。我在教学设计上也采用前后呼应形式，既让学生体会到文本形式美，同时又在对麦哨声的反复吟读中体会到麦哨本身所具有的暗喻意义：表达的是孩子们的欢快，表达的是孩子们童年美好的生活。《燕子专列》中有一段描写小姑娘贝蒂的文字。解读这段文字时，我通过对小姑娘“冻得通红、冻得僵硬、一点也不在乎”的描写的品读，透过文字意义感受到小贝蒂为拯救燕子所表现出的忘我境界以及对鸟类博大的爱。这样的解读，就能让原本一个生动的故事走向深层的情感内涵。凸显出文化的内涵，爱的主题、环保意识在文本的深层管窥下得到了渗透。在教学《珍珠鸟》一课时，给学生以感悟的空间，鼓励个性化解读。我针对“我用手抚一抚它细腻的绒毛，它也不怕，反而友好地啄两下我的手指。”这句话设计了下面的环节：想象一下，作者被小鸟啄得疼吗？你能把这个“啄”字换成一个让人感到亲切的词吗？我抓住“啄”这个词，鼓励学生进行个性化解读，在孩子们不同但却精彩的解读中，将爱的种子埋在了每个孩子的心里，真正让学生走入了文本。

经过两年的培训学习，在自身素养提升的同时，也提高了课堂教学效率，我执教的优质课在县、市荣获一等奖，可谓是收获颇丰。在以后的教学中，我会继续深入钻研教材，认真解读文本，大到整篇课文，小到一个词语，都要反复品味，仔细琢磨，力求在课堂中给学生以准确而深入的引领，让我们驾着智慧的小舟，载着孩子们在语文的瀚海中欣赏每一朵浪花，聆听每一次涛声。

有效的文本解读让我的课堂更精彩

刘卫卫，1977年12月出生，本科学历。参加工作以来，一直勤勤恳恳，深受学生爱戴。

教育理念：用爱心感召情感，用智慧浇灌心灵，用知识打开科学之门，是教师最快乐的工作。

两年的嵌入式培训已经接近尾声，让人还有一种意犹未尽的感觉。在这两年学习中，我收获了许多，如作为一名年轻的语文教师怎样给自己很好的定位，怎样制定相应的目标，以及怎样通过自己的努力一步步实现。给我启迪最深的是语文教材的文本解读，章教授一次次到校悉心的指导，并以优秀的课例作为示范，让我明白了文本解读到位的重要性。每次备课之前我都要认真地研读教材，争取把课文理解透彻，了解编者的意图、孩子的经验水平，逐步提高我的语文教学水平，让我的语文课堂教学生动精彩。

一个优秀的语文教师在解读文本时一定要从多个视角出发。

1. 读者视角，陌生阅读，读出自己的独特理解。

首先我们要将自己视为一个读者，要沉下心来细读文本，要想方设法让自己读进去、读出形象、想进去、走出来、细品味，通过品析词句，让文章荡涤我们的心灵。

我们要让学生喜欢文本，首先要先问自己喜不喜欢，我们一定要用语文教师的敏感捕捉课文中的语言魅力。

2. 作者视角，智慧阅读，把握文本的价值取向。

每篇文章都是作者想要传达的意蕴的载体。这种意蕴可以是一种情绪、情感、情操，也可以是一种理解、理念、理论；可以是一种直白，也可以是一种婉曲；可以是对事物的认识，也可以是对人生的感悟；可以是一己有限的心得，也可以是济世博大的胸怀……

“作者究竟想告诉我们什么”这是语文教师拿到教材文本，在进行解读时，首先要发出的究问。答案在哪里？一定在文本的本身。教参，只能是“参阅”。我们要用自己的眼光、自己的大脑来解读教材文本来自作者的规定性。

3. 教者视角，立体阅读，凸显学科的本体特征。

教师在进入教学之前，必须充分、细致地阅读教材文本，每个教师的个性都成为解读文本的一种别样体悟。教师对教材文本其实在进行着再创造。

在这个意义上，“超越教材”不仅是可能的，而且是必要的。

但教师的解读规定，一定只能由文本所包含的意蕴生成，而不是胡思乱想、胡言乱语。持之有据，这个“据”，就是文本意蕴的本来、本源、本质。

4. 学生视角，个性阅读，遵循教学的基本规律。

教师不仅要考虑把教材文本教给儿童，还要设身处地站在儿童的立场上，用儿童的心灵去亲近教材文本，用儿童的眼睛去发现教材文本中属于儿童文化创造的那些特质。只有这样，才能充分尊重学生的个性体验，才能给予学生正确的价值引领，才能遵循教学最基本的规律。

低年级识字课教学，有的老师备课时煞费苦心琢磨出来的方法新颖别致，可却根本不适合孩子们，基于这一点，我们必须紧紧把握住孩子的心理特点和成长规律，不能用一成不变的方法延续始终。没有遵循规律的教学一定是低效的。

教师在进入教学之前，必须充分、细致地阅读教材文本，每个教师的个性都成为解读文本的一种别样体悟。教师对教材文本其实在进行着再创造。《雷锋叔叔，你在哪里》这篇课文中的雷锋是一个时代感很强的人，距离孩子的实际生活很远，为了让学生能够走进雷锋、了解雷锋，我利用班会课让学生看雷锋的短片，让学生从荧幕上了解英雄，为学生学文做好铺垫，让学生更轻松地走进课文。在上课前我进行了充分的备课，研读文本，知道文章的主旨，抓住关键词语理解课文内容。“泥泞”一词先让学生想象是什么样的情景，再结合图片观察让学生理解这一词语，学生仿佛看到雷锋叔叔在泥泞的路上冒雨艰难行走。“荆棘”一词既能结合图片识记，又能理解词语的意思。雷锋叔叔背着年迈的大娘走在布满荆棘的路上，雷锋送大娘回家的形象跃然纸上，孩子们就能很好地理解这一段的内容，通过两件事的描述，孩子们自然而然地了解了雷锋叔叔的乐于助人、无私奉献、有爱心。“哪里需要献出爱心，雷锋叔叔就出现在哪里”，理解这句话的意思，引导学生说身边的“活雷锋”，让学生明白像雷锋叔叔一样做好事的人就是活雷锋。学生通过学习，并能像一个小雷锋一样要求自己，教室的地面上再也看不到一张纸片，桌椅总是摆得整整齐齐，黑板擦得干干净净，再也不用老师的提醒。再也听不到“我的橡皮忘带了”、“我的练习本忘带了”……教和学联系在一块，并做到学以致用，让教学渗透到学习中。

教师不仅要考虑把教材文本教给儿童，还要设身处地站在儿童的立场上，用儿童的心灵去亲近教材文本，用儿童的眼睛去发现教材文本中属于儿童文化创造的那些特质。只有这样，才能充分尊重学生的个性体验，才能给予学生正确的价值引领，才能遵循教学最基本的规律。《找春天》是一篇充满儿童情趣和文学色彩的小短文。作者用优美的语言，用比喻、拟人的手法描写了孩子们眼睛里的春天，表达了对大自然、对生活的热爱之情。在孩子们眼里，春天就是一个小姑娘，她害羞，所以遮遮掩掩，躲躲藏藏，由此引导学生观察春天是一个充满生机的季节，并向往春天的美好。但是我们这里的春天每年都来得比较晚，我就把这节课稍微往后调整一下，当我们这儿初春特别明显的时候再让学生学习。我让家长星期六、星期天的时间带领孩子外出观察美丽的春天，有条件的家长把找到的春天用图片的形式拍下来。上课之前，让学生说自己眼中的春天，学生各抒己见，把自己眼中的春天娓娓道来。有说花的、草的、人工湖的……再来学习《找春天》这篇课文时，学生仿佛走进画中一样，把看到的春天用优美的语言又描述了一遍，学习起来兴致很高，枯燥单调的学习变得充满活力。“小草从地下探出头来，那是春天的眉毛吧？早开的野花一朵两朵，那是春天的眼睛吧？树木吐出点点嫩芽，那是春天的音符吧？解冻的小溪叮叮咚咚，那是春天的琴声吧？”学生通过读，想象画面，很容易理解课文内容。垂柳迎风飘舞，学生马上想到那是春天的头发吧？花苞缀满枝头，那是春天的头饰吧？这样的例子还有很多很多，都是孩子在观察后脱口而出的。走进学生的生活，贴近学生的生活是学习语文的最好方法，也是孩子最感兴趣的事。

我们要达到对文本进行深入而独到的解读，必然要熟悉文本、直面文本、回归文本，通过文字与作者进行真正的心灵层面的沟通与交流，真正做到走进作者的心与灵魂，与之碰撞出智慧的火花，并要了解孩子的接受能力以及情感体验。借用朱光潜曾说过的一句经典话语"在汉语中出生入死"。我觉得作为小学语文教师，我们更应该"在汉语中深入浅出"，用独到的眼光解读文本，让语文课堂充满自己的个性和色彩。

星星点灯

高敏，1979年9月出生，大学学历。热爱教学，始终以耐心、爱心、细心对待学生，注意调动学生的学习兴趣，执教的公开课、撰写的论文多次获奖。

教育理念：做孩子们的朋友，一起读书，一起学习，让兴趣引领孩子们扬帆起航。

我喜欢读书，喜欢文学，所以我梦想着自己能当一名语文老师。将近二十年的教学生涯，在校长一句“你教语文吧”之后，我立刻实现了自己教语文的梦想，心情仿佛飞上云端，紧接着校长一句“你带班主任吧”之后，我陷入了沉思。黄沙如海，找不到绝对相似的两颗沙粒；绿叶如云，寻不到完全一样的叶片；人海茫茫，没有个性完全相同的学生。班主任工作纷繁复杂，我要用最短的时间去了解五十七八个孩子的性格以及优缺点，我感觉挑战太大了。可是，有困难解决困难也要上！于是我边学边尝试，直到今天，试了六年，正好是“六年之痒”时。

生命中总有一些机遇，在你迷惘时，能够引领你走向更好的路。或者是一个人，或者是一个团队。我是幸运的，因为我遇到过这样的人，这样的团队。

2016年1月，初识上海浦东教育发展研究院江所长，那时的我，绝不会想到这个说不好普通话的高个子南方人，能让我的教育理念发生如此大的变化。两年的时间，从一开始的感觉路漫漫，到偶尔会灵机一闪，再到今天的豁然开朗，我深深地觉得，教育工作者离不开好导师的引领。在我不知如何前行的时候，在我迷茫无助的时候，研究所的这几位导师就像是一盏盏明灯，给我指引方向，给予我无尽的力量，让我对教育有了更深切的理解和更适切的行动。

很幸运的是，由章健文老师指导我们如何去细细地解读文本，让我在文本解读这件事情上有很深的感悟和收获。我在执教人教版部编本小学语文二年级下册第二单元的第一篇课文《雷锋叔叔，你在哪里》时，我仔细地解读文本。第一小节“沿着长长的小溪，寻找雷锋的足迹。雷锋叔叔，你在哪里，你在哪里？”孩子们读第二句话时，两个“你在哪里”读得感情平淡，我这样启发“小溪很长，我们寻找了很久却还没有找到，这时心情怎样？”孩子们体会到了着急，着急时呼唤声会大一些。第二小节“小溪说：昨天，他曾路过这里，抱着迷路的孩子，冒着蒙蒙的细雨。瞧，那泥泞路上的脚窝，就是他留下的足迹。”雷锋抱着迷路的孩子，走在泥泞的路上，为什么是“抱着孩子”而不是“背着孩子”呢？因为此时正下着蒙蒙细雨，雨虽小但是很密，不一会儿雷锋的身上就会被雨淋湿了。孩子们想到如果背着孩子，会让雨淋湿孩子，说不定孩子会生病，而抱着能让孩子不被雨淋湿而且更加感受到雷锋怀抱里的温暖。“脚窝”则更加体现了泥泞路的难走，脚踩下去很难往上拔，还要抱着孩子。孩子重、雷锋身上又湿又冷、走在泥泞的路上，从这三方面让孩子感受到雷锋的有爱心、乐于助人的精神。第四小节“小路说：昨天他曾路过这里，背着年迈的大娘，踏着路上的荆棘。瞧，那花瓣上晶莹的露珠，就是他洒下的汗滴。”雷锋在路上偶遇一位年迈的大娘，雷锋背着大娘，踏着布满荆棘的小路，荆棘可能会划破雷锋的衣服，还可能会划伤他的腿脚，那他为什么要背着大娘呢？这样走在荆棘上不是更疼吗？孩子怎样去理解雷锋的无私奉献呢？我给孩子们提出一个假设，假如这是一对母子，儿子会让母亲走有着荆棘的路吗？孩子们都说“不会”，为什么呢？因为儿子心疼母亲，他们有亲情，所以儿子肯定会背着母亲。我又抛出问题：可是雷锋和大娘是素未谋面的两个人，他们之间没有亲情，雷锋为什么要背着大娘呢？孩子们就这样在一问一答中慢慢地体会到了雷锋的无私和奉献精神。最后一小节“哪里需要献出爱心，雷锋叔叔就出现在哪里。”孩子能体会到“哪里需要帮助，哪里就会出现像雷锋叔叔一样的人”，但是在表达上有些词不达意，我适时引导，让孩子说一说曾经得到过谁的帮助，让孩子体会到，有许许多多具有雷锋精神的人就在我们身边。

上完这一课，孩子们寻找身边“活雷锋”的热情不减，我们在第二节课的时候继续交流和分享，不仅加深了孩子们之间的友谊，还提高了孩子们助人为乐的热情，更加让孩子们感受到世间处处有温情。

部编本小学新语文教材中的每一篇课文都是文质兼美的佳作，其语境描述的美妙，语言运用的精妙，思想表达的深邃，见解阐述的独到，都是引导学生感悟的重要内容。而由于课堂教学时间的有限，课文中的精彩之处没有可能引导学生一一感悟。为了使这些精彩给学生留下整体印象，我在阅读中抓重点，引导学生对语言文字反复诵读，以悟出语言丰富的形象内涵，意义内涵，情感内涵。

两年来，在多位老师的陪伴下，我获得了提升和成长，虽然只是点滴的改变。但教育，从来就是慢的艺术，教师的成长也是如此。我不急，希望我的学生也能跟我一起慢慢进步，慢慢成长！

成长编

多位教育专家精彩的讲座，课堂上的指导，嵌入式的反思鞭策着我们不断努力，在课堂中磨炼、成长。

做幸福快乐的教师

赵秀花,1971年2月出生,大学本科学历。先后被评为"东营市小学语文教学能手"、"广饶县优秀辅导员"、"广饶县三八红旗手"、"广饶县师德标兵"、"东营市优秀班主任"。

教育理念:师生关系的最高境界是相互欣赏。惟有这样,师生关系才会水乳交融,并达到教学相长之目的。

回想两年前,校长宣布要有一部分教师参与嵌入式培训,能有机会接受专家教授亲临示范指导的时候,心中可真是五味杂陈。我既为有这样机会的老师感到幸运,又有些许羡慕。没想到的是,我竟然成为了其中的一员,那份欣喜,那份激动,无疑像中了大奖一般。两年的时间,转瞬即逝。甚至没来得及细细回味,培训就已接近尾声。在这里,回忆两年来的收获,真是百感交集,有留恋,有不舍;更有感动,有提高。总之收获颇多,感悟颇深。两年的时间,虽说不长,但却给我带来了极大的震撼。我感叹于专家们先进的教育教学理念、幽默风趣、侃侃而谈的名师风度,感叹于他们对教师的专业成长提出的独特的思想与合理化建议。他们的指导,就像茫茫大海中的一盏灯塔,给我指明了航行的方向。

故事一:做认真负责、爱学生的老师

经常听学生家长说:"老师啊,你可要好好地管管我家孩子,他不听我的话,就听老师您的话。"这样的话听多了,也听出了其中的意思。可能有的家长是推卸责任,但更多的是老师在学生心中的地位崇高。老师在学生心目中的地位是至高无上的,这就是老师的价值。

教育事业就是爱的事业，没有爱就不会有教育。作为一名教师，让我更深刻领会了关爱每一个学生，在生活上关心学生，在学习上帮助学生的重要性，让学生在感受爱的过程中，理解爱，学会爱。其实，每一个学生都是好学生，他们身上有不同的闪光点，只是有的没被发现。这就需要我们教师在平时的工作中细心，善于捕捉学生的闪光点，夸奖学生，激励每一个学生上进，赏识每一个学生的才华，让每一个学生积极参与，期待每一个学生获得成功。我常常把更多的爱，倾注在那些后进学生的身上，倾注在那些需要帮助的学生身上。以平等的心灵善待学生，用爱的情怀关注学生，这是一股巨大的教育力量，它比任何高明理论的说教都有效。把这种情怀融入平实的生活，把学生的进步当作自己的成功，用坦诚的相待诠释幸福的内涵。

在我教学生涯中经历的学生也不少，有调皮捣蛋的，也有机灵活泼的，有投机取巧的，也有勤奋好学的，可是给我印象深刻，至今想来仍让我挂心的却是一个很特别的小女孩，姑且叫她婷婷吧。

婷婷跟别的孩子不同，首先是上学放学。有的孩子是自己来学校的，有的孩子是家长送来的。而每次都是快要上课的时候，我的电话就会响起，总是婷婷的爸爸打来的，问孩子是否到了教室。我没多想，只是意识到这个孩子肯定在家娇惯坏了。后来孩子一系列的反常表现，才让我意识到了她的与众不同。上课的时候，她会突然站起来，也许会突然大叫一声，有时还会离开座位出去玩一会儿，我怎么跟她说都不见效，她一直很难改变。于是，我在放学路上找到她的家长，跟她的家长反映情况，希望更多地了解她。本希望她能乖乖地站在她爸爸的身边听我说话，可是我没想到的是，想让她听我们说话，她却连一分钟都坚持不了。一会儿她会跑到一边，被她爸爸拉回来。不一会儿，就又跑了。即使不跑，眼睛不是看地面，就是看路边的行人，绝对不看跟她说话的人。我当时的心情，真无法用语言形容。因为我不知道她在想什么，我感觉我跟她的距离很远，我根本走不进她的内心世界。

给我们班上课的老师，每次上完课回来，总是来这里告状。你们的婷婷上课一直在玩，她从来不抬头看黑板，写字的时候她总是写不到田字格里去。我也真是没办法，虽然我一直在努力帮她，一刻也没想到放弃。我想过可能是她年龄小，但是年龄小的孩子跟她的表现不一样。到底是什么原因使她这样呢？从事教育工作已经二十多年了，头一次碰到这样的孩子，很是让我焦虑。同时这也是一个挑战，我喜欢这个挑战，我喜欢挑战，我更希望自己挑战成功。对待婷婷这样的孩子，不仅要付出更多的爱心，还要有足够的耐心才行。

现在，开学已经快三个月了，她的变化让我欣喜。确实如她家长所说，跟着一年级的孩子上学，长见识多了。最让我欣慰的是上课的时候，她能安稳地坐在位子上，而不是随意走动了，因为她知道了上课的规矩。“开火车”背课文的时候，读生字词语的时候，轮到她背或者读，她还能口齿清楚地完成任务。特别是在田字格里写字，她用时虽长，甚至比别人多用两倍的时间，她也能把字写在格里了，一笔一画还有模有样了。这些变化已足以让我高兴半天了。

也许她是一个特殊的天使，上帝把她安排到我的身边，是让我爱她的。我没有理由推开她，唯独可以做的就是加倍呵护她，像爱护自己的孩子一样，甚至比爱自己的孩子还要多一些。

故事二：改变观念，让孩子爱上课堂

每一个孩子都渴望爱。特别是离异家庭的孩子；父母忙于工作，把孩子扔给爷爷奶奶的孩子……他们更需要来自老师的关心和爱护。每个班级都有所谓的“差生、后进生”，对于他们，我们老师要怀揣一颗爱心，像对待自己的孩子那样，耐心引导他们点点滴滴的进步。有的时候，那些所谓的差生，也只是我们给他打上的标签而已。他们或许调皮，他们或许接受新知识慢一点儿，他们的表现或许不那么尽如人意。但是，我们要看到他们的闪光点，给予他们更多的关注，给他们指明前进的方向，也许，他们不像我们想的那么糟糕。

一个轻松愉悦的课堂离不开学生的积极投入，而学生的积极投入又离不开老师的鼓励。现代的课堂教学需要教师转变观念，放下架子，平等地对待学生，给予学生更多的尊重、信任和赞赏，让每位学生都成为一个幸福的人，让“鲜花”和“小草”同享和谐阳光的照射。

在语文学习中，预习课文最需要的就是把课文读熟，有的孩子读一两遍就能流利地读下来，可是有些阅读能力稍差的学生读了四五遍，还是读得吞吞吐吐。所以在检查学生预习的时候，在面对有的孩子已经尽力了，但是依然读得不太熟练的情况下，我总是鼓励他们：只要尽力了，就没有遗憾；如果比别人多费些功夫，把别人玩的时间用在读书上，相信咱也不比别人差。在回答课堂上老师提出的问题时，我总是想方设法提醒学生，答错了或者答得不完整都不要紧，只要肯举手，只要想说，只要说出了自己的想法和见解，就是值得肯定的，就是值得同学们学习和效仿的。

记得在一节语文课上，我让一个一直不敢在课堂上抬头的孩子起来读课文，可想而知，平时就很自卑，不愿意大声说话的他，听到我点他的名字，惊讶得不知怎么办才好。面对老师期待的眼光，面对同学们渴望的眼睛，他读课文了，可是声音小得只有他才能听到。这时，一个学生说："老师，不用让他读了，他肯定没读熟，别浪费我们的时间了。"同学们也有的随声附和。我扫视了学生们一眼，语重心长地说："同学们，我相信他能把课文大声地熟练地读给我们听，咱们再给他一次机会，好吗？"我耐心地等待着，我也能感觉到这位同学的内心，也在进行着激烈的斗争。渐渐地，一遍、两遍、三遍以后，他的声音明显大多了，紧锁的眉头也展开了，同学们不约而同地把鼓励的又带有赞赏的掌声送给了他。现在，再有读课文的任务，他总是第一个高高地把手举起来。在一堂课上，哪怕只有一个同学在某一个方面取得了进步，我也可以自豪地认为这一堂课就是成功的。

正如陶行知所说："我们必须会变成小孩，才配做小孩子的先生，别忘了我们曾经是个小孩。"只要有"童心"，我们的课堂就会多一些理解、多一份融通、多一点和谐。在这种平等、宽松的心理空间里，就能有效地调动学生主动参与教学活动，让学生愿意学。学生在宽松的课堂氛围中学习，精神是放松的，课堂和谐了，他们的思维能紧紧跟着老师的思路走，听课的效率高了，听课的质量也就自然提高了，学生学习的热情也会随之高涨。

故事三：深入研读文本，做学生的领路人

曾经我一度感到困惑，自己日复一日、年复一年地教书上课，也是有着近三十年教龄的老教师了，为什么自己的专业水平却不见真正的提高？这次，听了来自华东师范大学章健文老师的几场报告，我才找到了症结所在。原来只有深入地研读文本，走进文本，把文本读通读透，才能在指导学生读书时，让学生学有所获。

一个老师只有当有了自己的体会、自己独到的见解时他才能真正地成长。

俗话说，榜样的力量是无穷的，要培养学生良好的读书习惯，教师本身的示范作用就显得十分重要，教师不能仅仅在口头上提出一些要求，更重要的是在行动上成为学生的榜样和示范。如教师查工具书的习惯、边读边圈点勾划的习惯、自己藏书随处留有圈点勾划的痕迹等，这样，就会给学生留下深刻的印象。对于学生在养成良好的读书习惯的过程中坚持不懈、表现突出的，教师应该随时表扬，肯定他们的进步，在学生中树立榜样。身教重于言传，要让学生投身到阅读中去，最好的方法是我们老师也参与其中。记得那次学习一个单元，主题是“韵味”，两篇课文都是名家名作，课文语言优美，激情洋溢，又蕴涵着深刻的人生哲理，非常适宜背诵。比如学习文章《我喜欢》时，学生被作者那种对生活深深的热爱所吸引，我们一起朗读，一起背诵，仿佛自己就变成了那个对生活充满了无限热爱的人，正在跟大自然对话，正在对路人露出灿烂的微笑，生活是如此美好，我们每个人又是这样的幸福。与学生一起，悄悄捧起一本书，静静地徜徉于书的海洋中，这样的感觉真是美妙极了，这样的时刻应该是最幸福的。此时的学生是安静的，每每这时，下课铃声响起，周围还是那样安静，是我们从来没有感受过的宁静。让我们多陪着学生阅读，让这样的氛围感染更多的学生，让更多的学生爱上读书。

小学语文是浓缩的历史，是深邃的人生，是微型的艺术，是生命的文字。每一篇文字都值得我们去品读，去咀嚼，去回味。因此，引导学生走进语文，感受语文，抚摸每一个脉动的文字，是语文教师义不容辞的责任，也是我们奋斗不息的目标。曾经不止一次教授《红树林》一文，自己感觉已经对教材理解都深刻透彻了，可是真的跟学生一起感受课文时，总是对红树林的壮观理解不到位，也就读不出那种气势，总是感觉遗憾颇多。感觉学生没有能走进红树林，没有领悟到她的美丽以至魅力。今年，又一次带领学生感悟红树林的魅力时，我反复地读，细细地品，终于有了新的体会。在这篇课文的第二自然段，出现了“绚丽多姿”一词，字典上对它的解释是这样的：色彩艳丽，姿态多。在理解这个词语的时候，我们不仅理解了它的字面意思，又想象了作者可能看到的是一幅什么样的绚丽多姿的世界，展开了想象。由于前面已经把课文读懂了，学生的想象就自然既能联系原文，又加上了自己的感受。有的学生说：“我看到了浮荡在碧波上的红树林绿色的树冠！”有的说：“我看到了潮水退后，树枝上白的、红的花朵，隐隐约约，似有似无。"有的说："我看到了太阳照耀下的大海，波光粼粼，美丽极了！"有的说："我看到了红树盘根错节的枝干，像一张网。"也有的说："我看到了红树婀娜的身躯，还闻到了海泥的芳馨。"学生们七嘴八舌地说着，一幅"绚丽多姿"的世界也就在我们眼前一览无余地展现了。我们仿佛置身在大海边，红树林正张开双臂欢迎我们呢！学生很自然地就理解了作者描述的画面，理解到了红树林的壮丽和雄伟，以及带给我们的震撼。而这些都是在我的精心备课之下，在我一遍遍地走进文本，理解文本的基础上才达到的目标。之前的理解不透彻，不是学生没有感受，而是作为老师的我，根本就没有如此深刻地喜欢红树林啊！

只有老师在课前充分地忙碌了，只有老师深入研读文本了，才有在课堂上的投入，才有课堂教学环节的紧凑，才有高效率的课堂。在老师逐个环节的引导下，学生才能一步步达到预想的目标，完成预计的学习任务。老师教得舒心，学生学得痛快。理想的课堂境界，师生应是忙碌的，也是快乐的。

两年的嵌入式培训即将结束，但对我的影响却是长远的，我相信，每一位参与培训的学员都是和我一样的，都会因为这次培训而改变。今天虽然我们结业了，但并不意味着培训与学习结束了。追求是永恒的主旋律，我们将带着新的任务启程，将在各自的工作岗位中，运用所学知识，不断体验、感悟、总结。我们将不忘骨干教师的示范与带头作用，我们会像一杯香醇浓郁的咖啡，让香气在广饶教育的热土上释放与蔓延，陶醉自己，芳香他人！

看，卓越花开

燕丽华，1972年8月出生，大学学历。东营市小学语文教学能手、东营市小学语文学科带头人、东营市名师。

教育理念：传承、发扬、创新——教育的根本！

“老师，我自己来。”

我是一个急性子的人。特别是公开课上，恨不得自己的课堂行云流水，所以很多时候，叫起一个学生，孩子稍微一迟疑，我就打断他“谁来帮帮他？”今天，小聂童当着大家的面喊出了“老师，我自己来，我不用帮。”

于是想起读过的一个故事：朋友出远门前托我照看山中的庭院。朋友很勤快，而我却很懒，因此春天来临时，院子里冒出几簇嫩嫩的叶芽，不到两个月，竟开出了五瓣的紫色或褐红色的小花，一缕淡淡的幽香弥漫整个庭院。我采撷了一朵花和几片叶子，让一位研究植物的朋友看看，没想到的是，朋友竟告诉我这是腊兰花，是兰花中的稀有品种，一棵就价值上万呢。

当我把这个消息告诉朋友时，他竟然愣住了，他通过电话告诉我，每年春天，朋友都认为那只是普通的野草而已，于是每年春天牙尖刚出土就被他拔掉了。

再反思我今天课堂上的行为，在教学过程中，我不是犯了同样的错误吗？还没有等到花开，或者根本就没有耐心，就已经着急下一步了，这使得许多原本就是珍奇的腊兰与我们失之交臂。其实我完全可以多等待一会，完全可以给学生更多的机会。有时等待与宽容，也会换来一片美丽的风景。

常萦绕心间的还有另一个故事——一只蝴蝶在茧中苦苦挣扎，一个人好意找来剪子，替蝴蝶剪开了茧子。结果，蝴蝶轻而易举地出来了，可是，却身躯臃肿，翅膀干瘪，根本飞不起来……

故事很小很小，可我总觉得故事的作者有很多的话没有说出来：一个人，因为着急，剪开了蝴蝶的茧子，却毁了那只本该美丽、本该快乐、本该拥有美好未来的蝴蝶的一生。

恐怕老师是最爱着急的人了，着急他的每一个学生的每一个瞬间。而且，老师的一切行为，都有一个十分正当的理由：都是因为爱——因为爱，我们责骂孩子；因为爱，我们催促孩子：催孩子思考，催孩子交流，催孩子做作业……

所以，记住蝴蝶的故事，记住，那苦苦的挣扎，是蝴蝶本该经历的生命历程。

有时候，等待，也是一种爱！

常常是这样，也许生活中的一句温暖的问候，会感化整个冬天，随之而来的将是整个阳光明媚的春天呢；也许课堂上的一份耐心与宽容，会换来学生的进步与成长！因此我们有时还是停下脚步，静听花开的声音吧，也许它会给你一份惊喜呢！

我是一盆花

给孩子们做写话练习，我在黑板上写下"我是——"几分钟后，看到了孩子们的大作：

我是一盆花

二 9 班　李家辉

我从来学校的路上看到了世界，外面很多的树，很多的花和草，我在家里只有我的一个小伙伴，他和我一样，也是一盆花。我来到学校，看到了教室里有很多花，很多小朋友，我听到了小朋友读书的声音，听到了优美的音乐，我在音乐下快乐地成长。

我是一盆花

二9班　张安琪

我是一盆花，我从三人世界来到了学校，那里有很多小朋友，我来到了二年级9班，小朋友都很欢迎我，我特别快乐。这个班里有动人的音乐，他们天天听着音乐、读书、写字，多么快乐呀。小朋友们都很爱护我，我很高兴和快乐。

从孩子的作业中，我看到孩子对音乐有这样强烈的反应，因为在平时的自习课上，我坚持给孩子放音乐学习，孩子们很快乐。

谈谈我对音乐的认识。音乐对人的成长和发展具有无可比拟的作用，在教学中更是举足轻重。如果教师善于运用音乐手段，对孩子的教育将是事半功倍。不必提及现代科学对音乐的研究，其实我们的万世先师孔子早有论述：

子曰："兴于诗，立于礼，成于乐。"孔子说："(人的修养)开始于学《诗》，自立于学礼，完成于学乐。"孔子提出了他从事教育的三方面内容：诗、礼、乐，而且指出了这三者的不同作用。它要求学生不仅要讲个人的修养，而且要有全面、广泛的知识和技能。

子在齐闻《韶》，三月不知肉味，曰："不图为乐之至于斯也。"孔子在齐国听到了《韶》乐，有很长时间尝不出肉的滋味。可以看出，孔子对音乐很有研究，音乐鉴赏能力也很强，他听了《韶》乐以后，在很长时间内品尝不出肉的滋味，这当然是一种形容的说法，但他欣赏古乐已经到了痴迷的程度，也说明了他在音乐方面的高深造诣。我们也可以想象，当年孔圣端坐杏坛，或抚琴，或低吟，或高歌，他的弟子围坐四周，在音乐声中谈古论今，吟《风》诵《诗》，提升着各自的人格修养，沉淀着各自的内心气度——这是一种怎样的和谐教育的画面！

我们平时看到教师对音乐的引入一般是在语文的朗读课上，朗读是打开美文意境的钥匙，音乐则是润滑剂。在优美的音乐声中，学生读出语言的美，读出节奏的美，读出意境的美，读出情感的美，音乐对语文朗读教学确实起着不可忽视的作用。"让音乐使人类的精神爆发出火花！"(贝多芬语)另外音乐对于情境的渲染、气氛的烘托更有无可替代的作用，如《卖火柴的小女孩》课堂上适时播放凄美的音乐，对孩子感悟文意有很大的帮助；如学习《小镇的早晨》可以播放轻松优美的音乐，使学生从美文中感受美好的生活。其实，我们不仅在公开课上使用音乐，我们应该让音乐伴随孩子的整个学习过程。当优美的《梁祝》环绕于孩子的耳边，当抒情的萨克斯《回家》轻轻响起，当富有想象力的《天鹅湖》音乐流淌在教室的每一个角落的时候，教室里，六十颗心灵和着乐曲陶醉着，共鸣着……岂不是教学的最高境界？

我非常庆幸我已经先行一步，为孩子们得到的音乐的滋养，为我自己的大胆探索，老师们，开阔我们的眼界，运用我们能运用的教学手段，为孩子，为我们自己的后代打开一扇新门吧！

做孩子人生的舵手

2017 年 9 月 16 日　天气多云　于群力

今天，我把豆子、花生、蒜放在三个杯子里，倒上水，我要看看谁长得快，我不知道哪些种子先发芽，我猜豆子先发芽，我真是太快乐了。

2007 年 9 月 17 日　天气晴

今天，我和妈妈去看那些种子谁先发芽，我一看豆子"怀孕"了。我妈妈剥开豆子的皮一看，就要发芽了。我这就不明白了，为什么豆子先发芽，我问妈妈，妈妈也不明白，我好快乐。

2017 年 9 月 22 日　天气晴

今天，我看哪一个种子先发芽，我一看蒜先发芽，还是妈妈猜得对，蒜芽高的都是 4 厘米，真是太神奇了。我们全家人还都不知道，我就想，是不是蒜早就发芽了？

2017 年 9 月 25 日　天气晴

今天，我去看蒜苗多长了，我一看蒜苗怎么这么长了！我用尺子量一量，蒜苗长八点五厘米了，真是太长了，我很快乐。

读着孩子的一组日记，我的眼前不禁浮现出于群力的笑脸，一个倔强的小男孩。他可不是一个让老师省心的孩子，因为个头大，坐在最后一排，我经常看到他在课堂上低下头，所以免不了点他的名字，因而在全体同学的心里，他应是一个不太听话的孩子，但是正是他这样一个不太听话的孩子，却有如此的细腻和好奇，"今天，我和妈妈去看那些种子谁先发芽，我一看豆子‘怀孕’了。我妈妈剥开豆子的皮一看，就要发芽了。”“我看哪一个种子先发芽，我一看蒜先发芽，还是妈妈猜得对，蒜芽高的都是 4 厘米，真是太神奇了。我们全家人还都不知道，我就想，是不是蒜早就发芽了？”“今天，我去看蒜苗多长了，我一看蒜苗怎么这么长了！我用尺子量一量，蒜苗长八点五厘米了，真是太长了，我很快乐。”而他小小的心灵就在这淡淡的细腻和好奇中得到这样的快乐和满足。

忽然想起苏霍姆林斯基关于孩子的思考的论述：

“我们的教育要做的有两件事：第一要教给学生一定范围的知识；第二要使学生变得越来越聪明。”

如果达不到这两件事的和谐，就会使学生的学习变成一种苦役。必须进行一些专门的工作来使儿童变得更聪明。不能认为：既然学生在掌握知识，他自然就变得更聪明了。这一切远不是这么简单的。

只有在这样的条件下，就是你首先要把自己培养成思考者，你才能体会和认识到学习是一种幸福，是一种智力活动。多年的教育工作经验使我深信，一个年幼的人到学校里来上学，为的是走出校门时成为一个有教养的、受过教育的人，而他只有在这样的情况下才能成为一个好奇的、爱钻研的和勤奋的学生，就是他要善于思考，他的生活和思想要在某种程度上脱离开他在课堂上所学的那些东西——这种独立性是相对而言的，事实上，只有开展与课堂上所学的东西没有直接联系的丰富的思维活动，才能为课堂上的顺利学习打好基础。

正因为这样，我们学校才非常注意，不把学习局限在教室的四堵墙壁里，不机械地把事实和规则从教师的头脑里搬运到学生的头脑里。用形象的话来比喻：在教室的旁边，还应当有一块田地，让学生在那里从事智慧的、被某种思考所鼓舞的劳动。这块田地可以是很小的，哪怕是装着泥土的一个小箱子也行。最主要的是：要让学生能够同时看见、观察和动手。哪里能做到这三点，哪里就有生动的思考，使智慧得到磨练。

我正是从孩子的小手上“蒜芽高的都是 4 厘米”，“我用尺子量一量，蒜苗长八点五厘米了”看到了从事的智慧的活动，从孩子小小的心灵的惊喜中，“我猜豆子先发芽，我真是太快乐了。”“我就想，是不是蒜早就发芽了。”感受到孩子思考的生动，从孩子稚拙粗朴的叙述里品味出孩子身心发展的和谐。

是啊，谁让孩子生活在思考的世界里，谁就是孩子人生的舵手，“智慧的、受到思考和好奇心鼓舞的劳动——这是能浮载思考的大船的深水。”——这才是为师的最高境界。

分书的启示

图书管理员打电话让我们到楼下搬书，为了给管理员减少分书的麻烦，我们建议把我们年级的书全部搬运到我们的办公室里，由各班自己分发，管理员同意了。

下课了，来了两个小代表，我说：“可以把你们班的书数出来，搬走发下去，你俩行不行？”孩子很高兴：“行！”两个孩子立刻蹲下身，手忙脚乱地数书。

我说：“你们班多少人？”“六十人。”“数出 60 本。”两个孩子大干起来，一会儿，小男孩两手都是书。“这是 8 本，这是 10 本。”他左手一扬，右手一扬。我说：“继续数。”孩子似乎手足无措，我一看就明白，“孩子，先把手里数过的书放一边，再数。”小男孩继续干起来。

“老师，这是 25 本。”小女孩两手捧着书。“把你们两个数的书合起来。”

两个孩子终于数出了 60 本书。

看着孩子的背影，引发我深深的思考：

我们的孩子缺少动手的机会。试想，一个二年级的孩子，60 以内的加减法可能对他来说非常简单，但是，两个人从一堆书中数出 60 本书，却相当不容易，老师几次指导才艰难地完成，是什么束缚了孩子的心智？是孩子没有劳动的经验，是孩子缺少动手的机会。

我们的孩子不会合作。试想，如果给孩子这样一个算式？＋？＝60　我想孩子们会有应有尽有的答案，为什么让两个孩子数出 60 本书却要老师的指导？我们整天谈引导孩子学会合作、学会共享，这都是写进课程标准的理念，相信老师们绝对是当作课堂的指南来落实的，为什么我们的孩子却没有这样的意识？我们的孩子在学习知识（和理论）中非常懂得合作，而在生活中、在具体的活动中却没有合作的意识？这难道不值得我们深思吗？

我们的孩子缺少一种能力，即生活事实和知识之间相联结的能力。在我们的孩子的(不仅是孩子们,还有我们这些大人们)心里,知识和生活是两个完全不同的概念,所以这是两个不同的世界。正如我们常常苦恼的:在学校的时候,考地理都是95分以上,出去旅游却连东西南北都分不清,更不用说该地的风光特产、地貌人情了。我们的教学距离生活到底有多远?我们的教育该反思一下了。

还是回到苏霍姆林斯基的论述,他说“儿童的智慧在他的手指尖上。”

那些双手灵巧的儿童,热爱劳动的儿童,能够形成聪敏的、好钻研的智慧。我指的不是随便什么样的劳动,而首先是指复杂的、创造性的劳动,这种劳动里要有思想、有巧妙的技能和技艺。一年年积累的事实更有力地证明,这里面有一种直接的联系。手所掌握的和正在学习的技艺越高超,儿童、少年和青年就越聪明,他对事实、现象、因果联系、规律性进行深入思考和分析的能力就表现得越鲜明。——这是一条千真万确的教育信念,愿我们的教育的领导者、研究者和实践者们牢记!

让激情燃烧我的课堂

刘爱霞，1970 年 9 月出生，大学本科，山东省优秀教师、市语文教学能手、市创新班主任、广饶县首届名师。1990 年参加工作以来，至今担任小学语文和班主任工作，近 30 年一直致力于打造高效课堂的研究与实践。所写论文、教学设计、教育案例多次获全国、省、市、县一等奖。

教育理念：在学生心头播撒师爱，练就高超的育人艺术，培养品学兼优的学生。

“刘老师讲课的时光简直就是那‘激情燃烧的岁月’”，这是我的学生刘林静对我的评价。这个品学兼优的女孩子已经上了高一。这是她在作文里对我的评价，当时《激情燃烧的岁月》正在热播中，我也正痴迷军人作风十足的石光荣。我的学生这样评价我的课堂，我很新奇，也很自豪。于是这句评价就记在我的心中，也成了我的奋斗目标。

同事们也经常说我讲课很投入，很卖力。现在每当和孩子们分析课文的时候，我常常激动，我的嗓子也早就变成了难听的沙哑的声音。但是我不知道我这是在“投入”，还是在使“蛮劲”。然而我清楚地明白课堂首先要吸引孩子，才能达到我们的教学目的。一个死气沉沉的课堂，哪怕你安排的环节再好，使用的教学手段再先进也达不到良好的教学效果。

每次备课的时候我都在如何吸引学生上下功夫。然后找到每一篇课文的讲授线索，让这条线索把重点、难点贯穿起来，在课堂上引导激发孩子们读书学习。每节语文课上如果孩子们学习投入，回答积极，参与踊跃，我就有一种成就感；反之，如果孩子们热情不高，课堂气氛不活跃，我心里就很难受，课下就反复地思考症结所在，力求在下节课中避免类似的错误。记得那是星期一的一节语文课，我上得就很不成功。那天一进教室，我就发现孩子们一副无精打采的模样，进入春天，随着天气的变暖，每个星期天孩子们都像出笼的小鸟一样玩“疯”了。加之那个星期天我布置的作业是从放风筝和寻找春天中任选一题来作文的。要求学生一定先放风筝或者观察寻找春天后再作文。这下孩子们可找到了玩的理由了，一定是打着作文的幌子使劲疯跑了。想到这里，我气不打一处来，就高声训斥了他们一顿。谁知接下来的课，孩子们虽然表现得很老实，但是从他们无精打采的神情，还有寥寥无几的举起来的小手，我就知道他们的心更不在课堂中了。那节课连平时半节课的效果也没有，下课后我心情懊丧极了。从那节课中我得出的教训是，孩子们听讲不认真的时候，千万不要发火，越发火，课堂效果越不好。孩子们老实了，他们的脑细胞也跟着一同老实，还能迸发出思维的火花吗？还会送给你生成性的惊喜吗？并且一发火也会影响自己的授课情绪，连自己的心也不在文本中了，你还会引导孩子们汲取文本中的知识和营养吗？

真正的好课是“润物细无声的”。整堂课不用强调什么纪律，但是孩子的学习热情却很高涨，“小脸通红，小嘴常张，小手常举”。今天下午的课我就感觉很舒服。到了下午第二节课，孩子们已经很累了，我决定领着孩子们预习一下《牛与鹅》这篇文章。原计划这节课只是让孩子们读熟课文，理清条理，划出生字词就可以了。在备课时，我发现课文的题目是一处吸引孩子们的“兴奋点”，因此，我就以质疑课题拉开了这节课的帷幕：

师：看了这个题目你想说什么？

生：牛是一种高大的动物，而鹅是一种弱小的动物，它们之间会发生什么事情呢？我很好奇。

师：带着这个问题把课文读一遍吧。读完后谈一下你的收获好吗？

学生好奇又认真地读了一遍课文后，高兴地告诉我文章不是写“牛与鹅”之间的故事，而是写“牛与人”、“鹅与人”之间的故事。我借机引导他们理清了课文的条理。然后我问孩子们最喜欢哪几段，大家都认为5—8自然段“我”被大雄鹅欺负的片段写得既精彩又好玩。我就听从孩子们的意见精读这几个段落。鹅欺负人的习性对于生活在县城的孩子来说很陌生，我就给孩子们讲了小时候我生活在农村，我们村子里的鹅见了陌生人和小孩子的样子。我边说边把双手伸到身后当鹅的翅膀不停地扑打着，伸长了脖子，嘴里“嘎嘎”地叫着，（为了活跃课堂气氛，创设学文的情景，我有卖老的嫌疑了)引得孩子们哈哈大笑。文中的鹅是怎样的?带着这个问题我让孩子用自己喜欢的方式读读这几段,想几个词语来形容形容。由于感兴趣,孩子们想出来的词让我刮目相看:“神气活现”、“嚣张”、“霸道”、“不可一世”、“得寸进尺”……而“我”表现得怎样呢?大家又想出了诸如“恐惧”之类的词语来形容。然后我让孩子有语气、有表情、有动作地来读这几个段落。就这样在轻松愉悦的气氛中我超额完成了本堂课的任务,取得了事半功倍的教学效果。

现在当我静下心来重新审视我的课堂的时候,我发现学生的参与热情与良好的课堂表现,不是老师强调出来的,更不是老师发火发出来的,而是靠老师的吸引。当老师的课像巨大的磁铁一样深深吸引学生的时候,学生还会走神,还会做小动作吗?因此发现学生课堂上进入不了状态的时候,老师千万不要着急,先让自己冷静下来,是话锋一转,制造悬念,还是说点“题外话”,还是幽默一下,还是故意“画蛇添足”,还是给学生换换口味,还是……就是不能发火。在课堂上发火的老师是无能的老师,我信奉这一点。

现在有越来越多的人迷信“名师”,我周围不少同事也在努力向“名师”进军,而我觉得“名师”离我是那样的遥远。可能是因为我才疏学浅,“名师”于我而言是可望不可及的,我不迷信“名师”,有点“狐狸吃不到葡萄说葡萄酸”的意味。关键是我根本没有把“名师”当作自己的奋斗目标,这可能与我的心境有关吧。我大概已经过了风风火火追逐名利与光环的年龄了。但是我却多么希望自己做一个有魅力的老师,多么希望我的学生能喜欢我,喜欢我的课。为了这个并不远大的目标,不管自己有多老,我将在课堂上闪亮我的眼睛,丰富我的神情,红润我的脸蛋,让自己充满激情,和孩子们上好每一节语文课。

因此,激情“燃烧”我的课堂,激情“燃烧”我的学生,这将是我永远的奋斗目标。

路漫漫其修远兮，吾将上下而求索

——在嵌入式培训中成长

邱蒙蒙，1988年3月出生，大学本科学历。2017年获得东营市优质课评选小学语文学段一等奖。广饶县语文学科教学能手，东营市教学能手。

教育理念：用爱心点燃学生，用师德浇灌祖国的花朵。

从2016年3月18日开始，广饶县教育局联合上海名师研究所给我们进行了为期两年的"嵌入式培训"。我对"嵌入式培训"的认识分三种境界：初识"嵌入式"这个词就像一位素未谋面的少女，"犹抱琵琶半遮面"，浑身散发着神秘的气息，令我神往；久识"嵌入式培训"，在专家们的引领下，我努力思考，"衣带渐宽终不悔"，并有所感悟；深交之后，她就像一位伴随左右的长者，让我"下笔如有神"。

一、"犹抱琵琶半遮面"

听说之初，不懂何为"嵌入式培训"，在江所长的报告中似有所懂。嵌入的本义是将较小的东西放入较大的东西的凹处，使两种东西整合成一个新物。嵌入式教师培训是一种新的培训模式。他借用了"嵌入式"这一概念的部分含义。嵌入式教师培训要将教师的在职培训活动嵌入学校教学自然运行的过程。这一模式依托教育教学过程中典型的生成性资源，并依据相应的教师培养目标，开展现场性、师本性、校本性、城本性教师专业化培训，是教师培训领域的一次创新。

带着懵懂的理解，我走上了"嵌入式培训"的生涯。我坚信，在这两年中，我可以脱胎换骨，浴火重生。

二、"衣带渐宽终不悔"

上海名师研究所运用科学的理论体系、高端的分析系统、立足学校本位的培训模式都深深地吸引着我，这就是现场性、师本性、校本性、城本性培训的一个很好的典范。

（一）立足校本，实事求是，让我认清自己

发展源于自省，进步源于辨清。在开始阶段，我们参与嵌入式培训的每一位教师都自己录制了教学实录上传平台，上海名师研究所专家依据每个教师的课堂呈现，一对一进行了沟通，便于我们找到自己的短板。认识到自己的不足，是自我提高的基础，也是实现教师专业化发展的前提。得益于这次自我剖析，我明白了自己教材解读不到位、忽视学生的生成性资源、课堂的评价语言单一……有时候我觉得自己是那样的稚嫩，但是也正是有了这样的剖析，我自身教学方面的隐患得以排除。

（二）深入教育教学现场，名师送课，我受益匪浅

上海名师研究所深入教育教学现场，依据培训目标、具体任务与主题，深入学校，深入一线，接触教师，接触课堂实际，发现典型案例，然后进行名师送课。

有一次，我校张海莲老师执教《黄山奇石》，景洪春老师亲自走进课堂，俯身听课，并在课后执教了一节精彩的展示课。在对比中，我明白了教师怎样选择教学内容，决定着学生能学到什么知识。教师注重文本的内容，学生体会的是作者蕴含在文章中的情感；教师专注表达，学生就会关注作者的情感是如何运用语言材料表达到位的。

上海浦东教育发展研究院进行了循序渐进的教材解读培训，让我深刻反思：我的课堂就像蜻蜓点水般的原因是自己没有好好备课，没有深入进行教材解读。就像《景阳冈》一课，在我看来，是篇长文短教的好素材，于是我课堂上直奔主题走进"打虎"部分引领孩子进行语言文字训练，但是听了专家的报告后，我也在不断反思，是不是第一部分"上冈"也有其重要的作用呢？是的，第一部分为第二部分"打虎"做铺垫，侧面点

明打虎之难，对于塑造武松的英雄形象是有帮助的，所以课堂上要让学生认识到课文每一部分对于文章都有重要的作用。

三、“读书破万卷，下笔如有神”

经过了专家的不断引领、点化，自己的不断思考、尝试，我抵达了专业发展的新高度。我感悟颇多，收获满满……

(一) 正确进行教材解读是备课的关键

备课是教师进行教学的首要步骤，只有备好了课才有可能上好课，要想让学生认真学习好一篇课文，教师首先要读懂、读透本篇课文，能抓住课文的重点词语和重点语句，并能够准确分析出文章所要表达的思想情感和中心思想。而所有的这一切，都需要教师认真备好课，不能仅仅依赖于教参，要充分发挥自己的主观能动性。

(二) 善于发现学生在课堂学习中的“闪光点”

儿童在课堂学习中，在教师的启发或同学之间的启发之下，常有智慧火花的闪耀。我们把这种智慧火花的闪耀称为“闪光点”。儿童学习过程中表现出来的这种闪光点是十分可贵的，它是儿童自我努力、积极思考、获得进步和成功的标志。此时的鼓励性评价，作用有三：一是让学生充分体验成功的喜悦；二是让学生充分意识到自己的潜在能力；三是儿童的长处和能力，常常是在鼓励中得以强化的。学生在小学语文学习过程中表现出来的闪光点，只要我们不是以成人的标准去要求儿童，那么是随处可见的。如我在教“官”字时，提问：“这个‘官’字怎么记?”一个学生回答：“这个‘官’字，上面是宝盖头，下面那个东西，像我们家里的双门电冰箱。”学生的回答，实在是太精彩了，我充分肯定学生“善于联想，善于发现”的闪光点，实行鼓励性评价。又如，在拼读课文时，我看到有同学不仅画出有感悟的句子，并且认真做批注，我及时地评价：“大家看看这三位同学，他们边读边写感受，这叫‘不动笔墨不读书’。希望大家向他们学习，学习他们‘不动笔墨不读书’的好方法。”这时，更多的学生拿起笔一边读一边圈画。从上面的例子可以看到，不仅仅表现好的学生得到了肯定和鼓励，受益的还有班级其他学生。所以，教师应当好伯乐，当一个善于发现学生闪光点的伯乐。

（三）巧妙运用语言，注意鼓励性语言的多样性

对小学生的进步、成功，教师要善于使用多种语言进行鼓励。如学生回答某个问题不错，我就会用如下语言鼓励：“回答得很准确！”“回答得好极了！“回答太漂亮了！”“这位同学真会动脑筋！”“多么精彩的发言啊！”有时学生的回答超乎我的意料之外，我就用惊讶的语气鼓励：“真没想到，你的回答会这样精彩！”“你的回答，比老师想的还要好，真不简单！”有时我会把一些学生的思考问题予以归纳，要求全班同学集中学习。而当学生回答不完全正确时，我不是先对不正确的部分评价，而要首先予以鼓励：“这个问题，答对了一半，也是一份贡献。另一半，还要再想一想。”“你读得真准确，如果声音再洪亮些就好了。”如果学生的回答是错误的，我也尽可能找出积极因素，如“动了脑筋，但答案有误。”“敢于积极发表意见，非常勇敢。但考虑问题的思路错了，要加油！老师相信你一定能成功！”有些学生，平时极少发言，偶尔举手发言，又可能出错，我的评价更要着重鼓励主动发言的行为，而不要在发言质量上有太高的要求。

四、“路漫漫其修远兮，吾将上下而求索”

作为一名年轻的语文教师，我将在以后的教学中铭记这次“嵌入式培训”带给我的反思与收获。“路漫漫其修远兮，吾将上下而求索”，在以后的教学之路上我将一路耕耘，一路反思，百尺竿头，更进一步！

不忘初心，方得始终

刘萍，1980年5月出生，本科学历，1999年参加工作。执教的优质课在省、市、县多次获奖。

教育理念：用我的爱心，汇成一缕清泉，滋润一棵棵幼苗。

相较于许多同龄的老师，甚至于许多比我更年轻的教师，我经常会有种底气不足的感觉。三十几岁的年纪，却只有不到五年的小学教育经验。我1999年参加工作，是一名幼儿园教师，在幼教这个岗位上一工作就是十四个年头，对幼儿教育已经积累了自己的经验，也已经取得了一点点属于自己的成绩。2013年，因为教育改革的原因，我有了一次选择的机会，是继续在幼儿园干我的老本行，还是去小学迎接新的挑战？思虑再三，我选择了一条不同于以前的路：成为一名小学教师。

记得我一来就任教一年级，面对着全班这些精力过剩的小家伙，我一下子懵了，没有一点底气，心里忐忑不安。当时学校的师徒结对给了我莫大的帮助，为了赶上别人的步伐，我开始钻研起教材，研究起教法来，不停地听课、学习，主动申请外出听课机会，向专家当面请教的机会，在这一时期，我甚至步入了这样一个误区：为了体现启发式教学，突出学生的主体地位，有时我甚至学会了带着学生绕弯子，只要能使一些话从学生口里说出来，我就会不遗余力地启了又启，心想着在一些公开课上看到的学生精彩至极的发言，我有时只能感叹自己的学生怎么反应就那么迟钝呢，可却没真正认识到自己的教学有什么不当之处。

我们的学校：广饶县第一实验小学是一个非常优秀的团队，发现我的问题后，在燕居丽校长的关注与指导下，在我的师徒结对的老师帮助下，对我的课堂教学进行了实质性的改变，我们一起钻研教材，研究教法。对每一节课的目标、根据课标一遍又一遍地研究，慢慢的，我找到了语文教学的乐趣。随着课改的不断深入，也随着学校对教师专业素养的重视和培养，我对语文这门学科才有了越来越清醒的认识和把握。首先我已经能正确摆好老师和学生的关系了，该讲授时还是得讲授，教师要尽好传道、授业、解惑的职能，而该让学生自由阐述的地方则尽量让学生自由理解、自主表达；其次，对于语文课究竟该干些什么也更清楚了，以前我经常会把每篇课文都像数学课那样走马观花地讲解过去，把语文的工具性和人文性完全割离，忽视了对文本的理解，忽视了对课文语言的内化，没好好地把每篇文章当成一个语文范例去引导学生好好理解，好好掌握。

优秀的教学团队是我成长的重要的基石，我何其幸运地遇到了。为了提高我们语文教师的整体教学水平，我们学校和上海名师研究所共同结对，进行了为期两年的“嵌入式培训”，让专家走进我们的课堂，认真了解与分析每一位老师存在的不足之处，针对这些不足提出每位教师改进和提高的方法。通过这两年的提升，我已经有了不小的进步，在执教公开课的时候，也能得心应手，不再是那种架空式的语文教学了。再次，通过学习以及校内公开课的开展，我对各种教学技巧也掌握了不少，譬如解字的基本方法、指导学生进行课堂说话的基本方法等等；还有就是对怎样培养学生的语文素养也有了更明确的认识，知道了学生的读书、表达、课堂交流、质疑等能力都是在老师有序的指导、训练下才能逐步提升的，而不会像以前一样，盲目地要求学生个个都是不学而成的“天才”了。去年，我由“师徒结对”中的“徒弟”变成了“师傅”，其中的进步不言而喻。

也许我这些自认为进步的地方在许多老师看来还是显得比较肤浅的。的确，相对于许多老师来说我在语文教学上比较晚熟。虽然我的起步是晚的，教学还是不成熟的，但是，也许正是那份不成熟才促使我在语文教学这条漫漫长路上时刻保持着一种不断学习、求索的精神。我不敢说自己会成为优秀的语文教师，但是我一定会努力使自己无愧于这个岗位。

好课与好老师

——嵌入式专业发展项目影响下我的成长故事

魏红珍，1969年9月出生，本科学历。从教近三十年来，一直工作在教学一线，积累了丰富的教学经验。先后教过数学、语文等学科，一直担任班主任。曾讲过县公开课，多次讲过县优质课，曾获得过一二等奖，多篇论文曾在县市省级获奖，辅导的学生习作曾多次荣获县市省乃至国家级奖励。

嵌入式研修已近尾声，回顾研修学习的历程，感到受益颇多。首先，我感受到参与到研修中就是一种良好习惯的培养过程。在教学中一边学习专家传授的新理念一边实践，在实践中不断思考，教学过程中原有的一些想法与新的教学观点相碰撞，一些新的教学理念逐渐在实践中获得肯定。有探索、有收获，真是不虚此行。

一、通过研修，我对一节好课有了更深刻的认识。我从一节作文课说起，首先认识到教学要重视“以人为本”。调动学生的积极性，让学生发自内心地想要表达感受。在研修过程中，印象很深的是我听取了一位上海名师来我们广饶县第一实验小学讲的作文示范课——“奇食异味”。讲课的教师准备了百香果和纳豆两种食物，引导学生看一看，摸一摸，闻一闻，尝一尝。调动学生的各种感官，大大激发了学生的兴趣，学生在老师的指导下，用眼睛看，用手摸，用鼻子闻，用嘴巴尝，发现事物的特点。教师在指导学生发言时注意引导按一定的顺序来说，然后让学生写一写自己的发现。最后在老师的悉心指导下，学生顺利地把所感所想按一定顺序写了出来。由此我受到启发：充分调动学生的学习积极性，让学生有感而发，他们一定会在习作课堂上有精彩表现。

于是，在自己的习作课上，我也特别重视调动学生的积极性，激发学生的写作灵感，指导学生把内容按一定的顺序写下来。去年，我在本校组织的“人人一节公开课”上，讲了一节五年级的习作课。习作主题是《身边熟悉的人》。上作文课的前一节课，我结合单元主题指导学生完成了课本上的“口语交际”，为选择写作的素材设好了铺垫。在作文课上，我由身边的亲人及同学或陌生人导入课题，联系学生的生活，引发学生的思考。再引导学生明确写作的主题及要求。这样，学生对要写的内容范围做到了心中有数。又让学生充分交流所想所感，拓展了学生的思路。然后在回顾了本单元学过的写作方法基础上再让学生动笔。这样学生就会思如泉涌，避免了写作文无话可说的情况。习作课上，指导学生从选材到构思再到起题目，一步步引导学生积极地参与。在学生完成作文交流的时候，老师和学生一样拿出自己写的范文与学生一起进行评议。在老师的引领下，学生相互评议，从纠正错字词、病句到选材主题是否符合要求，学生都能顺利修改。在相互学习中，共同提高。

俗话说：多一把衡量的尺子，就会多出一批好学生。在讲评课，我会指导学生从不同的角度找文章中的亮点，精彩的作文开头、具体的叙事经过、生动的细节描写、有意义的结尾，或者书写方面不错都可以做出表扬。让学生看到自己学习的效果，收获到自信的力量，提高写作积极性。后来上作文讲评课的时候，我会针对作文中共性的优点加以表扬，同时表扬写出优秀作文的学生，个别不理想的作文也要帮助学生找出优缺点，在课下单独面批。逐渐的，学生在一次次的被肯定以后，在作文课上兴趣盎然。如果每一节课，都重视调动学生主动学习的意识，教学效果一定是好的。

二、通过这次研修，我对一个好老师有了更深刻的认识。一个好的老师，在专业上应该精益求精，不断进取。虽然我教学已经二十多年了，但是随着时代的发展进步，教学也应向高效发展。前年我听过上海名师讲的一节三年级语文课，这位老师来到我们广饶一小，和孩子们学习了一篇课文。在课堂上老师特别重视词语的积累。我认为她能根据学生的学段设计合适的课堂教学内容，对一堂课所教的知识有一个明确的侧重点，教学效果很理想。在教学中，我们要深入领会新课程标准精神，用教材教，教学内容又不局限于教材。老师还应注意发掘学生的主观能动性，自己主动学习主动思考，很值得我学习。在研修中聆听上海教育专家专业上的指导，提升了自己的教学能力。如在上学期，上海的教育专家来为我们指导《黄果树瀑布》的教材分析及备课时怎样确定教学目标。我听了以后很受启发，定教学要求是根据课标要求和学生年级特点及接受能力，设计教学目标和教学重点，重视提高课堂效率。在自己的教学中，我很注意“高效”，尤其是在阅读课的教学上，细心地围绕教学重点设计教学思路，力求高效。

好的老师还是能走进学生内心的老师，是想学生之所想的老师。作为一个班主任，应该时时刻刻关注学生的思想动向。我教一年级时曾发生过这样一个事例：在一次课间休息时，班内有三名男生偷偷打开教室内的实物投影仪，把自己的作业放到投影上展出。出于安全考虑，我规定学生不准到实物投影仪旁边玩，每次下课时，还都将电源插头拔下。今天他们私自打开投影仪，这多么危险呀！我一听到学生汇报，就冲进了教室，严厉地责问他们为什么打开投影仪，其中小个子蔡元元怯怯地说：“老师，你每次都要把同学们最好的作业展示给大家看。可是快三个星期了，我的作业一次也没展出来，这次我写得特别认真，想给同学们看一看。老师，我以后再也不敢了。”小调皮朱建建接着说：“老师，我在家里自己可以接上电源，打开学习机、电视机。我看到了你是怎么开关这个投影仪的，我也想试一试。”另一名孩子什么也没说，只把手指含在嘴里，低下了头。孩子说话时眼神中充满了渴望和祈求，我的心中也是微微一颤：追求进步和表现欲望强，是孩子们的天性，他们是多么想得到老师的表扬和同学们的承认啊！一句赞扬的话可以使孩子充满自豪，脸蛋上荡漾着幸福；几句鼓励的话，可以使孩子倍感温暖，鼓起自信勇气。这些小同学的行为不正是上进心和表现欲的具体体现吗？我没有再批评他们，告诉他们心里有什么想法可以找老师商量，老师会满足他们的愿望的。但老师规定不能干的事自己不能随便做。他们很认真地点点头，冲着我甜甜地笑了。

从这件事上，我对自己教学中的做法进行了认真的思考。平时，自己注意到了激励竞争，实物投影上展评的几乎都是每个学习小组中的优秀作业，忽视了作业不优秀的同学也同样要求进步！调动每个小学生学习的积极性，在教学过程中“不使一个学生掉队”，这也是新课程所倡导的。使他们人人对学习充满热情，应该是老师的职责。一年级学生刚练习写字，写字有好有差是自然规律，只要有了进步就应该给予肯定和表扬。从此，我改变了做法，进行作业展评时，让每一位同学选出自己最得意的一份作业展出，再和自己过去的比一比，看谁写字进步大。这种做法受到了学生的普遍欢迎，学生写作业时格外认真，都注意把字写到田字格中间，字的笔画结构力求漂亮，写字水平都有了一定的提高。

好老师还是不能“惯学生”的老师。有时候，一年级孩子的有些习惯是不能“惯”的，需要班主任老师正确的引导，严格的要求。这是发生在新接手一年级学生时发生的事情。那是上午第二节课后，有个孩子拿着水瓶子跑到我面前，把瓶子一递，说：“我打不开了，老师你帮我打开吧！”看着孩子明亮的眼睛，我第一反应是真的不忍心拒绝，但是想到要在开学伊始培养他们自理的意识，只是轻轻地说，“再试试吧！”只见他使劲地拧瓶子盖，拧了几下还是没打开，又想递过来。这时旁边已经聚集了好几个孩子，我又对他说：“你请个有劲的同学帮你吧，你们都是一年级的小学生了，老师相信，自己来，你们能行！”只见身体结实的郭晓富接过瓶子，先是拍拍瓶底，再用力拧盖子，一下子就把它打开了，周围一片欢呼声。在临放学的时候我告诉大家，以后在课间想喝水开瓶盖的时候，老师不一定在教室里，你可以先请同学教教你怎么打开，同学们都打不开的时候，老师再来帮忙。这一天，有好几个孩子让我帮忙拧水瓶子盖或者装铅笔芯，我都是让他们自己相互帮助完成的。

第二天又是第二节课后，有一个孩子走到我面前来，伸出左脚说：“老师，我的鞋带开了。”我看了看他的运动鞋，只简单地回答：“系上。”只见他很不情愿地弯下腰，用小手捏起两根带子，在手里挽起了一个十字花，然后把带子的一头折进去，拉紧。他会系鞋带，只是有些慢，看起来动作有些笨拙，但还是系上了。我一直看着他系好，表扬说：“你会系鞋带，手很巧，可以当其他同学的小老师！”他高兴地笑了。在一年级，班级管理的工作琐碎繁多，对孩子的一些懒惰表现应及时纠正。著名教育家叶圣陶说：“教育就是习惯的培养。”随着时间慢慢推移，学生会渐渐树立自理意识，养成一定的自理能力。

在嵌入式研修过程中，我及时把新的教育理念贯彻实施到工作实践中，不但提高了教学水平，更强化了个人学习意识，在学习中不断丰富自己的知识，在实践中不断总结提升，做一个会思考会创新，适应新时代发展的老师。

成长，在研修路上……

窦金风，1983年11月出生，大学本科学历。撰写的教育论文《浅谈小学语文课堂教学中小组合作的有效性》获省二等奖，《让有效课堂结出累累硕果》获国家二等奖。

教育理念：师生关系的最高境界是相互欣赏，相互尊重，只有这样，师生关系才会水乳交融，并达到教学相长的目的。

2016年3月18日，一个平凡而又特殊的日子，天气乍暖还寒，就是在这样一个阳光明媚的春日，上海名师研究所的江喜标所长来到我校，带来了让我们为之振奋的消息：我们学校的四十余名老师将有幸接受为期两年的"嵌入式培训"！时至今日，我们的培训旅程即将接近尾声，回顾两年来培训的点点滴滴，有感动，有收获，有成长……

故事一：做一名"阳光"教师

研修之初，我们就有幸聆听了上海名师研究发展中心的蒋薇美老师带给我们的心灵鸡汤："做一个幸福快乐的好教师"。社会的发展，使教师这一职业越来越受到关注，加在教师身上的压力也越来越大。教学工作中与我们整天打交道的是同事、学生、上课、作业、批改、辅导。有时想想确实很枯燥、乏味。这时我们就需要有乐观、积极、阳光的心态，要从这些琐碎的事情中去寻找快乐。教师经常会面对"调皮"的学生、成绩"差"的学生、性格"怪僻"的学生，在工作中会遇到许多困难，尤其是考试后班级学生的成绩不理想，这时如果我们用抱怨的心态去对待，会使学生心情走向低谷。而如果我们用积极的心态去对待，我们就能看到许多闪光点。蒋老师说道：把学生看作魔鬼，教师便生活在地狱中;把学生看作天使,教师便生活在天堂中。我们要明确,教育的目的并不是为了考试,而更重要的是要培养孩子的综合素质。考试只是对学生所学知识掌握情况的检验,班级的考试成绩不好,并不完全代表教师能力的不足。同时,对班级学生的学习情况要有清醒的认识,明确的把握。无论在年级排第几,要自己跟自己比,只要比上次有进步就是你教育教学的成功。

做一名幸福快乐的教师,就要懂得享受教育,而不是一味地去从教育、孩子身上获得什么,做一个老师只要心地坦荡,对学生要能把他们当成自己的孩子来看待,不管这个孩子有没有背景,出身于富贵或贫贱,我们都应一视同仁;对同事能真诚相对,友好相处,不为一点小事耿耿于怀;对领导能充分理解,不因人而异,不阿谀奉承。少一点浮躁,多一点沉稳;少一点斤斤计较的名利思想,持一颗平淡凡人之心,要客观地看待周围的世界,以包容和宽容的态度合理地分析处理周围的事情,承认任何事情的发生与存在都有它合理的成分,那么,就能做一个阳光老师。教育需要专家老师,教育更需要平凡的阳光老师,有了健康的身体和乐观的心态,我们就是一个成功者。

故事二:课堂是老师生命的第二次成长

2016年6月26日,星期天,我们全体语文老师集中在北五楼多媒体教室,聆听来自上海的知名专家景洪春老师的报告,以及上海名师针对我们录像课的"一对一"的指导。

一开始,我就被景老师的报告题目吸引住了,"关注学生学习经历,促进语言发展",似乎我们在上课时,尤其是公开课、优质课,多是以自己的备课为引线,上着上着,就成了我们牵着学生在走,让学生配合我们,我们关注的是整节课能否像我们预想的一样顺利地上完,而极少关注学生的学习经历,有时候,课堂上出现一些不和谐的"音符",也会被我们敷衍过去。景老师则告诉我们,教学的根本目的,不是老师教,学生学,而是"帮助学生学",老师是学生学习上的伙伴,必要的时候帮他一把。语文课堂的大部分教学时间应该用于学生进行听、说、读、写的实践活动,而不是教师的滔滔不绝。语文课教学的知识,方法,技能要立足于学生学会。

报告结束后,景老师对我们的录像课进行了"一对一"的指导。其实,景老师在作报告时，我就已经意识到自己存在的问题了，课堂上讲的太多，有些内容明明学生通过读就可以解决，我却生怕学生不明白，还是一遍遍地讲，这样就导致了学生没有足够的时间自己细读文本，自我感知理解的时间远远不够。再就是课堂上的生成资源没有得到有效利用，前后知识没有做到融会贯通，简单一句话，就是我在为上课而上课，没有关注到学生能力的培养和发展。景老师针对我的课堂，也希望我上课时语言能够简洁一些，问题不要过于细碎，能整合的资源一定要整合。

活动结束了，我感觉自己收获满满，课堂永远是一门不完美的艺术，今后再上课，我一定要充分关注学生的学习过程，我们只有关注了学生的学习过程，才不会被表面的学习结果所蒙蔽，才会发现学生学习过程的不科学之处，才能够引导学生有效地总结自己的学习过程，让学生正确的学习结果和科学的学习过程得到和谐统一。让自己的课堂更加完美。

故事三：紧抓“文本细读”这根线，走向教学成功的彼岸

培训中聆听了多位专家的讲座和报告，给我留下最深印象的就是章健文教授，她不辞劳苦，先后在 2016 年 11 月 20 日和 2017 年 10 月 30 日来到我校，和我们分享语文教学的经验。其中，让我收获最大的是章教授对《母鸡》一文的文本解读。

章老师对文本解读的细致、深刻，生动鲜活的分析把我带入了一个新的境界，使我对文本细读有了一个新的认识：文本细读就是读者通过作品文本的详细阅读，进行细致、精确的语义分析，从而实现对文本意义准确透彻的解读。文体解读要突出语文特质，突出文章本体，要从作者的角度去分析文本解读文本。解读文本没有固定的方法，要多从语言的角度去解读文本，同时也要从各方面发散思维解读文本。而这个读，就是自己体悟文本的深意，感悟文本的内涵，并结合自己的经历、体验做一个再创造，用自己的感受带给学生精神的、物质的享受。语文教学对学生最大的影响是从文本中学习做人，学习做学问，在学习的过程中，感受历史之美，感受生活之美。文本细读对教师而言是一种双重收获，既收获言语解读的意义、意味和意蕴，也收获细读言语的经验、情绪和感受。文本细读的过程是在发现文本的过程中发现自己都不曾发现的精神，文本解读是千万次的问，问作者这样写的用意，问作者这样写的内涵，问这样写的

启示，在千万次的追问之后，文本被理解，被消化，被吸收。文本不再是单纯的文本，她已经被注入了阅读文本者自身的烙印，使得文本焕发出新的魅力，这魅力是解读者赋予的，这魅力是解读者创造的。感谢章老师让我认识到了什么是文本细读，章老师对《母鸡》的解读给我提供了很好的范例。文本细读是语文教师应练就的基本功。只有对文本进行细读，课才会上得轻松自如，学生学得也才会有滋有味。

培训旅程虽然即将结束，但我的进取之路才刚刚开始，感谢在培训过程中给予我帮助的专家、同事，在今后的教学活动中，我将继续借助专家的培训指导，兢兢业业地奉献，踏踏实实地工作，理论结合实际，实现自己的教育梦想。

在学习中进步，在反思中成长

郑海杰，1978 年 1 月出生，大学本科学历。山东省优秀德育工作者、东营市少先队先进工作者。撰写的论文多次获省市一等奖。并在省、市级重要刊物发表。

教育理念：学且，路漫兮兮，取且难，克之则成，屈之则败。

“欲穷千里目，更上一层楼”。“嵌入式培训”像一架云梯，让我能不断地向上攀登。看到了有那么多的老师才思敏捷，学识渊博，这像磁石一样吸引了我，令我感慨万千，羡慕不已，顿觉“山外青山楼外楼”，“强中自有强中手”，我仿佛又回到了学生时代，充满了孜孜以求的激情；仿佛打了一剂强心剂，开启了自身向上不断攀登的动力，变“要我学”为“我要学”。作为一名教师要求学生勤奋好学，自己首先要做到学无止境，要求学生动口、动手、动脑，自己也要边学、边思，不浅尝辄止，不固步自封，勇于探索，学有所获！

做一名学习型的教师

要想给孩子一碗水，自己必须有一池水，一池源源不断的活水。因此，我们要树立终身学习的思想，活到老学到老。今后，我将充分地利用学校提供的培训、会议、教研等各种学习机会，认真学习，勤做笔记，反思，消化，提高自己的专业知识。积极阅读专业书籍，提高自己的理论水平。知识丰富了，才能让自己更轻松地组织课堂、更智慧地引领孩子。

做一名学习型的教师，首先要认真研读新课程标准，转变传统的教学理念，更新知识，钻研教材，不断提高自身的综合素养，让自己成为学生学习活动的组织者、引领者、指导者、服务者、促进者。

坚持读书，以丰富自己的内涵，任何人想发展都离不开书，读书的边界就是人生的边界。书籍可以让我们跨越时空与先哲进行精神对话。给我们培训的老师，几乎都谈到了这个问题。作为一名教师，想发展就更离不开书。我们不仅要读教育教学方面的书，还要博览群书。不读书，如何更加深入地教学，如何在课堂上与学生、与文本进行对话？因此，以后要坚持读书，以丰富自己的内涵，让自己获得更好的发展。

做一名研究型教师

"我看得远，是因为我站在巨人的肩上。"积极向青蓝结对的导师、优秀的同事们学习、请教，多听取同事们的意见或建议，多研究她们的教学艺术、教学机智、教学理念等，结合自己的教学实际，形成受学生欢迎的、有自己风格的教学方法。

在课改的课堂教学中，不断探索适合学生愉悦学习的好的教学模式，向有经验的老师学习先进教学方法。尤其在阅读教学中，让学生在朗读中感悟，提高阅读能力。善于总结自己在教育教学中的点点滴滴，严以律己，从小事做起，当学生的表率。从小事中总结大道理，不断改进自己的教育方式。

创造性地理解和使用教材，积极开发课程资源，精心设计教学方案，灵活运用多种教学策略，引导学生在实践中学会学习，为学生的学习积极创设环境，把学习的主动权大胆地放给学生，和学生一起学习、讨论、交流、成长。多给学生自主思考、学习、探讨的机会，多给学生自由表达思想、自我展示的机会，多给学生评价的机会，让学生真正成为学习的主人，发自肺腑地产生学习的欲望，在我的课堂上快乐地学习。这不正是我向往的方向吗?

虽然还不明确科研的方法，但是要树立课题意识，将课题研究与常规教学工作融为一体，如自己很苦恼的错别字的问题，学生的书写姿势等问题，都可以作为教学研究的对象，这样既可以提高工作的内涵，又可以增加工作的兴趣，对学生肯定大有益处。

做一名反思型教师

在工作中，我改变传统的教学模式，改进自己的教学，激发孩子的学习积极性，学生们进步比较快。可是我看了专题六的视频，开始反思自己：我的学生在我的课堂上真的感到快乐吗？我是不是也经常照着备课有板有眼地讲课？我是不是主要靠设问和学生异口同声的回答来“活跃”课堂气氛？如果学生没有安静的、聚精会神地听讲，我是不是会生气？我是不是敢把课堂放手给学生？我是不是正在走老师的老路，同样在制造课堂的悲剧……

我要自主学习，学以致用，学用结合，形成学习与反思的习惯，增强研究意识，分析和解决自己在教学中遇到的实际问题，克服被动性、盲目性；把日常工作与教学融为一体，以新课程为导向，灵活运用案例分析、行动研究、教育实验等多种活动方式，深入了解并及时解决教育教学中的困难和问题，努力提高教育、教学研究的针对性和实效性，边学习边实践，边实践边反思，边反思边改进，边改进边提高。

在专业成长的路上，我需要改进的地方还有很多很多。角色转变是根本，是动力。只有自己更专业，学生才会更快乐。真的感谢这次研修，让我反思了自己的不足，明确了我努力的方向。

信任的力量

去年，我教五年级数学，兼任品德社会课。在品社课上，为了给孩子们讲“诚信的重要性”，我问学生：“1985 年，一位客户向海尔反映工厂生产的电冰箱有质量问题。张瑞敏首席执行官突击检查了仓库，发现仓库中不合格的冰箱还有 76 台！当时生活水平相当低，研究处理办法时，干部提出意见：作为福利处理给本厂的员工。对这 76 台冰箱，如果你是张瑞敏，你要怎么办?”我忽然注意到，班里最偏僻的角落里，一向不交作业不听课的李瑞（化名）举手了，而且冲着我挑衅地一笑。我非常害怕他会说出不合时宜的话，扰乱原本平静的课堂秩序。但是他一直举着手，似乎十分渴望回答这个问题。这一刻，我觉得我甚至生出了破釜沉舟的勇气。算了，让他试试吧。如果他说出什么扰乱纪律的话，大不了我就“暴力镇压”好了。进行了一番思想斗争，我点了李瑞的名字。

出乎我的意料，他站起来说：“我会砸掉这些冰箱，不会接受干部的提议的。”他的意见引来了班里孩子们的嘲笑，“傻吧你！那么贵！”“真败家！”“便宜点卖出去又不会有问题！”“就当给员工发福利啦！”他显然还有话要说，一声不吭地接受着班里同学对他的反驳。我拍了拍手，示意学生们安静下来：“他这样说，一定有自己的理由。我们给他个解释的机会好吗？”李瑞想了想，说：“我觉得，这些冰箱有瑕疵，就说明是不合格的产品。如果卖出去的话，会给产品带来不好的影响，而且大家还会互相传播不合格的消息。如果给员工的话，也是一样，说不定还有安全隐患。如果砸掉的话，可能看起来损失一大笔钱，但是其他人知道了，就会认为剩下的都是好冰箱。这么重视产品质量的企业，产品一定不会差，就会有很多人来买，损失就能补回来了。”他的话音落下，班里的同学也不约而同地冲他竖起了大拇指。我被他清晰的思路震惊了。因为他常常在课堂上捣乱，而且从来不交作业，每次考试都是三十几分。最初我还想和他一起分析一下试卷，但是除了选择题几乎都是空白。此刻，我忽然认识到，我对他的了解太少了。

这次课堂上的回答吸引了我对他的关注。我开始下意识地注意到他更多的优点。他的选择题几乎是全对的，他非常有礼貌，见到每个老师都主动问好。他勤劳、能干，班主任安排的拖地任务他总能认真完成。我忽然认识到，他并不是一个一无是处的孩子。这只是一个早早踏入青春期的孩子为了获得关注表现出来的叛逆。我开始尝试和他沟通，上课他举手的时候，就给他回答问题的机会；课下遇到他，问问他上课听懂了没有。

忽然有一天，他问我：“老师，上课你布置的那个题目，是写课本这一页的内容吗？”我非常惊喜，他从来没有主动问过我学习上的问题。我肯定了他的思路，然后问他，“愿意努力试试看，我们一起制定一个考试提高十分的办法吗？我觉得你能行！”他的耳根居然悄悄红了。慢慢地，他每节课开始做笔记。我嘱咐课代表，每天收作业的时候问问李瑞，看看他有没有写作业，一定要让他认识到，他也是班级里的一员。后来，他开始交作业了，虽然有时会出点小错误，但是笔迹干净漂亮。第二次月考他拿到成绩条的时候，直接冲到了我的办公室，嚣张地跳上我的桌子，吓了我一跳。他得意地看着我:“看见没！我考了66!”尽管分数只是刚过及格,但是对他而言,无疑是巨大的进步。显然他也高兴坏了。

第二年教师节那天,他给我发来一条“社会气”十足的祝福消息:“老师,我是李瑞。我这人不会说话,但是你对我的情谊我都记在心里。这学期我一定不会辜负你对我的期望的!”这一刻,我感觉我的热泪涌上眼眶,无数心绪沉甸甸地压在我的心头。

每个孩子都是一块待雕琢的璞玉,是一本值得好好研读的书。只有理解了孩子,才算读懂了书的内容。教师是学生人生的引路人,智慧的开启者,知识的播送者,人格的雕塑家。我们不要轻易地否定每个孩子,不要因为他们有一些小小的不足就戴上有色眼镜。每个孩子都渴望得到教师的关注,得到教师的期待。学生对爱的感触十分灵敏,教师对孩子投去一个充满信任的目光、一丝可亲的笑意,都会在学生的心中激起火花。教师给予一点点温暖,就可能激起很大的反响。

作为教师,我们在教育工作中扮演的角色是奉献爱,对学生的爱甚至比他的学问和修养更重要。只有对学生保有强烈的爱、平等的尊重才能引起学生对教师的尊敬和信任,才能激发出学生的智慧和才能。我们要保护孩子的自信心和自尊心,付出更多的热情来关心他们。要尊重学生的人格,正视差异,善于随时寻找捕捉每个孩子在学习上和其他方面的“闪光点”,及时表扬、鼓励,千方百计地培养学生的自信心,让他们相信自己的能力。“罗森塔尔效应”就是在优化学生的心理状态下出现的奇迹。

让我们蹲下身子看学生,走进学生的心灵,了解学生的心理,发现学生内心世界的美丽与纯真。让我们善于发现每个孩子的优点,毫不吝啬地对他们说:“你行！你能行!”让每个孩子在充满鼓励和期待的沃土上健康成长!

静待花开

——写给伴随我研修的孩子们

宋锦秀，1971 年 4 月生，大学学历，小学一级教师，1991 年 7 月至今在广饶县第一实验小学任教。从教 28 年来，始终遵循“以爱与尊重为先”的教育教学原则，注重探索教学方法，创设“民主、和谐、平等”的课堂教学模式，形成灵活、睿智、独具亲和力的教学风格。多次执教省、市、县公开课、优质课，均取得优异成绩。结合自己的课堂教学实践经验，参与了《小学数学基础训练》、《小学数学 AB 卷》、《小学数学课堂作业》、《小学数学教材解读》等教辅资料的编写和修订，并由山东教育出版社、海南出版社等出版发行。所撰写的论文、教学设计等有多篇获省、市、县一等奖，并且在《山东教育》、《陕西教育》等刊物发表。先后被评为“广饶县优秀教师”、“东营市小学数学教学能手”、“首届广饶名师”、“东营市小学数学学科带头人”、“黄河口最美教师”等。2016 年还被推荐参加了“山东省最美教师”评选活动，个人事迹在山东省教育电视台播放。

教育理念：只要给孩子一缕爱的阳光，他们必定还你一片灿烂的天空。

“嵌入式培训”学习作为一种全新的培训方式，对我们参与培训的老师所引发的变化来自于日常教学的点点滴滴：既有教学理念的提升，又有课堂教学方式的变革；既有老师专业能力的提高，又有学生学习方式的改变。但每一点每一滴都映射出我们专业成长和理念提升的过程，仅收集其中几滴，记录两年来伴随我共同成长的孩子们。我会静心聆听每一句心声，静心等待每一朵花开……

你会算“9加5”吗

今天的课该上“9 加 5”了。

连续几天来，我心里一直思索同一个问题：“9 加几”不就是用“凑十法”来计算吗？可专家讲座称：“9 加几”的加法，只要教会“9 加 5”即可，在教学中要着重引导学生独立思考探究算法，在合作交流中体现算法的多样化，从而理解算理。可是这些顽皮得近乎疯狂的小孩子，能给你探索出多种算法来？

带着这个疑问走进教室，把“9 加 5”大大地写在了黑板上。“今天我们就来研究一下这个问题。”“我知道，得 14。”我的话音还没落，一双双小手高高举起。看来写出得数是没问题。“那谁能说说是怎么想出来的？”我是存心试验一下专家的结论，没有给孩子们一个思考交流的机会。

教室里沉寂了足足有一分钟，慢慢地有手举起。

“老师，我可以先说吗？”一向沉稳的尹月说。

“当然可以。”我痛快地回答。

“5 加 5 不是 10 吗？这个 5 再向 9 去借个 5 不就行了嘛。9 借出 5 个还有 4 个，10 加 4 不就是 14 吗？”

妙啊，这不就是那非常经典的“凑十法”吗？不过不是用 9 凑十，而是用 5 去凑了一个 10。“你真聪明！老师喜欢你爱思考的样子！”面对思维如此严密的孩子，我由衷地发出赞叹。

“我还有想法。”内向害羞的吴迪小声地说。

“请你说。”到此我心里已经有了一些底，起码不会冷我的场。

“9 再加上 1 就是 10 了，我从 5 里面拿一个 1 给 9，就变成 10 了，10 再加上 4 就是 14。”

太好了！真是出乎我的意料，这就是教材中展示的标准的“凑十法”。到此时，我也来了精神：“大家还能想出别的算法吗？”

洋洋马上站起来说：“我还有一种，10 加 5 不是 15 吗？9 不是少了个 1 吗？所以就是 14。”

我简直有些说不出话了：这课还需要我讲吗？于是我有些软弱地说：“小组讨论整理一下，看还有没有其他的算法。然后进行比较：看哪一种方法最简洁最好算。”

孩子们立即分小组展开了热烈的讨论……

拉钩钩

本学期班里转学来一名叫兰欣的女生，看起来与别的孩子没有什么两样，大大的眼睛，圆圆的脸蛋，挺讨人喜欢的一个女孩子。但是一段时间下来，她的学习状况令我大吃一惊，知识上下衔接不上，上课精力不集中，作业经常不做。即使做了，也是字迹潦草，不易辨认，害得我必须用专门的时间给她进行“精心”批改，但是批改后的作业中的正确率却是低得可怜，即便如此，主动改错对她来说却是不可能的。于是，谈心、补课、与家长沟通等等能做的我都尝试了，到期中考试仍然亮了红灯，这对于我所教的班级来说是从来没有的。一度失望的我恨不得马上选择放弃，却又不甘心自己的付出就这样没有一点的“回报”。

“老师，兰欣又没有交作业。”周一早上刚走进教室，组长何岩便向我报告。什么？又没交作业？两天的时间，一点的作业，她竟然不做！这个孩子对于我的苦心简直是无动于衷，哪怕是难以辨认，哪怕是错误百出，起码是给我一个回应，起码是给我一个安慰。我心里不住地翻腾着一股无名火，虽然努力克制，脸色却已经非常难看，因为大部分孩子都停止了说笑，看我如何发落兰欣。

“老师，我不是没做，我是忘带了。”一个轻轻的声音飘过后，出现在我面前的是一张怯怯的小脸，那惊恐、无助又渴求信任的眼神令我心头一颤：只是一个七、八岁的孩子啊，只是忘了带作业啊。“你真的只是忘了带？接二连三地不写作业，你怎么让老师相信你?”我的语气不自觉地有些严厉，当然，也透出极大的不信任。“老师，我真的是忘了带，我真的是做了。”语音中已有一丝抽噎，大眼睛里已盈满了泪水。“您要是不信，我跟您拉钩钩吧。”边说边郑重地伸出一根纤细的小手指，满怀恳求地望着我。

看着那根弯曲的充满渴望的手指，我的眼睛忽然有些酸涩。拉钩钩——一个孩子眼里无比庄重的立誓之举，一个孩子心里重若千斤的诺言。面对如此天真无邪的孩子，我无言，却认真地伸出了自己的手指。兰欣的泪水在两根手指的钩动中无声地滑落，重重地跌落在我的心里……

“我让它们间接地发生关系”

结合本学期开展的大课间活动创设的问题情境，学生正在积极地挖掘其中潜在的数学信息，归纳如下：

气象小组有 12 人，摄影小组的人数是气象小组的 1/3，航模小组的人数是摄影小组的 3/4。问题：航模小组有多少人？

对于如何解决这个问题，我没有过多地进行提示，而是把探讨的主动权交给了学生。学生经过认真地分析讨论后，展开了交流：

凯凯：“我们小组是用分步算式解答的，先求出摄影小组的人数，再求出航模小组的人数。列式为：12 × 1/3 = 4(人)　　4 × 3/4 = 3(人)”

子皓：“我们小组是列综合算式：12 × 1/3 × 3/4 = 3(人)”

佳轩质疑：“可不可以列式为：12×3/4×1/3？因为乘法是不分先后的，再说结果也是相同的。”

至此，我一方面惊讶于学生思维的灵活性，另一方面我也很期待学生的回答，因为这个问题直接关系着本课时的教学目的——分数混合运算的顺序与整数混合运算的顺序是一样的。于是所有的学生用满含期待的目光看向我，我却有意地把目光投向学生。在经过了一阵短暂的沉默以后，有了以下的对话：

子皓：“因为要求航模小组的人数，必须得知道摄影小组的人数，而摄影小组的人数只跟气象小组有关系，它们之间是依次连接的关系，气象小组的人数和航模小组的人数没有直接关系。”

大部分学生频频点头，似乎同意他的说法，这种解释也确实符合学生对于题意的理解和教材的编写意图。就在我想表示赞同的时候，小伟突然站起来说了一句话，让课堂气氛又陷入了沉默。

他说：“怎么会没有关系？我可以让它们间接地发生关系！大家看，我们可以列式为：12×(1/3×3/4)，1/3×3/4 表示的是航模小组人数占气象小组人数的一个分率，用这个分率再去乘气象小组的人数 12，就是航模小组的人数了。”

学生有的欣喜，有的茫然，继而又开始了新一轮的探究。

我则惊叹于学生思维的灵活性及特异性。是的，互相牵连的三个信息之间怎么会因没有直接关系而排除学生的质疑呢？一句豪迈的“让它们间接地发生关系”，在解答了学生疑问的同时，呈现了教材都没有罗列的又一种解决问题的方式。这不能不引发教材编写者和我们这些为人师者的思考：教材作为一个知识的载体，其形式应该怎样呈现才更合理？教材作为课堂教学的依托，该如何使用才能更恰当？无论如何，学生的发展永远是第一位的，不是吗？

放飞瓢虫的孩子

下课铃声刚刚敲响，我还没有来得及走出教室，就只见卓然双手捧成球状，小心翼翼地往教室外面走。

“卓然，你不做眼睛保健操，干什么去?”我急忙拉住他。

“老师，我有重要的事情要做。”他一本正经地回答。

“什么事情那么重要?”

“老师你看，我要去放飞这只瓢虫。它在上课时不知怎么飞到了我的课桌上。”

我这才看清他的手心里卧着一只绿豆粒大小的瓢虫。看着他着急的样子，我拍了拍他的肩膀，笑着说：“天冷了，瓢虫飞不动了，你可以把它放到咱们的花盆里。”

“谢谢您！老师，我没有影响听课，真的。我只是把它放在我的铅笔盒里，等到下课才把它拿出来。”卓然着急地解释把我带回到几个月前……

刚刚接手的这个班级，在四年级的“乱”是比较出名的，只是因为一个叫做卓然的孩子。这个孩子基本的教学常规都不懂，上课时经常钻到课桌下面，扰乱正常的课堂秩序，还习惯我行我素，旁若无人地表达自己的想法，却不管老师和同学愿不愿意听。如果不让他说，他就会在课堂上大声哭闹，课便再也无法继续往下上……于是，在老师和同学的眼中，他便成了一个极端的存在。

我承认自己不比其他的老师高明到哪里去，对此我真的有些头疼。可是在新学期的第一节课，就在我细心地观察这些“新兵”时，我也发现所有的孩子都在认真地观察着我，师生之间在这种无声的交流中，都期望得到更多的了解。而卓然的神情是最令我心动的一个，他没有像以前那样坐立不安，虽然依旧是半跪在地上，眼神中却充满了急切的认同感，似乎想告诉我：我是个好孩子，我能够做好。我微笑地看着他，点了点头：老师相信你！他好像也读懂了我的意思，有些不好意思地笑了。于是，我便特别关注起这个让很多老师头疼的孩子。不久，我就发现卓然其实是个特别聪明的孩子，只是家庭的溺爱让他在集体生活中难以融入；他特别想引起大家的关注，特别想在老师和同学面前表现自己，得到大家的认同，就像在自己家中那样"至尊无上"。

针对这一点，在课堂上，我就极力给他创造表现自我的机会，让他给同学们讲解题目、总结算法。也许是想给新老师留下一个好的印象，他和其他的孩子一样在努力着，逐渐地在课堂上不再那么"显山露水"，学生对于他的"抢答"也不再那么排斥，班级内的气氛也逐渐和谐。直到有一天：

全县的新教师岗前培训会议在我校召开，由我执教一节数学课。课前，很多老师都建议把卓然留在教室里，不然他会在课堂上"大闹天宫"的，台下可是坐着好几百名的领导和老师啊。我不是没有犹豫，只是看着刚刚有点进步的卓然实在不忍心，我有什么理由留下他呢？谁又能保证他不会在你上课时去闯教室呢？我要带上他一起去上课！

在课堂上，我和同学们一起探究"点阵中的规律"，大家都在积极地表现自己，也包括卓然。在研究三角形点阵的划分方法及其隐藏的规律时，我刚说完要求，他就大声地喊："老师，我找到两种方法了。"看到其他学生还在研究，我便轻声提醒他：那你能找到第三种方法吗？不到半分钟的时间，他就兴奋地说："我找到第三种方法了！"看着其他同学安静的样子，我故意为难他：你再找找有没有第四种划分方法？说实话，在课前的教学预设中，我只想到了三种基本的划分方法，并没有深入地去研究有没有第四种方法，我只是想让他安静下来。在大部分学生交流前面的三种划分方法时，他忽然从座位上跳起来："老师，我找到第四种划分方法了！是用折线划分的，规律是……""你真了不起！你能把你的想法说给大家听吗？"我们的课堂探究活动进入了一个高潮……

这节课结束的时候，老师们热烈的掌声让孩子们兴奋，尤其是卓然，脸蛋绯红，似乎这掌声是送给他一个人的。他拉着我的手，急切地告诉我：他还想找到第五种划分方法。看着卓然纯净的眼神，我的内心却有些许的惭愧，为自己在课堂上那自私的想法。从此以后，卓然在课堂上的表现便经常赢得同学们的掌声，他很自然地融入了班集体中。

心理学家罗杰斯曾经说过：“人的本性，当他自由运转时，是建设性的和值得信赖的。”当学生的心理发生偏差时，作为教师首先应当克服偏见，真诚地接纳孩子，走进他们的内心世界，用爱心守护他们的心灵花园，让他们的心灵自由地运转起来。只有心中坚信：人人都是材，人人都可以教育成才，才会让每一个顽劣的孩子都变成一个有爱心有责任感的人。而树立这个信念的前提是——爱，因为爱能创造出安全与满足的温馨，赋予人以无穷大的力量。我们要用无私的爱激励每一个孩子，赏识每一个孩子，期待他们在成长过程中创造出一个又一个的奇迹。

向着卓越的方向

刘晓燕，1980年6月出生，大学学历。多次执教公开课，多篇论文、教学设计、教学案例获奖，先后被评为县教学能手、课堂建设先进个人。

参加工作以来，秉承“给学生一片蓝天，他们会让它繁星点点；给学生一片绿地，他们会让它春色满园。”的教学理念，和孩子共同成长。

参加“嵌入式培训”几年来，我和我的同伴们走在卓越之路上。虽然步履蹒跚，却也脚踏实地，与专家对话，与反思同行，受益，进步，成长。专家们以案例的方式解读认知心理学、教育学、教学法等各种前沿理论和最新的研究成果，便于我们准确地把握前沿观点；他们系统阐述了中小学生识字、阅读、口语交际和写作的心理过程；并基于心理学视点，审视、解读语文课程标准及其提出的新理念，为“语文素养”、“学习方式的改变”、“识写分流”、“写作教学实际性”、“口语交际”、“教学风格”等观点提供学理依据和实施对策。尤其是“语文学习的制约因素”讲解中对“让课堂充满激情与活力”的分析、阐述使我感触颇深，为我平时的一些尝试和研究提供了有力的理论支撑。

这让我想起了常有人感叹孩子进入高年级以后，课堂发生了变化，课堂气氛沉闷，学生们上课不愿意举手回答问题了，读书也没有以前声情并茂了，学生没有学习热情。是啊，现在的语文课堂尽管老师们在教学中大量运用最华美的教学语言，使用了最先进的教学设备，进行最优化的教学设计，但课堂毫无生机和魅力可言。那么课堂上缺少的是什么，一言以蔽之，课堂缺失了激情。

德国著名教育家第斯多惠认为：“教学的艺术不在于传授的本领，而在于激励、唤醒，没有兴奋的情绪怎么激励人，没有主动性怎么能唤醒沉睡的人？"可见，课堂需要激情。激情，是教育的渴望。拥有激情，课堂才会有创造；拥有激情，课堂才会不断迸发探究的火花；拥有激情，课堂才会刻骨铭心……

叶澜教授说"课堂教学应被看作师生人生中的一段重要的生命经历，是他们生命意义的构成部分"，并提出要"让课堂焕发出生命的活力"，一节好课的第一个特征就是"教师要充满激情"。教师的情绪，决定课堂的气氛，决定课堂的效果，没有教师的激情，就没有学生的激情，就没有课堂的活跃和生机，没有了激情课堂的创设，就没有真正意义的教育。

那么我们该如何去构建语文教学的激情课堂呢？

一、教师要充满激情地走进课堂

"让课堂充满激情是教师的职业道德要求，也是提高教学质量的保证。只有带着满腔激情，把教学当作自己毕生的事业，精益求精，不遗余力地做好，才能让课堂焕发出生命的活力，才会有成功的体验和职业幸福感。"不记得在哪儿读过这么一句话，只记得自己的每一节课，总是用心来备，从学生的"学"入手，了解学生学习的起点，明晰学生学习的难点以及学习的发展点。看到课题第一件事就是反复读课文，读正确，读流利，读出感情，读出语感，读出遣词、造句、布局、谋篇的妙处。第二件事就是反复解读单元教学目标，根据学生的实际确定本节课教学目标及重难点，精心设计教学预案，真正做到了不打无准备之仗。

正因为课前准备充分，所以每节课我才能自信地走上讲台，并在课堂上从容应对出现的任何问题，有时觉得是生成成就了课堂的精彩。记得学习《钓鱼的启示》一课时，在充分研读教材后，我想，让学生找到这个钓鱼的启示并不难，但是要去真正理解它却有一点难度。所以在教学时我找好切入点，先让学生把启示找出来，"道德只是个简单的是与非的问题，但是实践起来却很难。"读一读，让学生体会什么是道德的"是"与"非"。接下来抛出一个疑问"一个简单的是与非的问题，大家很快能找到，为什么我做起来那样难？默读 3—9 自然段，找出原因。学生在找的过程中，会发现作者做出了放鱼的选择是那样艰难，再让学生用自己喜欢的方式读 3—9 自然段，抓住细致入微的心理活动描写,体会作者的心理变化。边读边画出描写我和“父亲”心理的句子。在这里,为了让学生能体会那种心情的变化,生生对读,师生对读,创设情境读,在反复多层次的朗读中,学生明白“我”面对父亲要求我放鱼的时候的态度由急切到委屈、难受再到不舍;明白了父亲不容争辩的态度也是通过反复挣扎才有了这一决定,更加理解了父亲要求“我”把鱼放回湖中的真正用意。没有绚丽的语言,没有过多的讲解,在读中我们走进了作者内心,读出了感悟,读出了真情。

二、教师的激情源于对孩子的爱

课堂就是用真情和爱心搭建的舞台,教师要带领着孩子在这样一个舞台上,能够以一种最自然、本真的状态进入学习,他们敢于自然释放自己的喜怒哀乐,敢于用自己的语言表达自己的情感。

平时,我经常和学生一起做游戏、说笑话,在孩子们的心目中,我就是一个亲切的大姐姐。我渴望像雷夫那样,为孩子们创造一个没有恐惧的教室,一间让孩子们感到非常安全的教室!在中高年级的课堂上,围绕重点句段圈划批注是阅读教学很重要的环节,每当这个时候,我便开始巡视。走到学生中间,弯下腰,低下头,微笑着,指点着。关注更多的是学习相对困难的孩子。接着,小声地问:“孩子们,可以交流了吗?”举手者位数很少,我就补充一句:“不着急,老师再等一等。”在我的眼里,心里,全是孩子。

三、在课堂上尊重孩子,使其激情释放

记得电影《蕾蒙娜和姐姐》中的蕾蒙娜给我留下深刻的印象。蕾蒙娜是一个活泼可爱、天真快乐、富有爱心、有着丰富的想象力的九岁女孩。但她的一些行为在她的老师看来是精神不集中、好动、做白日梦,上课记不住语法及单词拼写规则,不遵守学校纪律。但在家里,蕾蒙娜如果做错事,她的家人不像现在的很多父母那样去责怪,而是以宽容的态度化解她心中的担忧。在家人的帮助下,蕾蒙娜纠正了一些过于好动的行为,并能在课堂上联系生活拼写出正确的单词,得到老师和同学的一致赞扬。

作为教师的我们会面对许多像蕾蒙娜这样的学生,这样的孩子更需要我们给予他

们支持、赞扬和尊重。“每个学生都是独立的生命，生命个体间的各个方面都充满着差异。”语文课堂就是要将这种差异视为可贵的教学资源，努力创造条件，展现学生丰富多彩的个人世界。在教学《将相和》时，我提出了这样一个问题“课文中你最喜欢谁?”一石激起千层浪。有的说:“我最喜欢临危不惧、机智勇敢和不卑不亢的蔺相如。”有的说:“我最喜欢知错就改的廉颇。”有一位同学这样说给我留下深刻的印象，他说:“我欣赏赵王的不拘一格用人才。如果不是他，用人唯贤，绝对不会有赵王在秦王面前的人格平等，也绝对不会有赵国不丢一城一池的局面，更不会有秦王因惧怕赵国有蔺相如和廉颇而不进攻赵国的历史。”学生的诠释独具慧眼，精彩至极，迸发出智慧的火花。这样的语文课堂，充满了魅力和活力，显现出生命多姿多彩的美丽。

总而言之，教学需要激情，创造语文的激情课堂，把激情的火花燃烧在学生的心灵，培养富有激情的人才。在激情充溢的语文课堂中，让教师与学生共同享受着语文课堂教学的快乐!

改变，才能让自己成长

宋双，1981年12月出生，本科学历，广饶县优秀班主任。撰写的多篇论文、教师下水文和执教的优质课多次获奖。

教育理念：静心教书，潜心育人，努力做学生生命中的贵人。

上学时我就偏爱文学，工作了，能当上一名语文教师，可以说很幸福。我的每一节语文课，都力求让孩子学有所得。我最引以为豪的还是我的大多数学生都写得一手好字，家长们常常这样说“自己的字写得不怎么样，真没想到我的孩子能写得这么好！”每每听到家长们这样说，我就充满了成就感。然而，语文教学，并不是让学生写好字就行，还要培养学生的语文素养，提高学生听说读写的能力。在“嵌入式培训”过程中，在多次聆听了景洪春老师和章健文老师的专题报告后，我觉得非常惭愧，突然感觉自己离一名好语文老师还有很远很远的距离。她们从专业的角度，结合具体课文，对小学语文阅读教学和文本解读进行了深层次的解读，让我对语文教学有了更深的认识和体会。我也在一次次认真聆听她们的报告中不断反思自己原有的教学方法，学着不断改变教学观念，更认真地思考每一节课该怎样教，教给学生什么。怀着这样的想法，认真去做，我发现，自己和学生都在进步着。

记得在2017年春天，我在学校团队磨课活动中，承担了讲课的任务。这次磨课，我们组的课题是人教版二年级下册第五单元的写话教学，写自己熟悉的一种小动物。对我来说，这是一次锻炼，也是一次考验。且不说如何在教学过程中指导学生表达，就连怎样设计教学，我都是一头雾水。我深深地知道，自己的教学水平有限，驾驭课堂的能力不够。于是，从年级组内安排我讲课时，便开始忐忑不安。我认真地研究课标中对低段写话的要求，结合自己对教材的理解，有了第一次备课。记得第一次试讲，我引领学生观察图片，让他们介绍自己眼中的动物，学生们只是笼统地说出了自己印象中动物的样子，缺乏自己用心的观察。而我，当时也没有用有效的方法进行指导。整个课堂给人的感觉虽然很有吸引力，但许多地方都是蜻蜓点水，浅尝辄止。正如章健文老师所说“读不好文本，就上不好课”。

上完课，我无比沮丧！还记得景老师在一对一的专家点评活动中，对我的教学过程提出的一些问题：1. 解读教材不够深入，对于一篇课文的重点，尤其是重要的语言训练点把握不准确。2. 问题设计不够精准，存在无效教学环节。这节课，问题又一次暴露出来。同组的老师们没有批评我，而是耐心地和我围坐在一起，认真地和我一起钻研教材，深入地解读文本：这节课，我们的教学目标是什么，根据什么确定的目标？我们应该教给学生什么，怎样教？课堂上每一个教学环节的目标清楚了，教什么清楚了，教学就简单、明朗了。

我们一遍遍认真阅读《语文课标》对低段写话的教学要求：对写话有兴趣，写自己想说的话，写想象中的事物，写出自己对周围事物的认识和感想，在写话中乐于运用阅读和生活中学到的词语。我们觉得要达到让学生对写话产生兴趣这个目标，必须开辟一个大语文写话环境，营造一个有利于发展语言的氛围，并在这个过程中，让学生掌握正确的写话方法，提高写话能力。

读懂了课标要求，针对这节课存在的问题，老师们给我提出了具体改进的方法：想方设法调动孩子的积极性，让孩子想说，会说，直到会写。

要调动孩子写话的积极性，首先一个改变就是给孩子创造一个有利的氛围，让孩子身临其境地去感受，有话可说。

日常生活当中，我们经常会接触到一些小动物，它们可爱的外形、活泼的动作、独特的生活习性会深深地吸引我们。每个同学都能毫不犹豫地说出几种喜爱的小动物，但是因为只限于对小动物的一般性了解，要想写好并不容易。课前，我让每个同学都认真观察自己喜爱的小动物，并把小动物的照片带来，如小狗，小猫，乌龟……接着，我就把一只真正的小兔子带入课堂，以小白兔作为指导观察的范例，引导学生进行观察。当孩子们见到可爱的小白兔，一下子就被吸引住了，目不转睛地盯着小白兔，眼里闪着兴奋的光芒。写话内容为学生所喜爱,课堂气氛一下子就被调动起来,这对于写作指导十分有利。

写话的前提是“说”,先让学生说自己想说的话。这时,我让学生用眼睛看,用手摸,把自己看到的,感受到的说出来。有的孩子说:“小白兔的眼睛红红的。”有的孩子说:“小白兔的毛白白的。”我把小白兔抱到她面前,说“摸一摸,什么感觉?”孩子小心地伸出手,摸了摸,兴奋地说:“软软的。”“谁还想摸?”孩子们一个个举起了小手……在具体直观的观察中,孩子们真正做到了有话可说。在说的过程中,引导学生从说一句话、几句话过渡到说一段话,逐步提高。

要调动孩子写话的积极性,另一个改变就是评价语言。给学生创造成功感,培养自信心,对激发学生写话的兴趣尤为重要。小孩子都喜欢被赞赏,喜欢听好话,当学生说出自己观察到的小白兔的样子或者对小白兔的某个部位观察细致时,我学着用不同的语言夸奖他:“你观察得真仔细!”“这么短的时间,你就观察到这么多,真了不起!”当有的孩子说:“我看到小白兔的眼睛红红的,就像红宝石一样。”我忍不住竖起大拇指赞叹道:“你对小白兔观察真细致,比喻真形象!”孩子们兴奋极了,一个个争着说,抢着说,在说的过程中,积累了语言,锻炼了表达。

真诚的赞美,使人听起来自然顺耳,也许只是因为一句赏识鼓励的话语,就激发了学生的创作兴趣,让一个孩子爱上了写话。在以后的教学中,我也要让我的学生时时能够感受到这样的语言!

景洪春老师说:“语文教学要关注学生的学习过程,促进学生的语言发展。”提升写话能力的关键是进行有效指导,规范学生的语言,这是课堂上的一个重大改变。我们知道,低段学生的口语表达能力明显快于书面语言。有的孩子在课堂上很“会说”,但写话时就出现这样那样的问题。究其原因,主要是学生的语言没有说规范。因此,要立足孩子的语言起点,引导他们准确地使用语言,说完整的话,把句子说通顺,把想法说清楚。在说的过程中,我认真倾听孩子的发言,随时进行指导、评价、反馈矫正:当学生的表达产生偏差时,我就引导孩子认真观察,进行扎扎实实的语言训练,在实践中慢慢提升学生感受语言、运用语言的能力。在学生练写时,走到学生中间去,对学生语言的生成和发展进行指导,学生的进步是显而易见的。

一次次的培训学习,让我真真切切地感受到了深入解读文本的重要,感受到了改变的重要，感受到了学生语言发展的重要！教学中，只有真正关注学生的学习过程，关注学生的语言发展，老师和学生才会有真正意义上的提高。在以后的工作中，我会更加扎实地备课，更加努力地学会细读文本：从低年级识字教学中一个字的认识，一个词语的理解，一个句子的拓展，到中年级一个段落的表达，一篇文章的整体把握，好好解读。我希望自己能一直在学习中改变，在改变中成长！

做一名幸福快乐的教师

——教师成长故事

李健兰，1971年2月出生，本科学历。1991年7月毕业于东营师范学校，在山东省东营市广饶县第一实验小学任教，担任班主任、中队辅导员工作。曾荣获县优秀教师、优秀中队辅导员等荣誉称号，多篇论文在国家、省、市、县级获奖。

教育理念：爱是教学成功的基础，创新是教育的希望。

时光飞逝，回想自己从教27年的教学历程，我记忆宝库的储备日益充盈，里面讲述着自己的教学及成长故事，虽没有惊天动地的故事情节，但也有印象深刻的故事情景。

成长故事一：榜样示范，在引领中成长

记得初登讲台时，学校安排我任教一年级的语文课，兼班主任工作，面对着全班四十多个精力过剩的小家伙，我一下子懵了，在没有任何人指导的情况下，便自己边摸索边开始教了起来。毕竟教学经验少，管理的班级也一团糟，有时甚至会被几个"淘气包"气哭。我还清楚地记得第一次考试，就比另一个平行班少七八分，虽然校长没点名批评，但这样的成绩也是够丢面子的。最让我苦恼的是第一次参加学校的"人人一节公开课"活动，我虽然做了些准备，但是由于自己只顾讲课，根本不顾及学生的情况，结果有两个调皮的男孩子在课堂上动起手来，我赶紧走过去调解，等处理完了，下课时间也到了，一堂课的教学任务也没有完成。评课的老师们诚恳地提出了他们宝贵的建议，我羞得满脸通红，惭愧地低下了头。

为了能把课上得更好，能让学生更喜欢我。我自费订购了一些教育教学书籍，利用空余时间刻苦学习，在理论上不断丰富自己，渴望自己能快点成长，也能快点解决这些令我困惑的问题。我更清楚地认识到：榜样的力量是无穷的。通过自己几年坚持不懈的努力，再加上一些有经验的教师耐心指点，我逐步走出教学困境，能轻松驾驭课堂。随着课改的深入发展以及学校对教师专业素养的重视和培养，学校也越来越重视教研活动的开展和教师的业务培养。随着参加培训学习的机会越来越多，我有幸接触到了许多校内外的名师、专家，遇到问题，我会主动向他们请教，他们不厌其烦地帮助着我。特别是参加“嵌入式培训”的这两年，通过系统学习，得到了许多专家、名师的专业培训指导。我的教育教学理论水平得到了质的飞跃，专业知识得到了快速提升，教育教学以及班级管理水平也得到了很大的提高。

“三人行，必有我师”，在平时的教育教学中，我始终向身边的同事们学习，并抓住每次培训学习机会，向校外的专家、名师学习，以他们为榜样，努力提升自己的个人素养，让学生更加喜欢我。

成长故事二：努力钻研，在专业中成长

语文教学对学生最大的影响是从文本中学习做人，学习做学问，在学习的过程中，感受语言之美，感受生活之乐。文本细读是语文教师练就的专业基本功。只有对文本解读细致了，我们的课才会上得轻松自如，学生学得才会有滋有味。在“嵌入式培训”学习中，章健文教授的报告给我留下了很深的印象。她两年来，不辞劳苦，先后两次来到我校，和我们共同分享语文解读文本的方法。章老师对文本解读细致、深刻、生动鲜活的分析把我带入了一个新的境界，使我对文本细读有了一个新的认识。她那种认真研读教材的精神深深打动了我，使我懂得了什么是文本解读，怎样去解读文本等。在章教授的眼中，文本不再是单纯的课文，她已经注入了阅读文本者自身的烙印，使得文本焕发出新的魅力。平时，我努力研读教材、解读文本，夯实专业基础。在课堂上，我努力营造良好的学习氛围，建立和谐的师生关系，尊重关心每个学生，着眼于学生的长期发展，让他们每节课都学有所获。课堂是我们教师成长的主阵地，我的课堂效率有了很大提高，学生也越来越喜欢我的课堂。

"一分耕耘，一分收获"，这句座右铭一直支撑着我的教育信念，让我一直坚持到现在。我深知，作为一名教师，就要不断学习，刻苦钻研业务。教学中，我不但给学生传授知识，而且传授学习方法，传授做人的道理；不断激发学生奋发向上、努力进取的精神；使学生明白一个人只有不断努力学习，克服困难，才能走向辉煌！

成长故事三：做一名幸福快乐的教师

教师是人类灵魂的工程师，是学生成长的引路人和指导者。做一名幸福的教师就要保持良好乐观的心态，认真对待自己的教育事业，关爱学生，用心体会生活，让幸福快乐就在我们身边。

记得研修之初，聆听了上海名师研究所的蒋薇美老师做的报告"做一个幸福快乐的好教师"。我认为幸福其实就是一种感觉，幸福是一种心态。我经常对学生说：快乐学习，快乐成长。教师如果能以享受的态度从教，那么他的教育生涯就是幸福的人生，享受教育每一天，幸福生活到永远。每天和朝气蓬勃的孩子在一起，我感觉自己也总是保持着一种年轻的心态。教师的工作是教书育人，既要教好书又要育好人，这是我们的责任和义务。所以在我的班级里面倡导快乐学习，我经常和孩子们一起活动，全身心地融入到学生中间去，与学生共同遵守活动规则。这样，对我自己的身心也是一种锻炼，对学生也是一种人文关怀。让孩子们在快乐中学习，在快乐中长大，这带给我的也是同样快乐的教学，让我感受到做一名语文教师的幸福和快乐。

做一名幸福快乐的好教师，我一直以来都以"好教师"的标准来要求自己：富有爱心、富有渊博的知识，富有教育的智慧，灵活运用各种教学资源，保证教学任务的高效完成。把学生看作天使，教师便生活在天堂中，我爱看着他们在我的教育下露出满足的笑容，我更爱享受师生之间其乐融融的情景。

感谢"嵌入式培训"这个平台，给了我好好整理回顾教育成长历程的机会，同时让它储存在我的记忆宝库中。因为我知道只有善于总结反思的人，才能真正品尝到金秋的琼浆玉液，享受到大地赐予的丰收喜悦。每当我在工作中遇到困难时，蒋薇美老师的教育教学理念总能让我如沐春风，让我更心平气和地处理问题。虽然学生更换了一茬又一茬，然而是他们让我感受到了作为一名教师疲惫工作中的幸福，以及作为一名奉献者的荣耀！面对这“钟天地之灵秀，集众美于一身”的教育事业，我仍然痴心不改，并能很好地扮演自己的角色，因为那些最诚、最真、最纯的脸让我一生贫而无憾，苦而无怨！

践行

侯彩华，1975年8月出生，大学本科学历。东营市教学能手、东营市学科带头人。撰写论文《提高课堂效率的有效性探索与体会》荣获山东省教育科研优秀论文一等奖和“百佳”论文评选一等奖。

教育理念：做一个热爱学生且让学生热爱的老师。

2016年3月18日，在这样一个阳光明媚的春日，上海名师研究所的江喜标所长来到我校，带来了让我们为之振奋的消息：我们学校的四十余名老师将有幸接受为期两年的“嵌入式”培训！时至今日，我们的培训旅程即将接近尾声，回顾两年来培训的点点滴滴，有感动，有收获，有成长……尤其是上海市教委教研室小学部主任数学教研员姚剑强老师，一直跟进我们“嵌入式培训”活动，姚主任对我上传的视频课“小数点的移动”做了“一对一”的细心指导，让我受益匪浅，践行所学。

叶圣陶先生说：“请老师们时刻想到，学生跟种子一样，有自己的生命力，老师能做到的，只是供给他们适应学习的条件和营养，让他们自己成长。”教师必须指导学生会学习，使他们能主动地，积极地，创造性地学，教师要摆正自己在教学中的位置，真心诚意地把学生当作学习的主人，恰当地发挥主导作用，要努力提高“导”的艺术，从而在教学中恰到好处地去启发、点拨、设疑、解惑。课堂上要尽可能给学生多一点思考的时间，多一点活动余地，多一点表现自己的机会，多一点体验成功的愉悦。

记得在一年级的课程中“用被减数解决问题”类问题对小朋友来说属于逆向思维的问题，但学生总是习惯运用顺向思维来思考和解决，且由于一年级的小朋友的口算比较简单，学生总能一下子把答案口算出来，然后把答案带入算式中进行列式计算。针对这种情况，我设计了这样一道题：学校体育室有一些篮球，被小朋友借走9个，还剩6个，学校体育室原来有多少个？一些小朋友，遇到这样的题目总是列式为15－9＝6(个)。这些学生根本没有对此类问题的结构以及所求问题与已知条件之间的关系进行理解，为帮助这部分学生扭转思维定势，我制作了一个多媒体课件来帮助学生理解，运用多媒体课件中“动”的画面来帮助思考“原来”、“借走”和“剩下”三者之间的关系。多媒体课件首先出示一个体育室(没有标明原来一共有多少个篮球)情景，教师此时问：“体育室原来一共有多少个篮球，你们知道吗?”“不知道。”此时课件动态演示借走9个，此时教师又问：“是从哪儿借走的?”“从原来里面借走的。”当借走9个演示完后，课件演示出体育室还剩下6个，此时教师追问：“这时你们知道体育室原来一共有多少个篮球吗?”学生异口同声：“15个。”“你们怎么知道的?”一位学生在下面插话：“把借走的9个篮球再还给它就知道了。”这时课件演示借走的9个又回到原来的体育室里，教师问到：“那你们说说要求原来有多少个篮球，怎样算呢?”学生看着课件的演示过程立刻回答到：“把借走的和剩下的加起来。”巧妙地运用现代教育手段，不仅帮助学生理解了此类问题的思考方法和解答思路，也有利地激发学生积极地思考，使教学难点得到较好地突破。

为了促使学生主动学习，我们可以改变习惯的、固定的课堂模式，采取班级集中授课，小组合作交流和个别辅导学习相结合的综合模式，从而使课堂有利于学生学习，提高课堂效能。学习要求应有层次性，让各层次的学生都吃得好、吃得饱。教学方法和手段要多种多样，丰富的教学手法和手段能激发学生的兴趣，尊重他们不同的情感体验。

还记得在一次校内公开课时，我执教人教版小学数学三年级下册“统计”，学生十分感兴趣，积极性十分高。我让孩子们调查本组学生的身高体重状况，并完成统计图。这时教室里活跃起来，同学们纷纷出主意完成统计图，只见他们你一句，我一句地讨论开了。有的说：“用一个格子代表一个单位”。学生A提出了反对意见：“这个办法不行，145厘米那得画多少个格子呢！格子也太长了！”“一个格子代表两个单位”。“那也得画得很长呀”。教室里一下安静了下来。“那有没有更好的办法呢?”我对他们说。孩子们开始思索……突然，小机灵学生B得意地说：“那还不容易，一个格子能代表10

个单位或者代表20个单位就够了。”“那你们就试着画一画。”大家开始画了起来。突然，学生C站起来说：“我觉得这样画很难直观地区分不同学生的身高相差几厘米。”这时我借机说：“如果每格表示较小单位，画出的条形会很长，如果每格表示较大单位，又很难看出数据之间的差异，而我们统计的数据之间的差异又比较小，应该怎样办呢？”这时，小博士学生D站起来了，他慢条斯理地说：“我觉得最好用第一个格子表示较大单位，而其他格表示较小单位。”此时令我十分惊喜，本来这个知识我打算直接传授的，但是没有想到在我的启发下，孩子竟然能自己探究出解决方法。我趁热打铁问：“用第一格表示较大单位，而其他格表示较小单位怎样区分他们的不同呢？”孩子们纷纷议论，皱起了眉头：“能够把第一格画成其他颜色。”学生E说。“如果没有其他颜色怎样办呢？”学生F站起来说。“哎，有了，能够把第一格用曲线来表示。”爱动脑筋的G之后说。这更令我震惊，原先传授的知识在孩子们动脑之后也能够找到解决办法。然后我顺势引导他们说：“请你想一想在什么状况下就应使用这种统计图？”孩子们开始讨论，不一会，很多孩子举起了他们的小手。“我觉得跟统计的数据有关。”

“我想要先观察数据的特点，再确定一个格子表示几个单位。”

“对！我觉得还就应观察数据之间的差异，来确定格子表示的数量。”

“是的，我想，要确定格子表示的数量。就应先观察数的特点和统计数量的多少，还要想到涂的时候怎样比较方便。”

“你们想得真好，你们愿意自己设计一个统计图吗？请你们自己来设计这个统计图。”我趁机布置了下一个环节学习的材料。

孩子们在这堂课中表现出的创造力与思维潜力，让我也为之惊讶和感动。在数学学习中，孩子们会遇到各种各样的问题，老师不应扫清孩子们学习中所有的“障碍”，而是要让孩子自己学会思考，找到解决问题的方法。我们在平时的教学中也应多为孩子制造机会，创造条件，在讲授新课时多设计问题，给孩子们多创造质疑问难的机会。当孩子遇到困难时老师有意识地少说一些，将时间和课堂留给孩子，让孩子多发言、多思考，让他们透过自己的努力解决生活中的数学问题。

小学生以形象思维为主，在平时的教学中，我们根据教学内容的特点和学生的认知水平以及思维程度合理运用现代教育技术，较好地调动了学生思维的积极性。正是因为有了姚老师的指导，才使我清楚地明白数学课堂应由“静”变“动”；还有抽象难懂或计算类的课时，可以多激励学生，学生思维活跃，才能提高能力，同时教师要关注每个学生，尤其要关注学生的差异，让所有学生都得到提高，知识得到积累，能力得到提高，个性得到发展，这样课堂才能高效。

精心之预设　精彩之生成

孙小兵，1981 年 11 月出生，大学学历，广饶县第一实验小学教师。自参加工作以来，工作成绩突出，先后被上级主管部门评为县优秀教师，多次被评为县优秀共产党员。积极参加教育部门组织的各项活动，撰写的《如何在小学数学中渗透德育教育》在全市第一次中小学德育论文评选中获得一等奖，撰写的论文《班主任经验点滴》在第六届全国中小学思想道德建设实践创新活动中获二等奖。

教育理念：言而有信做人，脚踏实地做事。

课堂需要教师精心的预设，在预设中把握生成，这样才能更好地驾驭课堂，突出学生的主体地位，提高课堂的教学效率，从而更好地促进学生发展。教学中，预设是必要的，因为教学首先是一个有目标、有计划的活动，但同时这种预设是有弹性的，有留白的预设。因此，教师在备课的过程中，就应真正“以学生为主体”，充分了解每一个学生的实际情况，尽可能地考虑到课堂上可能出现的情节，从而使整个预设留有更大的包容度和自由度，给生成留足空间。

除了巧妙预设，在教学中，教师还要充分留给学生进行自主探索、思考问题的时间和空间，这样的教学，学生才能够放飞思维，张扬个性。在我们的教学中只有给学生自由的时间，学生才能拥有更大的创造性。教学中多留给学生时间和空间，让学生按照自己的思维去学习，哪怕有时有些尝试可能是错误的，但这些尝试也会在学生之间按照他们自己的思维方式相互质疑，相互补充并趋于完善。

记得在教学长方体和正方体的体积和表面积后，我和学生们正在学习“体积与表面积的对比”这一知识，通过讨论，得出长方体、正方体的体积和面积不但计算方法不同，而且计量的单位也不同。我看学生们像都明白了，心想下面就来做个练习：“一个正方体，棱长6分米，问它的体积和表面积各是多少”。学生列式做出：正方体的体积＝棱长×棱长×棱长＝6×6×6＝216（立方分米），面积＝棱长×棱长×6＝6×6×6＝216（平方分米）。题目同学们都做对了，但他们是否真的理解了正方体体积和表面积的不同呢，我灵机一动，给学生们设下了一个“圈套”，“同学们，你们比比看，这个正方体的体积大还是表面积大，”原以为这个问题很简单，同学们肯定会踊跃发言，达成共识，不料，真是让我始料未及，我的问话刚落，孩子们便开始七嘴八舌地说开了，很多同学都不假思索地说：“一样大。”也有的说：“表面积大。”还有少数说：“体积大”。此时学生的表现，学生的心情以及他们的心理我都尽收眼底。我咕哝着说：“哎呀，只争不行，请讲出你的理由来。”“你看，都是6×6×6＝216，当然一样大了。”“不对不对，立方米要比平方米大得多，当然是体积大。”两派学生互不相让，你一言我一语，针锋相对，相持不下。我暗暗摇头：“唉，这帮孩子，概念教学时那么强调，还是没有明白体积与表面积的含义，难道我还要再泛泛地跟他们重复强调吗，我耐心地等待着，期待着……”

正在这时，我看到秦梓涵同学皱着眉头，按捺不住，突然从座位上跳起来激动地说：“不对，它们不能比，它们根本就不能比！”我的嘴角露出一丝不易察觉的喜悦：“是吗，同学们，秦梓涵有不同意见，请她说一下，好吗？”她大声说：“体积和表面积根本不能比，就像周长和面积一样。这是两个完全不同的概念，表面积是一个物体表面的大小，而体积是这个物体所占空间的大小，所以它们不能比。虽然结果看起来都是216，可是一个是体积，一个是表面积。”同学们不约而同地鼓起掌来，同时个个都仿若恍然大悟的样子，更有甚者后悔自己怎么没有早一点想到。我说：“秦梓涵同学不但能够认真思考问题，而且不人云亦云，敢于说出自己的想法，这就正是她与众不同的一面。”我握着秦梓涵的手，真诚地说：“小秦老师，你太了不起了，你真是我的好朋友。”学生们流露出羡慕的表情，大声说：“孙老师，我们也是你的好朋友啊！”霎时，一阵欢快的笑声飘荡在教室里。

巧妙预设，精彩便随之而生，因为巧妙预设，一个精彩的发言，便如一粒小石子激起孩子们思维的火花。或许有时因为意外而来的小石子会使我们的课堂教学任务不能如期完成，但是它却能为孩子们带来积极的数学学习的情感体验。学生是学习的主人，教师要根据孩子的需要，充分相信学生，给予学生思维的空间、思考的时间，耐心等待，让学生充分施展自己的才智。课堂的美，往往来自自由、民主、轻松、和谐、信任、相互尊重的课堂学习气氛。学生不是接受知识的容器，而是小主人。

精心设计，巧妙预设，学生一定会还以精彩……

在课堂中历练，在"嵌入式培训"中成长

王新辉，1982年10月出生，大学本科学历。东营市小学数学学科带头人、东营市小学数学教学能手、广饶县教学工作先进个人。执教的"有序排列"一课在全国第四届中小学数学建模优质课评选中获一等奖；录像课"解决问题"获山东省一等奖；编撰吉林人民出版社出版的《全科王》、《完全解读》。

教育理念：循循善诱，诲人不倦的是老师。

经过两年多的"嵌入式培训"，我的教育思想、教学观念等都得到了更新，而且我的教学方法、教学手法、教育教学策略也得到了很大的提高。从刚开始的毫无头绪，到现在的略微进步，从对自我的盲目自信，到现在的脚踏实地，专家的引领在我的教学及专业成长中起到至关重要的作用。

两年来的专业成长经历了以下三个过程。

一、迷茫期，自我放弃

刚开始时，虽然有"初生牛犊不怕虎"的精神，但毕竟教龄短，无课堂经验，我身上还存在着一些很明显的缺点。比如：教学语言太过于随意，不够简练，对于重难点的讲解方法不得当，对课堂的整体把握不够到位。同时，在教学中很大程度依赖于教案，缺乏自己对教材的深度解读，自己的教学缺乏创新和研究，对于教材开发的力度不够，没有很好地使用教材、超越教材，整理、积累、反思方面有待于加强。因此那段时间，所有的讲课没有很好的成绩，自己的人生也找不到目标。

二、反思期，重燃希望

就在我打算自我放弃的时候，上海市教委教研室小学部主任数学教研员姚剑强老师跟进了我们的“嵌入式培训”，给我们做了“对提高课堂教学执行力的思考”的报告，姚主任的报告让我认识到要切实把握教学环节，提高课堂教学有效性。

首先，要有效备课。教学目标源于课程标准，要把握教学的基本要求，确定合理的教学目标。目标制定的依据要读懂课标、读懂教材、读懂学生、钻研教材。其次，要上好课。明确上课的基本标准，学生该听的听了没有，该说的说了没有，该想的想了没有。在授课过程中，是否有效“讲授”、“提问与倾听”、“练习与反馈”、“预设与生成”。正好这时我接到了一个讲课任务，全国数学建模优质课比赛，这次规模这么高，而且全市就2个名额，我首先想到的是不能给学校丢人。生活在一小的大家庭里，每次有讲课任务我绝不用担心会单打独斗，因为我们背后有一个优秀的集体，每个人都会贡献出自己的智慧。这次我认真研究教材，回顾姚老师的报告和指导，并向数学组的每一位老师请教怎么处理难点。本课内容是学生在小学阶段初次接触有关排列的知识，但是在日常生活中，有很多事情是用排列来解决的，如：密码锁的设计、位置的排列、电话号码等等。二年级的学生，已经具备乘法等知识储备和一定的生活经验，能够把物体进行简单的排列，但他们的认识水平还停留在感性层面，无法做到有序搭配。本节课的难点是：掌握有序、全面思考问题的方法。在充分读懂教材的前提下，我将教材中“涂色”、“组数”、“照相”三个素材，进行了调整，先“组数”再“涂色”、“照相”。引导学生通过“组数”掌握有序、全面思考问题的方法，学生可能有序地去组数，但很难用语言描述明白，这是我很困惑的地方，试讲了几次效果不是很好，这时我想到了姚老师讲过的，学生是否已经掌握了目标中要求学会的知识与技能？掌握的程度怎样？学生间的差异如何？学生在某一内容前的起点能力是什么？哪些知识学生能够独立完成？哪些可以通过学生间的合作学会？以便准确把握教学内容，及时调节教学活动。根据学生的实际来确定教学的深、广度和容量，来提高课堂目标达成度。想到要是每个同学手中都拿着一副数字卡片，边摆边说，这样难点一是不是就好突破了。比赛的前一天晚上，张林红老师手把手地教我，把每一个环节里教师的引导性语言一句一句写下来，把每一句话争取做到最简练，指向性最明确，因此那节课获得了评委老师的认可，荣获一等奖。这时我明白了姚老师讲的认真备课，不但要备教案，而且要备学生、备教材、备教法。根据教学内容及学生的实际，设计课的类型，并对教学过程的程序及时间安排都要做详细的记录，认真反思每次试讲。

三、成熟期，确立奋斗目标

还记得2016年冬天，我接到讲课任务，参加城乡交流课。三年级数学组老师全体备战、积极参与，与我共同研究教材、制定教学目标。燕校长及全体数学组老师在紧张忙碌的上课之余，不顾个人劳累，不厌其烦地听课评课，毫无保留地提出宝贵意见。就在一遍一遍的磨课中我想到了曹文娟老师用五年磨过的“用字母表示数”的精彩报告，一路走来，磨课的人的甘苦，激励着我，十年磨一剑，五年磨一课，而曹老师还在继续打磨中。这种执着钻研，精益求精的精神让我敬佩，值得我学习，鼓励着我继续前进。最后这堂集大家智慧于一体的精品课“解决问题”获得了县领导及同行的认可，被教育局推荐参加“第十九届全国教育信息化大奖赛”。我的不断成长及成绩的取得固然有我自己的努力，还凝聚了一小数学团队的智慧，更有学校领导为青年教师的全心付出与栽培！

2017年秋天参加市优质课比赛，当时抽到的课题是“四边形”的认识第一、二课时，以前从没讲过图形类的课，拿到课题后我没急于备课，先找到二年级的教材了解本节课是在学生掌握了什么知识的基础上进行教学的，我到教室去调查学生的基础，调查表明：大部分学生对于四边形并不是一无所知，但也不十分清晰，而且不同学生的认识存在差异，对于长方形和正方形的特征学生只是直观上理解，还不能概括长方形和正方形的特征。在深入分析教材时，我对“长方形与正方形的特征”就有了很多的困惑，这一知识点到底该在课里占有多少比例？是否利用分类来达到这一目标？出于种种困惑，我打电话向张德才、宋锦秀、艾美英等老师请教，权衡一番后我便将本课的教学难点确定在此——“进一步认识长方形和正方形，知道长方形对边相等，正方形四条边都相等，它们的4个角都是直角。”试讲了几次后发现，完全放手让学生对四边形进行分类总结长方形和正方形的特点，里面会有一部分学生没有自己的思考，只是跟从，还有的小组只是验证了边或角一类特点，我又结合老师们的意见将这一环节分成了2个小环节。第一个小环节是按角的特点对四边形进行分类，认识长方形和正方形角的特点。在这里我安排小组合作交流，学生不管是分成几类，都能感受到长方形和正方形角的特殊性，从而认识到长方形和正方形是四边形里比较特殊的一类。生生之间通过互动的方式，取长补短，既增长了见识，又培养了合作的意识。这节课虽然只取得了二等奖，但是大家见证了我的成长。我更要感谢江所长，给我们的理论学习提供了充足的材料，让我们深入翔实地了解数学本质。从宏观上讲，数学本质就是数学观的问题，即“数学是什么”，正如恩格斯所指出的：数学是研究数量关系和空间形式的科学。“课标”的“基本理念”部分指出，数学课程内容“不仅包括数学的结果，也包括数学结果的形成过程和蕴含的数学思想方法”。

数学本质既体现在数学研究结果上，又体现在研究过程中；既体现在数学知识上，又体现在数学的抽象、严密、简洁中，其中最本质的特点是抽象性。作为数学教师，要牢牢抓住本节数学课本质的东西，以此为契机点，展开教学。

一件小事不足以展现大家庭的温暖，一句感谢也难以表达心中的感激之情。但我还是要感谢江所长、姚老师对我专业成长的指导，感谢我最亲爱的同事们，我从他们身上学到了很多宝贵的经验和先进的教学理念。正是这一次次讲课的磨砺，让我在教学上逐渐成熟，正是“嵌入式培训”让我的人生不断快乐前行！

脚下的路很长，沿途的风景很美。成长的路上我给自己提出了如下的要求。

1. 多读书，用先进的教育理论指导自己的工作。

要使自己的教育教学水平尽快提高，读书是一种省时高效的途径。所以我要坚持读有关教育的书籍，同时多读一些教育类的杂志书刊，注意多钻研、勤思考，将自己的教育教学实践与理论结合起来，并在总结和反思中形成自己的教学风格。

2. 虚心向其他教师请教。

作为一名年轻教师，我要积极向同伴学习，多听课，听老教师的课，上网听先进教师的课，积极参加各种活动，抓住每一次学习的机会，多向大家学习。

3. 勇于实践，在实践中提升。

教学是一项实践性很强的工作，理论工作做得再好如果不落实到实践上，最终也是空话。所以我将在以下几个方面，加强自己的教学实践：

① 做好上课前后的“三多”：在备课时，争取“多想”（想学生会出现的问题）；在上课时，争取“多问”（教师的语言简短精练，给学生多一些说话、交流的机会）；在课后，争取“多悟”（关注课堂上出现的“意外事件”，分析其原因）。

② 在公开课、优质课中实践：公开课、优质课是教师专业成长的最好途径，我会积极争取承担公开课教学的机会，通过公开课、优质课的磨练，提升自己的课堂教学技能。

幸福地生活着

纪道成，1970 年 5 月出生，大学本科学历。先后被评为“广饶县教育工作先进个人”、“东营市教学能手”，制作的课件、撰写的论文多次在省、市获一等奖。

教育理念：爱心献给学生，诚心送给家长，信心留给自己。

幸福就像一泓潭水，静谧而又清澈，洗涤我们心灵的污垢；幸福又似一轮明月，皎洁而又无瑕，照亮我们前进的道路；幸福又如一个港湾，宽阔而又风平浪静，给航行的我们一个憩息的地方。来到广饶县第一实验小学已经二十年了，回首过往时光，可以用幸福来形容。

充实是一种幸福。学校的工作时间确实有些紧张，有人问我：“你不感觉累?”我总是淡淡一笑。也许在外人眼里教学是苦的，是单调乏味的，而我却感到的是充实。“时间的长度对每个人来说都是等长的，而其宽度和密度不同”，怎么在有限的时间内发挥自己的能力，实现自己的价值，我想唯有奋斗，唯有不断进取。二十余年来，我理解了与时间赛跑的含义，具有了超越自我的勇气，体会到了超越永无止境的意义。充实是一种幸福，我充实并快乐着。

和谐是一种幸福。我是一个不会处理人际关系的人，不会曲意逢迎，不会阿谀奉承，在踏入工作岗位之前心里总是嘀咕，我是否能融入单位，是否能与集体和谐相处。但自从我踏入实验一小校门的那刻起，所有的顾虑全都消除了。在这里，不需要你去逢迎，不需要处心积虑搞关系。在这里一切都是纯净而又和谐的。校领导有着纵览大局的胆略，也有着关心下属的细腻，在这里年级主任们有着带头儿冲的拼劲，也有着关心老师、关心学生的那份儿温情。在这里，备课组长带领的每个学科组亲似一家人。在这里，上下级是和谐的，同事之间是和谐的，师生之间是和谐的，校园是和谐的，我们是幸福的。

爱学生是一种幸福。作为数学教师，首先要让孩子对数字产生兴趣。《新课程标准》明确指出：在小学低年级，要使学生“感受数的含义，初步建立数感。因此，在每段认数教学中，我都让学生数一数、说一说、摆一摆、找一找、猜一猜，使学生在丰富的呈现形式和实际活动中逐步形成数的概念，发展数感。

我也经常创设情境，让孩子们一步步走进变幻无穷的神秘的数学王国，在这个王国里采摘甜蜜的果实。一次，我将事先准备好的 10 个纸苹果贴在黑板上，然后请两位同学当助手，送给第一个孩子 3 个，又送给第二个孩子 5 个，“还剩几个？请学生解决这个问题，并说出算式”。“大家都说得很好，现在我想请同学代表上台来自己拿苹果，想拿几个就拿几个，然后用算式表示出来。”孩子们的积极性可高了，演员选好后，自编自演还自己配音解说，最后将算式和结果写在黑板上。“老师，编个连加算式行吗？”“可以，只要是 10 以内的都可以。”“老师，我想编加减混合算式。”“行！”这样一次次选上来的算式各不相同，教室里一片欢笑，一片惊喜，一片播种，一片收获。在教学中，不要胡乱给孩子灌输术语和公式，而要诱导他们自由地发挥出天才潜在的能力。孩子们在增加和拿走苹果的过程中，愉快地理解了连加、连减以及加减混合等术语，品味到了数学的乐趣，这不正是我们教师想看到的吗？

我心中有一个美好的梦想，希望实验一小的每位学生都能扎扎实实地学好数学知识，更希望他们能成为明天的数学人才。我也有信心迎接秋日的严霜和冬日的冰雪。我自信，因为前进的路上有无数的同行！

分享是一种幸福。在实验一小有一个专有名词叫集体教研，每周四下午，我们数学组的成员都会凑在一起，商量教学中注意的事项，分析教材中的重难点与突破难点的方法，有经验的老教师还会分享学生容易错的知识点。在这里，所有课程的进度和教学内容都是一样的，在这里没有私心，所有的教学资料都是共有的，所有的教学内容都是共享的，只要你去问，老教师会无私地手把手地教会你这堂课该如何去上。

成就是一种幸福。在实验一小，老师上课不需要把太多精力放到维持纪律上，因为这里的学生有着很强的纪律意识，每节课下来师生都感到很充实。老师最幸福的时刻是在讲课时，看着学生的表情从一脸茫然到豁然开朗，频频点头示意，这是老师最幸福、最有成就感的时刻。精神上的成就远远比物质的满足更重要，在这里，每一位老师都会有成就感，每一位老师都会很幸福。

问候是一种幸福。重新分班后，以前班上的学生见到我总是倍感亲切，嘘寒问暖，有的学生嘱咐我要多吃饭，有的学生见到我说老师多穿点，有的学生说老师注意身体，孩子们没有华丽的语言，但字字句句都能体现出与老师的那份师生情，也许在校园里，就是师生之间的一句短短的问候，寒冷冬日的校园里也会平添丝丝温暖。

幸福是什么？我们不用诠释得太多。在实验一小，充实、和谐、分享、温馨、有成就感，这让我们时刻体味着暖暖的幸福……

说起教育故事，我们教师的心中有许许多多令人感动的故事。这些故事就像闪光的珍珠点缀着我们教师繁忙而充实的教学生活，使我们平凡的生活充满了欣喜和感动。

一片真情系桃李　创新管理育英才

胡俊岭，1972年2月出生，大学本科学历。东营市优秀班主任、广饶县师德标兵。课件“买气球”获省电教馆一等奖。

教育理念：让自己的胸怀像大海一样宽阔，容纳学生的一切。

参加“嵌入式培训”两年来，我在工作中，本着重在参与、重在育人、重在进步的思想，尽心尽力，实现自己的追求——做一个擅长活动、善于研究的新型老师。

一、为人师表，做学生的榜样

人们常说：“教师无小节，处处是楷模”。教师要树立为人师表，教书育人的思想，把言教与身教结合起来，只有以身作则，才能使教师的言教发挥更大的作用，只有为人师表，才能使学生从教师的形象中感受到所学道德准则的可信，从而愿意积极行动，促成学生的言行统一。要求学生爱护环境卫生，我首先见到纸屑就随手捡起；要求学生按时到校，我必须坚持提前到校；要求学生认真对待学习，我努力做到了认真教学，认真做事。我这种认真、严谨的作风潜移默化地影响着自己所教育的学生。

二、搭建“嵌入舞台”，引导学生亲身体验

根据学生的年龄特点，通过多渠道、多层面、全方位对学生进行思想教育，并寓教

于活动中，利用学雷锋日、劳动节、母亲节、儿童节等有利契机，举行班队活动、黑板报、校宣传栏、国旗下的讲话等形式生动的活动，培养他们热爱劳动，热爱父母，热爱生活等情感，树立起努力学习的远大志向。

假期时，我布置实践作业：帮助父母做家务，进行“今天我当家”活动。通过实际生活的体验，同学们真正感受到了劳动的艰辛与光荣，知道了珍惜劳动成果，珍惜父母挣来的血汗钱。每年三月份我都组织学生开展学雷锋活动，到青少年文明街清扫街道，到敬老院献爱心，使学生在活动中体验做好事、关爱他人的益处与快乐。教师节到来之际，组织开展迎教师节有奖征文活动，将好的征文展出，从而使孩子们更热爱老师、尊敬老师。“三·八”妇女节组织同学们为女教师献歌活动。母亲节到来前，组织召开“让我们拥有一颗感恩的心”为主题的团队会，使学生学会感恩、孝敬母亲。

同时，我也积极开展了读书活动。寒暑假期间，要求学生读的名著我都细心阅读，并认真做了读书笔记。开学归来，我和学生一起交流各自读书的感悟。以此为契机，鼓励大家多读书，读好书，把从中获得的教益写成读后感，在我的引领下，孩子们读书的热情大大提高。我常常利用课前三分钟让他们自由交流读书的收获，将读书活动步步深入。学生的写作水平也得到了很大提高。这些活动给孩子们提供了展示自我的舞台，提高素质的平台和塑造健康人格的空间。

三、嵌入之中话评价，提高学生的综合素质

我注意培养学生的竞争意识，在班级中实行积分制管理，推行“班干部轮岗”。大大调动了学生的积极性，激发了学生的进取心，培养了学生的竞争意识，提高了学生的自主管理能力。

我大胆改革学生的评价制度，在她的评价“宝典”中没有“分”、“名次”。我始终把“多几把衡量的尺子，就多出一批各有所长的学生”这句话当成自己评价学生的标准。基于这些思想，我建立了“评价指标多元，评价方式多样，既关注结果，也重视过程，更关注人的发展”的评价体系。比如，评价者由过去单一的教师评价变为师评、自评、互评、家长评、社会评，并启用了“心灵的对话”；为重过程使用了“成长记录袋”，搞“特长擂台赛”、“争章小标兵”等活动；采用“试卷评语”——抓住试卷中呈现的迷惑点、闪光

点、创造点，通过“教师评语”、“家长评语”、“自我评语”等分栏对学生进行多方面评价，力求将知识与技能、过程与方法、情感与态度等方面的评价结合在一起。

我改革传统的评优方式，变单一的“三好生”为“单项奖与多项奖相结合”，实行了“奖项自立，奖状自争”的奖励制度。新学期开始引导学生填写《学生表彰项目申报表》，要求学生根据自己的爱好特长等实际情况，来申报有关奖项，确定自己本学期的奋斗目标。整个学期的学习过程就是为目标奋斗的过程。学期结束时，每个学生将自己本学期努力的结果以及取得的成绩向全班进行展示，再通过小组互评，集体评议等环节，最终决定学生的奖项。整个评奖活动的全过程，实际上是学生自我认识、自我提高、自我评价、自我教育、自我完善和自我管理的过程。80％学生都能领到奖状，奖项除了“三好学生”、“优秀少先队员”这两个综合奖之外，还有“环保小卫士”、“体育健将”、“小作家”、“小画家”、“小翻译”、“劳动能手”、“守纪标兵”等各项特长奖。

四、以爱赢得爱，以情换来情

一位哲人说过“没有爱就没有教育”，老师的关爱就像春风吹拂面庞，爱心能唤起学生心灵深处的缕缕真情。爱他们自然会得到他们的信任和爱戴，并会起到意想不到的效果。

作为一名班主任老师，我总是把浓浓的师爱，更多地撒向那些特殊学生，做到以心换心，以情换情。老师要热爱每一个学生，做孩子的知心朋友，从而得到了孩子的信任，与每一位孩子分享着生活中的苦恼与欢乐，帮助学生健康成长。工作中我真正体会到了以心灵浇灌心灵，以尊重赢得尊重，才是具有人格魅力的道德教育。

我不只是关心、爱护孩子们的学习和生活，而且更多地从他们的角度出发，理解他们、宽容他们、忽略他们偶尔的小错误，深入走进每个孩子的内心世界，赢得他们的尊重和喜爱。在我带领下，孩子们逐步形成了从自尊自爱到关爱他人的高尚品德。我相信，只要我真心地付出，换来的一定是学生灿烂美好的明天。

问渠哪得清如许　为有源头活水来

燕彩霞，本科学历，1969年5月出生，小学一级教师。先后被评为东营市教学能手、广饶县第二届名师、广饶县50佳班主任。从教29年来，凭着扎实的工作作风，严谨的治学态度，在教育教学岗位上取得了优异的成绩。作为语文教师，她善于钻研，勤于积累，撰写的论文《让课堂充满生命的律动》、《宝剑锋从磨砺出 梅花香自苦寒来》等多次获国家、省、市级一等奖；作为班主任，她爱生如子，勤勉笃行，“用多把尺子衡量孩子，让每个孩子都昂起头来走路”是她工作中的座右铭。所写《家访手记》、《读书卡片——家校携手的纽带》等多篇论文在《班主任之友》、《山东教育》、《教书育人》发表。

《文具的家》教学设计

教学目标：

1. 认识“具、次”等13个生字和“斤”字旁1个新偏旁；会写“文、次”两个生字。
2. 能正确、流利地朗读课文；通过观察插图，联系生活经验，读好人物的对话。
3. 初步养成爱护文具的习惯。

教学重点：

1. 认识“具、次”等13个生字，会正确书写“文、次”两个生字。
2. 能正确、流利、有感情地朗读课文。

教学难点：

指导学生把对课文的感悟转化为自己日常的学习习惯。

教学流程：

一、谜语激趣，导入新课

1. 谜语导入：大家喜欢猜谜语吗？老师给大家猜个谜语：色彩各异像颗糖，擦去字迹不怕脏。（橡皮）接着课件出示铅笔图、直尺图、三种文具图。它们有一个共同的名字——文具。

2. 认识“文具”：出示词卡：文具，生读，指名读，齐读。

认识“具”：“具”是我们要认识的一个字，板书“具”，你在哪儿见过这个字？课件出示：玩具区图片、凤阳家具城图片、高考备考工具书图片。（善于在生活中识字，会让你的识字量大大增加。）

3. 学写“文”：“文”是我们要会写的字，（出示“文”）生观察“文”的占格，师范写（一笔一笔地指导），生描一个写两个。

4. 板书课题：生再读板书的“文具”一词。师：今天我们要学习一篇与文具有关的课文，题目叫《文具的家》，伸出小手，和老师一起板书课题：“的家”，生齐读课题。

【设计意图：课堂伊始，以谜语形式导入，为学生营造轻松愉悦的学习氛围。将学生熟悉的图片和文字相联系，结合学生生活经验，引导学生主动识字，力求识用结合。】

二、初读课文，认识生字

1. 给课文标上自然段序号。

2. 初读课文：请大家小手指着大声读课文一遍，遇到不认识的字，借助拼音多读几遍，如果能一字不错地读下来，你就很棒！

3. 师范读课文：请同学们两手端书，眼睛看题目，认真听，看看你刚才的字音是否正确。

4. 学着老师的样子，再大声读一遍课文。

【设计意图：一年级的孩子，读书习惯的培养至关重要。所以，在初读课文环节，我先让学生大声指读课文一遍，再让学生两手端书，听读一遍后，接着大声学读一遍，力求在学生整体感知课文内容、认识生字的同时，训练正确的读书姿势，养成良好的读书习惯。】

三、学习课文，理解感悟

1. 学习1、2自然段。

（课件出示）生读一遍，三个生字变红，生再读一遍。指名读。

学习“次”：

出示词卡“一次”，生读，再出示字卡“次”，生读。

字理识记：你知道“次”是怎么来的吗？（课件展示）字理识记（最初的“次”，像一个人伸手掩口打喷嚏。造这个字表示：身体欠安，打喷嚏。今天就变成了这个样子，你看汉字多有趣呀！）生再读词卡“一次”。

2. 学习第3自然段。

（课件出示这段话）生读。

学习“新”字：出示“新”字，“斤”红色，右边的红色部分是我们今天要认识的一个新偏旁，叫“斤”字旁。师板书，生跟读两遍。怎样记住“新”字？生发言后师编顺口溜：左边“亲”，右边“斤”，两人一起组成“新”。生跟老师说一遍。给“新”组词。

句子训练：

出示句子：贝贝一回到家，就向妈妈要新的铅笔、新的橡皮。

指名读，你能说一个这样的句子吗？

贝贝一回到家，就向妈妈要新的铅笔、新的橡皮。

________一________，就________________________。

观察插图，指导朗读：

师：贝贝一回到家，就向妈妈要……，他前天要……，他昨天要……，他今天要……。

（出示课文第一幅插图）看妈妈的表情（吃惊、责备），妈妈为什么吃惊呢？师板书：天天要　指名读妈妈说的话。

妈妈的话里除了吃惊，还有……（责备）再指名读。

（观察课文插图，能帮助我们读好课文）（再出示第一幅插图）观察贝贝，看她的表情，看她的动作，指名读贝贝的话。

师生分角色读这段话。

【设计意图：《课标》指出：要重视写作教学与阅读教学、口语交际教学之间的联系，善于将读与写，说与写有机结合，相互促进。在第三自然段教学中，我抓住“……一……就……”句式；在第五自然段教学中，我抓住“文具盒是……的家。________是________的家。”依托文本，训练学生的语言表达能力。这一设计既加深了学生对语言文字的理解，又提升了学生的语言表达能力，可谓一举两得。】

3. 学习第4自然段。

（出示课文第二幅插图）仔细观察这幅图，妈妈在干什么呀？（耐心地教育贝贝）（出示这段话，生字红色）生练习读，指名读。

【设计意图：在第3、4自然段教学中，我抓住课文的两幅插图，指导学生抓住人物的表情、动作进行观察，然后指导学生有感情朗读，让学生明白：观察课文插图，能帮助我们读好课文。从而落实《课标》：借助读物中的图画阅读。】

4. 学习第5、6自然段。

（出示这两段话）生练习读，6个生字变红，生再练习读，指名读。

学习“检查”：生读这个词，它们都有什么呀？（出示“检查”，两个“木”字旁变红）两个“木”字旁有什么不同？再齐读这个词。

学习第五自然段：

（课件出示）贝贝想起来了，指名读这段话。

贝贝明白了……（课件）文具盒是________的家。

师：书包是谁的家？你能说一个吗？

（课件）________是________的家。

学习第六自然段：

创设情境读：（课件出示，放轻音乐）

师：从此，贝贝变了……指名读。

师：贝贝变了，她变成了一个爱惜文具，会保管自己文具的好孩子……指名读。

师：贝贝变了，她变成了我们学习的榜样……指名读。

【设计意图：《课标》指出：要运用多种识字教学方法和形象直观的教学手段，创设丰富多彩的教学情境，提高识字教学效率。本环节我根据低年级学生的特点，依托文本，运用多种识字方法，创设丰富多彩的教学情境来激发学生的学习兴趣，提高学生的识字效率。通过学生自由读、指名读、分角色读、创设情境读等方式，让学生在绘声绘色的读书过程中走进文本语境，从而加深对文本内容的理解，养成爱护文具的好习惯。】

四、游戏激趣，巩固生字

1. （课件）做“火眼金睛”的小游戏。游戏规则：同桌合作抽读生字卡片，两人抢着大声说出它的名字。

2. “闪电”抽读生字卡片游戏。全班抽读生字卡片。

【设计意图：通过做“火眼金睛”的小游戏和“闪电”抽读字卡的游戏，旨在让学生在游戏中愉快地巩固生字，寓教于乐。】

五、认写结合，学习写字

（抽读生字卡片，最后一字“次”）（课件出示）

观察“次”：生观察“次”在田字格中的占格，师：要想写好这个字，你要提醒大家什么呀？

范写“次”：师范写，生描一个，写一个。

评价修改：展示一个同学的书写，师生评价（师提醒：评价同学的作业，要先肯定优点，再提出建议）师红笔修改。生再写一个，争取比刚才一个写得好。

【设计意图：《课标》要求：第一、第二、第三学段，要在每天的语文课中安排10分钟，在教师指导下随堂练习，做到天天练。本环节指导学生写“次”，让学生在观察、交流、动笔、评价、修改中，写好“次”这个字，从而落实课标要在日常书写中增强练字意识，讲究练字效果。】

六、拓展延伸，升华主题

1. 孩子们，贝贝变了，妈妈怎样？

2. 齐读课文（放轻音乐）。

3. 教师小结：通过学习，我们知道贝贝从天天丢文具的小迷糊，变成了一个让文具按时回家，会保管自己文具的好孩子。文具是我们学习的好伙伴，我们要像贝贝一样爱惜它们，给它们一个安全的家。我们不但要学会管理自己的文具，生活中的其他物品，也需要我们这样管理，愿你们都做生活的有心人。

【设计意图：本环节通过拓展：孩子们，贝贝变了，妈妈怎样？达到依托文本，训练学生的想象能力和语言表达能力，丰富文本内容的目的。通过教师小结，升华学生情感，实现学文和习惯教育的共赢。】

七、课外实践，提升能力（作业）

回家整理自己的书包，让你的文具和书本都有一个安全、整洁的家。

【设计意图：通过作业，学以致用，实现校内书本学习与校外生活实践的紧密结合。】

《文具的家》教学心得

《文具的家》是人教版部编本语文一年级下册的一篇课文。课文通过妈妈和贝贝的对话，教会学生要整理、保管好自己的文具。课文叙事完整，结构清晰，将学习习惯的养成教育渗透在浅显易懂的故事中，值得细细品味。

在一次全县“优质课”评选中，我参赛的课题就是《文具的家》。怎样来上好这一课，使品读课文与养成教育完美地融合在一起呢？“嵌入式培训”让我如沐春风，从各位专家那里汲取的新理念，学到的解读文本的具体方法，让我醍醐灌顶，豁然开朗。

一、教学目标精准定位是根本

教学目标是教学的依据，是一篇课文教学的起点和归宿，是教学活动的核心和灵魂，我们的教学活动都应该围绕它来展开。在语文教学过程中，教学目标的确立也是制定教学策略、选择教学媒体、评价和修改教学方案的依据，同时还表明了学生通过教学应达到的最低标准。因此，如何精准地定位教学目标，对于教学能否顺利开展起着至关重要的作用。我根据年段课程标准、编者意图、学情、确定了以上教学目标。

二、教材解读走向深入是关键

深入解读教材是上好课的关键，因为课文字里行间蕴含着的情、理、意、趣是文章的生命力所在，是课文阅读的制高点。教师只有站在这一制高点，才能通过预设引领学生登上这一制高点，因此教师要在细读文本深入解读上多下功夫。章健文主任的报告"语文学科教材分析指向的三个维度"犹如一场及时雨，告诉我们解读教材、找准文本的"语言训练点"可以从以下三个维度来进行：(1)知识技能(语言知识、语言规范)；(2)思想内容；(3)文化审美。因此，我们要运用学到的方法善于把文本读透，把教材读厚，要努力沉浸到文本中，透过文字读出文本背后的内容，读出自己对文本的独特感受，读出作者的写作意图，读出编者的编写意图。这样，我们上课时才不会停留在文本的"冰面上"滑行打转，因无法带领学生打破"坚冰"，而无法向文本更深处漫溯。要做到这一点，教师备课时就要找准文本的语言训练点，真正做到深入文本，超越文本，但又不越位。正如教学《文具的家》第一课时，我确定的**语言训练点是**：

需要掌握的汉字

1. 认识汉字 13 个和"斤"字旁一个偏旁。

2. 会写汉字 7 个(第一课时两个)。

本课要认识的汉字有 13 个，如果面面俱到，那只能蜻蜓点水，学不扎实。我根据学情，确定了"具、次、新、检查"五个字作为重点，采用不同的方式进行教学。

"具"：出示学生熟悉的图片，联系生活识字；

"次"：字理识字(最初的"次"，像一个人伸手掩口打喷嚏。造这个字表示：身体欠安，打喷嚏)。

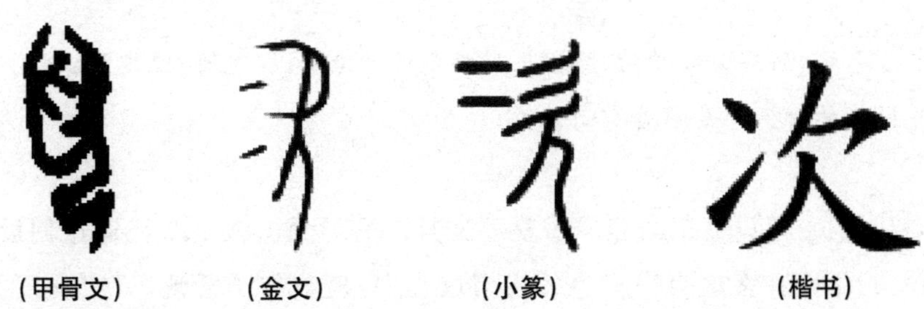

(甲骨文)　(金文)　(小篆)　(楷书)

"新"：编顺口溜、组词识字

左边"亲"，右边"斤"，两人一起组成"新"。

"检查"：抓住不同位置的"木"字旁比较识字。

需要掌握的词语

1. 会读"文具、一次、哪里、每天、这些、仔细、检查、所有、平平安安"9个词。

2. 理解"所有"的意思。

"所有"一词在课文第六自然段中，我通过创设情境，让学生在入情入境地反复读书中理解这个词的意思。

需要学习的句子

这篇课文的句子学习可以分成以下两种情况：

1. 两种句式训练

贝贝一回到家，就向妈妈要新的铅笔、新的橡皮。

________一________，就________________________。

贝贝想起来了，她书包里的文具盒，就是这些文具的家。

文具盒是________的家。

________是________的家。

《课标》指出：应认真钻研教材，正确理解、把握教材内容，创造性地使用教材。以上设计依托文本，训练说话，拓展学生的思维。学生说出了：大海是小鱼的家，天空是云朵的家等很多精彩的句子。既帮助学生理解了文本内容，又积累了语言句式，提高了学生的语言表达能力。

2. 复杂的句子

> 从此，每天放学的时候，贝贝都要仔细检查，铅笔呀，橡皮呀，转笔刀哇，所有的小伙伴是不是都回家了。

这句话很长，写贝贝逐渐养成了整理文具的好习惯。教学时我通过创设情境，以情激情，让学生在多次有声有色的读书过程中，理解句子的意思，实现好习惯的迁移。

对课文内容的理解：

学习第1、2自然段后，学生能透过文字感受到贝贝不爱惜文具，不会保管自己的文具。第3、4自然段，引导学生通过观察两幅课文插图和阅读对话，懂得妈妈在教贝贝怎样整理、保管自己的文具。学习第5、6自然段时，通过创造性地使用教材，让学生体会贝贝的变化：由不会保管自己的文具到很会保管自己的文具。从而实现这种好习惯的迁移。

文化含义：

这篇课文很接地气，因为班中很多孩子就像"文章开始的贝贝"。通过学习这一课，学生不仅理解文中的贝贝变了，变成了一个会保管自己的文具，会整理自己学习用品的好孩子，自己也在悄悄地变化。"随风潜入夜，润物细无声"。本文将学习习惯的养成教育渗透在浅显易懂的故事中，真是一篇好文章。

章健文主任的一句话给我留下了深刻的印象："找准一篇文本的语言训练点，我一下子读不出来，是反复读很多遍后才读出来的。"专家如此，何况我们呢！浅滩的河蚌里无珍珠，不经历"千淘万漉"的过程，难以有深入的教材解读。教师只有深入文本，脚踏实地地解读文本，祛除浮躁和功利，找准教学设计和课堂生成的最佳"接口"，深入浅出地引导学生进行自主学习，才能收获那颗晶莹剔透的"珍珠"。

三、课堂教学以生为本是目的

有什么样的教学理念，就有什么样的教学行为。学生是语文学习的主体，教师是学习活动的组织者和引导者。"为学习者设计教学"应是语文教师进行教学设计的出发点和归宿。语文教师的教学设计应依据教学目标和学生实际，准确把握教学的重难点、疑点，同时准确定位学生当下水平和期望水平之间的差距，为学生积极学习提供一个"好的平台"——语言训练点，以引起学生的兴奋反应，激发学生的学习兴趣。韩愈曾说："凡事预则立，不预则废。"我们教师只有课前做足了功课，走进课堂才能事半功倍，才能实现课堂的和谐高效，才能收获学生一课一得或者多得的生命成长。

四、教学方法巧妙构思是保障

学生的年龄和生活阅历决定了他们的理解水平，因此寻找文本解读和教学设计的接口——教学方法，很是关键。这需要教师把解读文本后浓缩的精华，从教学的角度进行重构和整合，设计为恰当的问题情境，从而引发学生的积极思考和探究。“接口”可以根据关键词句、核心问题等来确定，目的是把文本解读的所感所悟有效地转化为符合学生实际的问题和语文训练活动，设计成以“学”为基点的教学活动。《课标》指出：在理解课文的基础上，提倡多角度、有创意的阅读，利用阅读期待、阅读反思和批判等环节，拓展思维空间，提高阅读质量。学习第六自然段时，我采用了在音乐声中创设情境读的教学方式，让学生在入情入境的读书过程中深入理解文本内容，实现好习惯的迁移。

由于课前做足了功课，参赛时我从容地执教，学生投入地学习，下课铃响了，但听课的老师们仍然坐着不动，感到意犹未尽。这节课我获得了县一等奖的好成绩，并被推荐参加市优质课评选。“问渠那得清如许，为有源头活水来。”两年的“嵌入式培训”，各位名师带给我们的不仅是“好课”、“好教师”等一些显性的知识，更多的是理念上的熏陶和洗礼。汪国真说：“没有比脚更长的路，没有比人更高的山。”我会一如既往地在“好课”上下功夫，让“好课”引领可爱的孩子们喜欢课堂，喜欢语文，喜欢阅读。我愿努力做这样的一位“好老师”。

备注：

1.《语文课程标准》

2.《小学语文教学》

在平凡中成长

梅增霞，1971 年出生，大学学历，1991 年参加工作。工作以来参加多次市县级优质课评选，均获一等奖，多次执教市县级公开课，获得省级论文评选一等奖，全国电教课评选二等奖。广饶县优秀教师、教学能手。

教育理念：最大的幸福是陪着孩子一起成长。

我参加了这次的小学数学“嵌入式培训”学习，在这段时间的学习中，虽然有点累，有点忙，但却很充实、快乐。两年的时间通过不同形式的学习，如专家走进课堂进行指导，参与前沿的教育理念的学习，走进上海名校参观等，各种形式的学习让我有了深刻的体会。学无止境，让孩子成长的同时老师首先要自己成长，并且与同行的老师们进行热情的交流。经过两年的培训，我收获颇多，进步不小，有以下几点心得体会：

一、专家引领，更新观念。各位专家在专题讲座中，阐述了自己对小学数学教学的独到见解，对新课程的各种看法，对数学思想的探讨，在专家们的引领下，我对新课程有了全新的理解和完整清晰的认识。站在素质教育的高度，审视自己的教学行为。我发现在平常的教学中，自己思考的太少，只注重上好每一堂课，发现问题及时查漏补缺，对学生的个性发展、终身发展考虑得不多。通过学习我转变了思想观念，与其给学生一碗水、一桶水，不如帮学生找到水源，学生找不到方向时，与其告诉他方向，不如给他们指南针，要把目光放长远一些。

二、教育理念的改变。通过培训，我认识到传统教学的一言堂要摒弃，课堂教学要体现学生的主体地位。学生是学习的主人，教师起主导作用，要引导学生动起来，教师提出问题，要让学生去分析，去探讨，去解决问题；教师“一桶水”的理念已不能满足职业要求，教师要树立“终身学习”的新教育教学理念，努力使自己向“学者型，钻研型”的教师靠拢。通过集中的理论学习，我们逐步更新了教育教学观念，明晰了新一轮基础教育课程改革的内涵，在优化课程改革、调整课程门类、更新课程内容、改革课程管理体制和考试评价制度等方面，都取得了突破性进展。课程标准应当是一个基本的标准，是绝大多数学生通过努力能够达到的；现代化的教育不是精英教育、选拔教育，其课改内容和要求应该是基础的、有限的和具有发展性的，不能任意扩大、拔高；学校教育不是终结性教育，其课改要给学生全面而丰富的发展留有充分的时间和空间，应有利于学生自主、多样、持续地发展。通过学习我了解了先进的教育科学基本理论，现代教育观、学生观和学习观，并主动在教学活动中遵循客观规律，调整自身的角色和教学方式，把素质教育贯穿到学科教学过程中。

《数学课程标准》指出，教学时，教师应通过实际问题的解决，学会在计算时进行估计的策略，养成对数值做判断的习惯。在具体的情境中体验数的相对大小关系，不仅是理解数的需要，同时也会加深学生对数的实际意义的理解，使学生在比较中有了多、少、多一些、少一些、相当于这样的几倍的认识，使数感得到发展。因此，在学生对数有了初步的体验时，通过情景才会使学生加深对数的理解，体会到数的大小、多少不同，能够以小数感知大数，以及辩证地看待一个数，从而使学生的数感得到进一步发展。

三、重视设计课堂教学。课堂教学不仅仅包括基础知识的传授，更有思维能力、表达能力的培养，教师要在备好课的同时，根据教材和学生的需要设计好课堂，如先解决什么，后解决什么，以什么方式解决，如何调动学生的思维让学生活跃起来等。这些问题，我在以前的课堂教学中是不太考虑的，但通过这次培训，我明白了设计课堂教学的重要意义，感到以前的教学的不足和改进的方向。

《数学课程标准》强调：“要引导学生联系自己身边具体、有趣的事物，通过观察、操作、解决问题等丰富的活动，感受数的意义，体会数用来表示和交流的作用，初步建立数感。”在教学中为学生创设问题情境，让学生在合作讨论的过程中互相启发、互相学习、互相借鉴，体会数可以用来表示和交流信息，使学生在交流对数的感知时，拓展思维，丰富自己对数的认识，体会数学的价值，从而促进数感的形成。小组合作学习有利于学生人人参与学习的全过程，它不仅能发掘个人内在的潜能，还能培养集体合作的精神，人人可以尝试成功的喜悦。同学之间的语言最容易理解，数感也能得到进一步加强。例如，在实际测量中，我让学生测量教室的长和宽，学生用不同的方式测出了教室的长和宽。在课堂交流的时候，展示了多种多样的测量方法。有的学生直接用卷尺量；有的学生先测出1米长的绳子，再1米1米地量；还有的学生使用步测的方法。在交流中，大家将自己的想法与别人进行交流，同时体会别人是怎样想的、怎样做的，从不同角度感知一定的长度，发展了距离感，也增进了数感。

四、给学生创设自由发展平台。培养学生健全的人格，突显其个性发展，是我们每一位教师的责任，教师要通过课堂教学，创设情景，给学生提供一个思维创新的平台；通过选修课的教学，使学生的兴趣、个性等得到发展，为社会培养合格人才作好铺垫。这也是培训学习给我的启示。

《数学课程标准》在第一学段强调："要引导学生联系自己身边具体、有趣的事物，通过观察、操作、解决问题等丰富的活动，感受数的意义，体会数用来表示和交流的作用，初步建立数感。"《数学课程标准》在第三学段指出："能对含有较大数字的信息作出合理的解释和推断。"如果像传统教法那样，把概念灌输给学生，就割裂了知识与生活之间的联系。那么，在学生的头脑中，这些概念只是一种符号，这就使知识失去了其真实的生活意义。

五、教育教学理论掌握得更为系统。这样的培训非常及时，我平时忙于教学，很少有机会静下心来读书，听了胡老师的讲座，使我对教育教学的理论与方法掌握得更加系统，使我感到比原来站得高了，看得远了，使我对一些教育观念的理解更加深刻；对教学理论的认识更加明晰；对开展教研活动的方式更加明确；对投身教育改革的激情更加充沛。

培训只是一个手段，培训只是一个开端，对于培训给予的清泉，我要让它细水长流。我明白，"数学教师"这一称谓不会带给人太多的荣誉，却有无尽的责任，系数学教育之重任于肩。数学教师培训使我补了元气、添了灵气、去了骄气，焕发出无限生机，真正感到教育是充满智慧的事业，深刻意识到自己肩负的责任。写在纸上的是思想的足迹，化作动力的是思想的延伸，我们得到的是人格的提升与生命的升华。

今年我教一年级

安玮,1974年2月出生,大学学历。1991年进入广饶县第一实验小学工作至今。全国优秀少先中队辅导员、广饶县语文教学能手。

教育理念:教育即生活,生活即教育!教育不是灌输,而是点燃火焰!

开端的苦与乐

九月一日,开学日。今年我教一年级。而我,最近一次教一年级是在2003年,距今已有14年。

第一课

刚从幼儿园来的小豆包们,开始了小学的路程。一切都是新鲜的,一切都是陌生的。

上课了,站在讲台上,看着下面闹哄哄的一片,有在教室后面喝水的,有趴在地上找铅笔的,有一头扎在书包里乱翻一气的……教室里就像一个游乐场,干啥的都有。我深深吸一口气,努力把自己从教高年级的印象中提溜出来,调整心情,调整表情,告诉自己,告诉孩子们:“同学们,从今天起你们就是一年级的小学生了,我就是你们的语文老师,从今天起我们就要一起学习语文了,我们一起努力哦!”

第一月

拿破仑·希尔说:“播下一个行动,你将收获一种习惯;播下一种习惯,你将收获一种性格；播下一种性格，你将收获一种命运”。

良好的行为习惯对人的一生起着重要的作用。低年级是基础教育的起始阶段，更是进行良好行为习惯培养的关键时期。

低年级学生模仿性强，可塑性大，但是辨别是非能力差。所以，开学第一个月，我教学中最重视的就是给孩子培养习惯。刚开始，我最关注的是听讲习惯的养成。因为课堂中，发现的问题太多了。有的孩子坐姿不对，或是歪着身子，或是趴在桌上，或是手托腮帮，或是小脚乱晃；有的孩子精力不集中，或是摆弄文具，或是交头接耳，或是拿笔乱画，或是神游天外。针对课堂教学中发现的这些问题，我不厌其烦地纠正，有一定效果，但是有的孩子太皮了，家长比较娇惯，对于老师的要求有时候置若罔闻，还有的孩子，老师一说，也知道自己哪儿做得不对，但是坚持不了多长时间，又故伎重演。为此，我真是伤透了脑筋！

我想，如果光是一遍又一遍地说，时间长了，孩子会感到厌烦。所以，我试着采取一些有趣的形式，如通过游戏、活动、竞赛、绘画等途径，不断变换形式来进行训练。例如，希望孩子养成良好的写字姿势，可以让孩子比赛，看谁坐得直；也可以通过游戏，谁先弯下背谁给对方敬个礼等方法来训练。训练时，让学生多看、多动手、多体会，不断激发他们的求知欲；用一些小游戏激发学习兴趣，使学生感到了老师对自己的关心，从而产生进一步学好知识的兴趣。

这一个月，真是焦头烂额的一个月，每天绞尽脑汁，竭尽所能，讲得口干舌燥，该哄的时候哄，该批的时候批，总算建立了初步的课堂秩序。

这一个月，孩子们知道上课前摆好文具了，知道上课要竖起小耳朵听老师说话了，知道动脑子思考老师提出的问题了，孩子们的进步很大，我很高兴，也很疲惫，嗓子已经像破锣了，不知道还能不能恢复。

现在的喜和忧

仿佛一眨眼，孩子们已经度过了一年级的上学期，开始了下学期的学习。

现在我站在讲台上，看着下面坐得端端正正的四十四个小家伙，心里就一阵高兴。哦，我的孩子们终于会听讲了！他们现在不仅能认真听老师说话，也能倾听同学们说话，而且他们能熟练运用拼音了，会认很多字，会写很多字，读了好几本书，课堂上还会根据老师的引导，进行口语交际。看着他们一点一滴的进步，我真是喜上眉梢，乐在心头。

可是，我也常常忧虑。

因为，我发现，同样都是我的学生，仅仅只是一个学期，孩子们的表现已经有了明显的差距。有的孩子识字很多，已经初步具备了理解文字的能力。可以流利地阅读课外读物，并且读起书来声情并茂。而有的孩子，课本识字表里的字认起来都不够熟练，读课文磕磕巴巴，句子也不读通顺。

深究这种现象的原因，其实智力的因素只是其中很小的一个因素，最重要的原因，是孩子对阅读的兴趣。有读书习惯的孩子，越爱读书越有收获，越有收获越能明白读书的重要性，从而更爱读书，这就形成了一个良性的循环，这种孩子的表现会越来越优秀。

而那些没有读书习惯的孩子，认字很少，对读书不感兴趣。课堂上，对于老师提出的一些问题，他们比起那些爱读书的孩子，知识储备量少，语言组织能力也差，回答问题自然就不如那些爱读书的孩子。久而久之，他们就会有自卑的心理，也不爱回答问题，听讲也分神，学习成绩自然也受影响。

于是，整个学期，我都在努力地帮孩子们养成良好的读书习惯。每天早晨，我会早早来到班里，领着孩子们读儿歌，一首首通俗易懂的童谣、儿歌，激发了孩子们阅读的兴趣。时间长了，孩子们认字越来越多了，我就有了很多小帮手，每天早上，都会有一个小老师领着大家一起读书。每个孩子都想当小老师，但是只有读得好的孩子才能有资格领读。所以孩子读书的热情越来越高涨了，纷纷积极练习，争取自己也能当上小老师。

但是，读书习惯的养成，仅仅靠老师的努力是远远不够的，家长的作用也非常关键。一个家庭，如果重视读书，爸爸妈妈有读书的习惯，能够营造一种读书的氛围，孩子自然就会爱书。可是我现在这个班级，很多家长的学历都是初中毕业，自身没有读书的习惯，也不知道阅读对于语文学习是多么的重要。很多家长还抱着一种不知道落后了多少年的观念，“只要课本上知识学好了，考试就能考个好分数。没事读什么闲书？老师也是净生事儿！”

如果家长不配合，不支持，孩子们仅仅限于课堂上读书的话，很难养成读书的习惯，所以，为了得到家长的支持，就得让家长们看到现在语文学习的形势，看到阅读的重要。第一学期期末家长会，我特意准备了一到五年级语文考试的试卷，挨个给他们展示，分析试卷中阅读写作所占的比重，介绍读书对于孩子语文能力和素养的重要性，讲明语文学习对于其他学科的影响。

另外，不仅是我自己讲，我还请有着良好阅读习惯的孩子家长讲，讲讲他们是怎样在家庭中给孩子们创设读书氛围，培养读书习惯的。

通过一番努力，家长朋友们现在已经认识到了读书习惯对于孩子的重要，但是如何养成读书习惯，还是需要家长和老师的配合，还是一个“路漫漫其修远兮”的艰难历程。

孩子们，家长们，还有我，我们一起，在路上，努力前进！

在阅读路上努力前行

常藕，1982 年 5 月出生，2006 年毕业于聊城大学文学院。工作这十几年的时间里，她一直兢兢业业，在教育的这片热土上，努力耕耘。

教育理念：以十足的耐心，因材施教，让每一个孩子每天都有一点儿进步。

产假回来，我接手了一年级。

曾经教过两次一年级，所以，我十分明白，良好习惯的养成对于这些刚进入小学的小孩子有多重要。低年级是基础教育的起始阶段，更是进行良好行为习惯培养的关键时期。上课认真听，字一笔一划认真写，回家按时保质量完成作业，这些都是应该养成的好习惯。但是，其中读书习惯的养成最为重要。

每次单元测试完成后，我感觉很多孩子的看图写话做得十分差，标点不对、语句不通、不按照图画和写作提示写话，阅读理解也做得一塌糊涂。这与孩子从小没有养成读书习惯，有很重要的关系。在现在的教育体制下，如何让孩子们获得真正值得阅读的足量的图书，以及在我们这个小县城，图书资源相对缺乏的情况下，怎样有效地推动阅读运动，是根本所在。

怎么办呢？没有读书习惯的孩子，认字很少，对读书不感兴趣。课堂上，对于老师提出的一些问题，比起那些爱读书的孩子，知识储备量少，语言组织能力也差，学习效果自然不如那些爱读书的孩子。

我开始寻求培养全班同学读书习惯的方法。我绞尽脑汁，先从早读下手。我把传统的收效甚微的读古诗，改成读课外书，等到孩子们都坐进教室后，就让他们一起读起自己最爱的课外书。孩子们由原来的兴味索然，到读得面露笑容甚至前仰后合。看到孩子们这样开心，我也开心得不得了。这里，曾经有一个小故事。有一天，我在课堂上说："请大家多多包涵，今天早上我有些头晕，因为我凌晨两点才睡，我读了一本非常棒的书，简直让我爱不释手。你们要听听这本书说了些什么吗?"这可能是孩子们头一次听到大人主动说起读书心得，个个睁圆了亮亮的大眼睛，十分认真地听我说完我的读书心得。自此以后，我们班有了一个默默的约定，每天早读时间，先有一位同学向全班同学分享前一晚的读书心得，哪怕一个片段，一个小故事，孩子们都听得津津有味。有一次，一位同学在星期五的早读时间，向大家分享了自己前一天晚上读的绘本故事《十四只老鼠》的其中一本的故事情节，结果，过了一个周末，星期一的课间，孩子们三五成群，拿着十几本的绘本《十四只老鼠》，津津有味地凑在一起高声朗读。以后，每当一位同学分享了自己读的故事，这本书就迅速风靡全班，人手一本，课间就是读书交流会。

分享读书心得，激起了孩子的读书兴趣。于是，我下定决心，从此以后，只要我到班级里去，就要在课前留出一些时间来讨论读书心得。在随后的几年里，在我们的教室里，课间十分钟孩子们几乎都在大量地阅读。我相信，这些他们曾经读过的故事，会使他们终身难忘。

但是，读书习惯的养成，仅仅靠老师的努力是远远不够的，家长的作用非常关键。一个家庭，如果重视读书，爸爸妈妈有读书的习惯，能够营造一种读书的氛围，孩子自然就会爱书。如果家长不配合、不支持，孩子们仅仅限于课堂上读书的话，也很难养成读书的习惯。所以，为了得到家长的支持，就得让家长们看到现在语文学习的形势，认识到阅读的重要性。第一学期期末家长会，我特意介绍读书对于孩子语文能力和素养养成的重要性，讲明白语文学习对于其他学科的影响。

通过一番努力，家长朋友们现在已经认识到了读书习惯对于孩子的重要性，但是如何养成读书习惯，还是需要家长和老师的配合。

我的孩子就在我们班，于是，我身先士卒，做表率作用。我的孩子蔻蔻算个读书多的孩子，于是，我向家长传授培养孩子读书习惯的经验。

我是一个有着两个孩子的年轻妈妈，我曾经很怕孩子上了小学，自主阅读后，会遇到强大的困难和障碍。所以，从老大一岁半起，我便每晚开始亲子阅读，从通俗易懂、孩子感兴趣的绘本开始，如《小熊宝宝》系列、《小兔汤姆》系列，我尽全力绘声绘色地读。刚开始，孩子在床上到处玩，看似根本没听，我受了美国作家吉姆·崔利斯的《朗读手册》的指导，本着“大声为孩子读书吧”的理念。拿出十足的耐心，不管孩子听与不听，每晚坚持读到孩子睡着。后来，大约孩子两岁半时，她开始安静下来，凑到妈妈身边，凑到五彩缤纷的书页前，边听边用小手指着五颜六色的图画，显出十分感兴趣，也学着我的样子咿咿呀呀地读。以后每当睡觉前，蔻蔻都央求妈妈给她读她自己挑拣的图书，不然不睡。虽然有时很累，但我坚持了下来。我心里十分欣慰，孩子读书习惯养成到了不读书睡不着的程度。21 本的《小兔汤姆》，48 本的《不一样的卡梅拉》，60 本的《玛蒂娜》，不知重复了多少遍，有的套系弄丢了几本，我再买来补上。天长日久，孩子熟读成诵，我读上句，孩子能接上下句，有的章节，孩子甚至能一字不差地背下来。

家长们听了我的讲述十分震惊，积极向我寻求经验。渐渐地，家长们纷纷开始开展亲子阅读，孩子们的读书兴趣飙升，看图写话也有突飞猛进的发展。孩子们写得并不是最好的，但是并不再为难，句子通顺、思路连贯、内容充实，有时还会有一些平常我同他们积累的四字成语和优美的句子，看到他们所写的小短文生动、形象、具体，我自己也十分得意。有时，孩子们还乐意老师布置写话作业，对写东西也显出几分兴趣。这让我这个做老师的十分欣慰。

读书给孩子听，就像和孩子说话，它能树立孩子的信心，带来欢笑，拉近彼此的距离。我始终以为，一个人最迷人、最值得赞美的姿态，就是阅读时的姿态。如果一个人在童年时就常常拥有这种姿态，那么，他成人之后，就很可能拥有被人称羡的书卷气。我是一个爱书之人，我也希望自己看起来不太美的外表充满了书卷气。所以，我每天都在阅读，每天都在享受着阅读带给我的愉悦。如果哪一天不读书，我的灵魂将无处安放，精神无处寄托。

我希望把我教的孩子们都培养成为爱书之人。

做一个智慧的“懒”老师

常永红，1978年9月出生，大学本科学历。广饶县教学能手，多篇论文在市县获一等奖。

教育理念：爱是教学成功的基础，创新是教育的希望。

卢勤老师曾说：“在学校老师不正确的教学方式能够养成学生思维的懒惰。”这一点我也深有感触，记得刚教一年级不久，我们班有两个小女孩只要遇到难题，马上去找我：“常老师，这道题我不会，您能教教我吗?”开始，我还认为她们比其他人爱学习，不会的题目不轻易放过，主动问老师，就在班上表扬了她们，并鼓励大家向她们学习。可渐渐地我发现许多学生来问问题，但问题的质量不高，难度也不很大，完全能靠自己的努力解决。也许是真的不会，但也许是想通过这种行为得到表扬，所以不经思考，或是不经有深度的思考就直接否定了自己：“我不会!”“去找老师!”。不讲解可能会损伤他们的求知愿望与积极性，毕竟他们只是一年级小孩子，但讲的话，可能会让他们养成不爱思考的坏习惯。这种情况下，我改变了自己一贯的有耐心的形象，对学生不能有问必答，而是采取了“你能行，你有实力把它解决!”的方法。果然，当孩子经过思考，举着本子向我说“我做出来了”时，那兴奋和自豪不亚于得了世界冠军，我也是……

通过这个例子，我深刻地体会到，学生特别是低年级的小学生，在学习遇到困难时感到请求家长、老师的帮助很容易解决问题，就会渐渐养成懒于思考的习惯。在学习过程中学生一定会遇到或多或少的困难，如果这些困难本应在他们的能力范围内克服，但由于养成了这种懒于思考的习惯，那么他们就会退缩而不再去深入探究，这是学习、研究的大忌。而且懒于思考的习惯，多是在低年级就形成了。因此，我作为一名数学老师，重要的教育任务在于渐渐养成儿童不仅在体力劳动中，而且在脑力劳动中克服困难的习惯，应当使他们懂得脑力劳动的本质：要努力开动脑筋，深入到事物、事实、现象的内部去，无论如何不要让学生感到一切轻而易举。在掌握知识的过程中，也要同时培养学生脑力劳动的素养，那么怎样才能引导孩子逐渐有效养成爱动脑的习惯呢？

恰巧此时，姚剑强老师给我们做了一个精彩的报告，他说：“小学生的思维发展是以具体形象思维为主，逐步过渡到初步的逻辑思维。因此，教学时应当多一点实践操作和直观形象。”长期以来我们的小学数学教学只重视结果，而忽视过程。为了改变这一状况，数学教学应注意设置恰当的问题情景，根据学生的背景和意向，供给他们观察、尝试、操作、猜测、归纳、验证等方面的材料，以反映思维的动向，总结数学活动的过程和经验，从而使学生不仅学习了数学，同时又学会了如何把实际问题转化为数学问题。有了理论支撑，在教学中，我决定做一个“懒”老师，大胆放手给学生，比如：

一、让学生勤于动手，在操作中积累经验。例如上二年级“数学广角”排列一课时，让学生准备了6、2、7三张数字卡片，试着排出不同的三位数，起先，孩子们排得比较杂乱，没有规律性，总是排不全。后来，随着排列经验的积累，发现先在最高位固定一个数字不变，只要变换一下十位和个位数字的顺序，就能得出新的数。虽然时间上消耗太多，但印象也更深刻，而且这种经验的积累是无法用简单的讲解替代的。

二、让学生勤于动脑，在探究实践中积累经验。在平行四边形面积公式的推导中，学生不仅仅是理解和掌握了平行四边形面积的计算公式，会运用公式计算它的面积，更重要的是，他们获得这样一个数学活动经验：在学习新知识、解决新问题时，可以通过转化，把陌生的转化为熟悉的，未知的转化为已知的，运用以往的经验和已有的知识去了解、认识新知识，探索、解决新问题。当学习三角形的面积、梯形的面积时，学生会自觉地运用转化的思想，通过割、补、拼、移、转等方法把三角形、梯形转化为平行四边形，利用平行四边形的面积公式推导出三角形、梯形的面积公式；在学习圆、圆环的面积计算时，教师只要稍加点拨，学生就会借鉴推导平行四边形、三角形、梯形面积计算时的经验，独立探索圆、圆环面积计算公式。

三、在勤动脑、勤思考中积累经验。例如我在教学四年级上册的三位数乘两位数的笔算乘法时，直接呈现例题“李叔叔从某城市乘火车去北京用了 12 小时，火车 1 小时行 145 千米。该城市到北京有多少千米？”我没有先去讲解，而是让学生试做，即使是新内容。孩子们拿到题后，结合已有经验，分析题意，得出 145×12 的算式，在计算时，因为上一学期学了两位数乘两位数，已经积累了两位数乘两位数的计算的经验，于是直接迁移到三位乘两位数中来。计算时，用第二个因数的个位去乘第一个因数的每一位时，原来算到十位即可，现在还需去乘第一个因数的百位，在已有经验和现有问题发生认知冲突时，学生逐渐明白了“用第二个因数的每一位分别去乘第一个因数的每一位”，是有几位乘几位，从而积累了多位数乘多位数的经验，为今后的有关乘法的计算奠定了基础。

四、让数学日记帮孩子积累经验。

数学日记，不仅帮孩子们回忆了课堂教学的过程，帮孩子们理清了解题思路，帮孩子们分析了出错原因，帮孩子们运用数学解决了生活的实际问题，更主要的是帮孩子们积累了丰富的数学活动经验，为今后的数学学习奠定了坚实的基础。学生勤快了，能力随之也上升了。

总之，在今后的教学中，我会继续沿着这个方向努力，努力培养孩子解决困难的决心、毅力，培养他们善于发现困难、解决困难的能力。

让孩子爱上阅读

杨春红，1977年10月出生，本科学历，现任广饶县第一实验小学三年级八班班主任兼语文老师。她是一位三“心”班主任，“爱心、耐心、细心”是她工作的法宝。从教20年来，多次参加教学竞赛。撰写的多篇教学论文在论文评选中获奖。

教育理念：我相信，只有爱，才能赢得爱！将爱传递给每一位孩子时，也将会收获学生的爱戴，家长的信任。

“小时候，我以为你很美丽，领着一群小鸟飞来飞去；小时候，我以为你很神奇，说上一句话也惊天动地。长大后我就成了你，才知道那间教室放飞的是希望，守巢的总是你……”喜欢这首歌，是因为这感人的歌词中饱含着我的梦想——从小我就立志当一名光荣的人民教师。带着这样的梦想，之后便如愿踏上了教育事业的征程。将近十六年的教育生涯，我快乐过，失落过，徘徊过，犹豫过……人们常说，人生的价值体现在积淀之中，只有在“时空”之间找出自己正确的坐标，才能领略人生的真正乐趣。

从古至今，有很多人用许多优美的语言来赞扬教师的职业，如：“教师是太阳底下最光辉的职业。”“教师是人类灵魂的工程师。”“老师就像蜡烛，照亮别人，燃烧自己。”也有很多人以为教师是一个简单的工作，无非就是上课、批改作业，没什么技术含量。如此认识教师职业，只能说是无知无畏。其实，只有真正踏入这个行业的人才能理解老师的苦与累，理解这个行业的博大与精深，才知道在科学技术突飞猛进的今天，即便是老师三天不读新书就会落后于形势，甚至落后于你所教育的孩子。高尔基说过：“书是人类进步的阶梯。”阅读是一个非常好的习惯，可以让我们增长知识、提升自己、净化心灵、修身养性。我们都希望孩子从小就养成爱阅读的习惯，希望孩子能在阅读中进步成长，但是有些孩子却不喜欢阅读，认为读书是一种煎熬，他们并没有享受阅读的过程，也没发现书中的乐趣。

培养孩子良好的阅读习惯，应从以下几个方面着手。

一、营造良好的阅读环境和氛围

1. 培养孩子的阅读习惯，首先应该给孩子营造出一种健康、干净、温暖和快乐的阅读环境和阅读氛围。阅读的兴趣要从小培养，其中环境的熏陶最为重要。要想孩子爱上阅读，父母首先要对阅读也产生兴趣。最理想的环境是：充满书香的家。

2. 书在家里无处不在，读书是家里成员的休闲活动之一，而且父母经常与孩子交流阅读经验和心得，在这种环境中，孩子必然受到潜移默化的影响。鼓励孩子将书当“玩具”去玩，视书为“好朋友”。儿童在很小的时候就会对书面语言产生兴趣，在儿童语言发展关键期内，我们应及早地为孩子提供完整语言的学习机会。

二、亲子共读是培养孩子阅读能力最好的途径

1.《苏菲的世界》的作者、著名童书作家桥斯坦贾德曾说：“最明智的父母，一旦给孩子吃饱穿暖之后，接下来最重要的事情，就应该去为孩子们选择出最好的书，带回家来，放进他们的卧室里。”这些孩子有一个共同点，即他们的父母很早就开始给他们读书，并使他们养成了热爱阅读的良好习惯。

2. 当孩子看完一篇东西时，要鼓励孩子叙述出来。家长最好在一旁注意适时鼓励、表扬和引导，让宝宝们感到兴奋和自豪，由此产生阅读更多书的愿望。在阅读过程中，当他讲错了或讲得不够好时，不必向对待学生似地认真纠正。有些儿童不爱阅读是由于家长不尊重他的智慧和自尊心，一味地指点纠正，这会使他感到厌烦。孩子都是爱玩儿的，爸爸妈妈们还要多考虑如何让阅读更生动、有趣，通过一些寓教于乐、有趣的语言游戏让孩子爱上阅读。每天坚持半小时的亲子阅读，不仅可以增进父母与孩子之间的感情，孩子在妈妈的怀抱里很有安全感，这对孩子的性格、心理成长都很有利，让孩子在快乐中获得心智的全面发展。

高尔基说过:"书是人类进步的阶梯。"阅读是一个非常好的习惯,可以让我们增长知识、提升自己、净化心灵、修身养性。我们都希望孩子从小就养成爱阅读的习惯,希望孩子能在阅读中进步成长,但是有些孩子却不喜欢阅读,认为读书是一种煎熬,他们并没有享受阅读的过程,也没发现书中的乐趣。当孩子读书习惯养成之后,孩子自身就会因为阅读而感到快乐!关于如何让孩子养成爱读书的习惯,我有以下几点心得体会:

"不积跬步,无以至千里。"培养孩子良好的读书习惯,必须从点滴做起。首先作为家长必须以身作则,给孩子营造一个读书的氛围。要经常跟孩子一起读书,静下心来,共同阅读。开始的时候我会跟孩子一起读同一本书,然后一起讨论,引导孩子发掘书中更多的知识点跟乐趣。慢慢教会孩子要从不同的角度去分析看过的书。同一本书可以看好几遍,每读一遍都会有不同的收获。后期要经常跟孩子一起读书,这样既给孩子创造了阅读的氛围,又可以通过阅读加深与孩子之间的感情。书香四溢,其乐融融,何乐而不为呢?

然后在孩子一天天的阅读当中,我会通过孩子每次读的书,根据书的不同,先帮孩子总结出这本书让他学会了什么,生活学习中可以如何运用书中学到的知识跟心得,让孩子认识到读书的好处!举例说一下,故事类的书籍,不只是让孩子看书看热闹,要让孩子学到书中主人公的精神品质和处事方式,汲取书中的正能量。百科知识类的书籍,要让孩子把知识联系到现实,实践到生活中。史诗文学类的书籍,要让孩子学会去感受中华文化的古韵,学会如何陶冶情操。万事开头难,对孩子做好各方面的良性引导,这是让孩子爱上读书的关键所在。

孩子毕竟年龄尚小,自控力不强。最初我会严格要求孩子每天按时读书。每天除了必读时间外,早上晨读最少二十分钟,中午读书半小时,睡前静读十分钟。时间一久,孩子自己就会养成一种习惯。循序渐进,坚持下来,阅读就会成为一种习惯。每次读书的时候,都会觉得时间过得飞快。

另外就是积极支持孩子多参加读书类的活动,让孩子们一起读书,互动起来,相互交流学习。不能让孩子闷头读书,要让孩子把读完的书表达出来,把书中的知识活学活用。每次的读书会活动,我都会让孩子积极参加,每次参加完活动都要跟孩子一起总结不足之处,弥补不足,寻求进步。

最后一点，我每周都会陪孩子一起去图书馆借阅图书。买书看跟借书看，暂时来说，借书看更能让孩子快速地完成阅读。借书时，我至少会替孩子选两本孩子可能选不到或者不会选的书，慢慢培养孩子阅读的全面性，养成不挑书不偏门的好习惯。全面发展才是硬道理!

莎士比亚曾经说过:“生活没有书籍，就像失去阳光。智慧没有书籍，就像鸟儿失去翅膀。”孩子阅读习惯的养成，是一个长期的过程。我们家长一定要持之以恒地给孩子提供良好的阅读氛围，多参加读书类的活动，多逛书店、图书馆等。我们自己也要爱上读书，提高自身素养，给孩子做个好榜样。坚持下去，我们都会在知识的天空展翅翱翔!

陪伴孩子的“是”与“不是”

聂秀玲，1976 年 9 月出生，大学本科学历。广饶县教学能手、东营市三八红旗手、学前教育先进个人，多篇论文在国家、省级刊物发表。

教育理念：做一个让学生和自己快乐的教师。

一提到陪伴孩子，相信很多家长脑海里首先想到的一定有这样几个关键字：一个是“烦”字，你苦口婆心费尽口舌，孩子却我行我素听不进去；一个是“累”字，工作时任务繁重身心乏累，回家还要陪着孩子读书学习。很少有家长会想到“快乐”、“轻松”等字眼儿，似乎陪伴孩子成长就是一件心烦累人的事情。如果真是这样的话，那么我感觉不是孩子有问题，而是我们的“陪伴”出了问题。下面，我想和大家探讨一下陪伴孩子成长过程中的“是”与“不是”，希望能够帮助大家找寻到一些陪伴孩子成长的幸福与快乐。

其一，陪伴是“协商”，而不是“命令”。

大家在脑海中搜索一下，有多少事情是我们和孩子商量之后他（她）主动去做的呢？可能很少，甚至没有！每一位家长心里都有充足的命令孩子的理由，“孩子不懂事”、“孩子是我的”……也正是因为孩子“不懂事”，不知你所以然，所以你的“命令”孩子听不懂；也是因为孩子“是你的”，与你至亲至爱，所以孩子经常把你的令箭当鸡毛。家长总是拿“对的”东西命令孩子，却不想孩子根本不懂你“为他（她）好”。所以对孩子要求得越多，遇到的反抗就越多，烦恼就越多。如果家长经常站在孩子的角度考虑一下，问问孩子怎么想，看看孩子怎么做，和孩子一起行动，一起“商量着来”，你会感觉烦恼少很多，而且效果比命令还好。因为我们成人都不喜欢别人冷面呵斥，孩子肯定更不喜欢。

其二，陪伴是“示范”，而不是“监管”。

看到一幅图，图中一位爸爸坐在书桌前认真读书，一旁的儿子也在托着书认真读着。这就是最好的示范！有调查表明，孩子们最不喜欢的就是自己一边做作业一边听父母的唠叨。但是，我们有的家长却一直在做这样的事情，孩子一走神儿就呵斥，速度一慢就催促，一有错误就指责，全然不顾孩子的心理感受。其实孩子的行为习惯无论好坏，都有家庭的原因在里面，更有父母的影响在里面。所以，陪伴孩子，要少干预，多示范。不要奢望把孩子管好，身教重于言传，你怎么做才是最重要的。家长认真对待孩子的事情，孩子才会认真对待自己的事情。

其三，陪伴是“改进”，而不是“改变”。

很多时候，我们家长总想着改变孩子，改变他们玩游戏的习惯，改变不喜欢读书的习惯，改变作业潦草的习惯……其实，这些所有的改变背后，透漏给孩子的信息很可能都是——你不喜欢他（她）。我们总认为孩子幼稚不在意，其实孩子们的情感很敏感，尤其是来自爸爸妈妈的评价，孩子们会更加在意。孩子们更喜欢来自父母的肯定或建议，而不是一味的“改改改”。改变别人是最难的，孩子亦如此，所以，最好的方法是“改进”。比如，孩子作业潦草，可以建议孩子努力把其中一小部分写好，默认有些部分潦草，让孩子自己去比较、去感受，然后再逐渐和孩子一起扩大认真作业的比例。

其四，陪伴是“用心”，而不是“耗时”。

一提到陪伴，很多家长首先纠结的是时间。我想说的是，陪伴需要时间，但是高效的陪伴与时间长短无关。有的家长长时间陪在孩子身边，把自己搞得身心疲惫，可孩子潦草马虎的习惯却不见好转，原因是什么？是家长过多的指手画脚，无原则的退让妥协，让孩子缺乏敬畏，太过依赖。讲清要求，放手让孩子自己去做，你只需要兑现最后的结果。不要把孩子的问题都推给“没时间”，因为陪伴需要用心。一位妈妈出差好几天，她把每天需要提醒孩子做的事情写到不同的纸上，孩子每天拿出一张纸，按妈妈的提醒认真完成各类事情。这又何尝不是一种陪伴呢？

陪伴，其实就是和孩子一起做有意义的事情，这里面有耐心，有微笑，有坚持，没有厌烦，没有推诿，更没有放任。

关于小学语文课上教师讲解的一点思考

聂丽萍，1971年4月出生，大专学历，广饶县教学能手。所写论文多次在省、市、县及国家级论文评选中获奖。

教育理念：教师的快乐就是和学生一起成长。

我在读海伦·凯勒的《假如给我三天光明》这本书时，有一段话曾深深触动了我——"我认为，许多学者都忘不了对于文学作品的欣赏应该更多地依靠情感的沟通与心灵的领悟，而不是理性的分析。他们费力的讲解往往不能在学生的头脑中留下多少印象，这种思想的灌输就好像已经熟透的果实从枝头坠落一般，领略不到曾经的绚烂美丽，唯一的记忆也会很快从心头掉落。即使我们了解了一朵花，了解它的根和枝，以至它的整个生长过程等等，而我们仍然不会欣赏一朵带着露水的鲜花。我常常不耐烦地问自己：'何苦为这些说明和假设操心呢？'这些说明假设在我的脑海里飞来飞去，好像一群瞎眼的鸟徒劳地扇动它们的双翼。我的意思并不是反对要对名著作有一个透彻的理解，只是反对那些使人迷惑的无休止的评论和批评，因为它们只能给人一种印象：世界上有多少人就有多少观点。但是像基特里奇教授这样的大师讲授莎士比亚的作品时，则简直使人茅塞顿开。"这段话使我很自然地想到：语文课上，教师应该讲什么，怎么讲，有多少讲解是完全没有必要甚至是非语文的？为什么有的教师在滔滔不绝地讲，而且妙语连珠，激情飞扬，甚至动情地流下泪来，学生却茫然地坐在那里，无动于衷。我对此作了一些思考：

讲解应是学生的需要，要考虑学生的理解能力，当学生对某些新知不了解或不知从何学起的时候，教师要用启迪的方式来引导他们，让他们自己去探求。讲解的基本任务是使学生明确新旧知识之间的联系和新知识中各要素之间的关系。语文教学中好的讲解，在影响学生认知兴趣和认知结构等方面比练习更有价值。优秀的教师在教学过程中千方百计地化简书本知识，这种讲解是高于学生现有认知水平、能激发学生释放思维能量的指导性行为。而低效的教师有时把简单的问题复杂化、复杂的问题进一步复杂化，讲解书本知识时绕来绕去，使学生越听越糊涂。

现实的一些语文课上，有些教师担心学生不理解课文内容、写作方法等，从头讲到尾；有些教师生怕被戴上“满堂灌”的帽子，只让学生就文本读读议议、讲讲说说，而自己只做发问者、旁听者；有些教师自身素质低下，且不及时加强业务学习，当学生提出有价值的问题时，只能支支吾吾，含糊其词地搪塞过去；现代信息技术发达，为教师的教学带来了便利，但也滋长了教师的惰性，经常看到这样的情形，在师生互动的教学过程中，出现了教师制作课件时没有预设到的闪光，教师这时就无所适从了。那么，怎样才能使我们的讲解简单而高效呢？

我想我们首先要清楚语文是什么，语文的教学的目标是什么。那些把语文课上成品德教育课、科学课甚至是手工课的老师显然是不大明白或者一时忘记了自己正在上什么课。

这就要求我们得熟悉教材和学生，确定所学内容的重点和难点，优化教学内容，科学地构建课堂教学的知识结构，以及在传授知识过程中渗透学法指导与能力的培养，这是务实、求活、和谐、统一的基础。此外，我们还要优化教学过程。课堂教学过程是师生多边交流信息的过程，教师主要要抓好以下几个环节：(1)定向。要让学生明确学习目标，要注意激发学生兴趣，唤起他们的求知欲，增强教学活动的目的性，减少盲目性；要恰当地提供学习方法，使学生学而有方。(2)质疑。要设计少而精的问题，激疑启智，让学生在质疑释疑过程中获取知识，发展智能。(3)交流。这里既有师生之间的交流，又有同学之间的交流，议论纷纷，相互切磋，由“求其对”向“求其好”发展。

其次要提高讲解的效果。讲解要紧扣文本，重视语言文字的教学，当然，不同的年级有不同的侧重。教师要让学生充分享受文本，不要撇开文本讲一些文本以外的东西。教师的讲解要适度，让学生跳一跳能摘到果子，如果讲解的内容低于学生的接受能力，或者太高于学生的接受能力，都不能引起学生的求知兴趣。

再次要将知识转化为能力。语文教学不要“让能力与知识关系失调”。学习知识既是目的，又是手段，只有当知识转化为能力时，才是终身受用的。例如识字，在进行音形义的教学中，教师要渗透识字方法的传授、习惯的培养、能力的训练，学生掌握了识字方法，养成了自觉识字的习惯，形成了独立识字的能力，这才是识字的宗旨。知识发展为能力，是学习的质的飞跃，没有这个质变的教学，是不成功的教学，学生掌握的知识也只能是死知识。因此，知识的传授必须以会用、有用为目的。同时要处理好新旧知识的联系。联系旧知有利于降低新知的难度，易于为学生所接受；同时，还可以从联系中发现规律，促进知能的转化。

最后是要优化教学手段。传统的教学手段已不适应现代课堂教学的需要，也很难为高效率地完成课堂教学任务服务。利用现代教学媒体(即幻灯、录像、录音等)能优化语文课堂教学流程，激发学生的学习兴趣，形成乐学、想学、要学的心理趋势，发挥学生在学习中的主体作用。同时，优化的教学手段能为学生提供许多平时从书本上、生活中不能直接获得的感性知识，丰富教学内容，有利于调动多种器官的功能。

感悟编

著名教育家苏霍姆林斯基说过:“爱的教育应是整个教育的主旋律。”老师们在教学中对学生进行“心中有他人”的教育,培养他们的爱心,让爱在他们的心灵中生根发芽。他们在日常生活中播撒爱心,享受爱心,感恩爱心,用一个个爱心故事温暖着孩子的心田。

浅水洼里的小鱼

杨玉琴，1973年11月出生，大学本科。工作以来在领导的关怀与同事的帮助下，荣获市教学能手、县优秀教师、县先进个人等称号。

教育理念："与孩子一起成长"是教师最幸福的事。

"嵌入式"这个平台，使我迅速成长，让我对教师这个职业有了更深的认识，对学生也有了一份特殊的爱。

小雨是一个自尊心很强的孩子，家境贫寒，学习又不得法，因此对学习失去了信心，心理的变化转化为躯体反应——上学肚子疼。一个孩子对于班级来说，只属于几十分之一，而对于家长来说，却是百分之百。于是我逐渐走进这个孩子的内心——那个长期被老师忽略的，却真实存在的世界，慢慢感化了那颗受伤的心灵。让孩子的"心空"蔚蓝起来，使班级里那些"浅水洼里的小鱼"欣然地游回大海。

"这条在乎，这条也在乎！还有这一条、这一条、这一条……"课堂上，同学们在入情入境地读着《浅水洼里的小鱼》。这个令人无比温暖的故事让我感动不已，小男孩不是凭着一时的好奇在玩一种游戏，而是在执着地完成一项使命。这么多的小鱼，他是捡不完的，但他在尽力地捡着，扔着，因为这条小鱼在乎它那柔弱的生命！在乎你给它的爱！

细细地品味着小男孩这份坚持的爱，记忆的闸门把我带到两年前的上海"嵌入式"学习中。2016年，广饶县教育局联合上海名师研究所给我们进行了为期两年的"嵌入式培训"。在章健文等老师的引领下，通过"嵌入式"这个宽阔的平台，我对教师这个职业有了更深的认识，对学生也有了一份特殊的爱。

由此我爱怜的目光不由得落到班里小雨身上，此时的她一脸的迷茫和无奈，不就像那浅水洼里痛苦挣扎的小鱼吗？我听到了她心灵深处的呼救！

小雨的爸爸因车祸瘫痪在床多年，妈妈做清洁工，全家人靠低保费度日。小雨呢，性格又内向，总是静静地坐在教室里低头不语。老师要求背诵的内容她总背不过，因此成绩一直不理想。我想帮她，就教给了她一些背诵的方法，然后从学过的课文中选了一小段话，先分了层次，又圈出关键词。我满以为这样小雨背起来肯定很轻松，结果一节课的时间，那段仅有四行字的段落，小雨硬是没有背过，我想象得出每次老师布置背诵任务时，小雨该是多么费劲地在背。

日常生活中，大家都不会责怪橘子为什么没有苹果的味道；不会抱怨葡萄藤上为什么不挂南瓜；不会质疑梅花为什么不在夏天开放。这是万物的特点，我们唯有顺应它们的特点，自然界才万紫千红、丰富多彩。可是在教学中，为什么我们面对不同的学生，要用一样的标准来要求他们呢？

从那以后，我更增加了一份对小雨的疼爱，并与其他科老师商量给小雨宽松的学习环境。可是越是迁就于她，小雨的做法却越让人不理解，那段时间，她隔三差五因肚子疼不上学，后来发现小雨的肚子疼一回家就好。老师们在学习上又不给她压力，这是怎么回事？不进入孩子的心灵就体会不到孩子的需求。

我多次与小雨谈话，发现虽然她不爱表达，但自尊心却很强。她会因学习成绩不好，又得不到老师的关注，在班里找不到自己的位置而自卑，这种自卑体现在躯体反应上，那就是"一上学就肚子疼"。一个孩子对于班级来说，只是几十分之一，而对于家长来说，却是百分之百。

"这条在乎，这条也在乎！还有这一条、这一条、这一条……"我的耳边仿佛又响起了小男孩富有爱心的童声……

为了解决小雨上学就肚子疼的问题，我尝试着让小雨负责班里的一些事，先让她负责离校前关闭教室门窗，我发现每次放学后她都很认真地检查着，一次也没落下，连续几天也没因为上学而肚子疼。接下来，她又管理班里的植物、书架，干得都很仔细。课间也像变了个人似的，和同学有说有笑的，开朗了许多。除了学习，班级的一些事她都干得井井有条。从那以后，"一上学就肚子疼"的事再也没发生。

是啊，这个世界如同一个茂密的大森林：有高大的乔木，也有茂盛的灌木，有参天的巨树，也有缠绕的藤萝，有鲜艳的花朵，也有青翠的小草……都能在阳光下展现自己的勃勃生机。

又是一个阳光明媚的早晨，同学们都在晨读，金色的阳光透过茂密的枝叶缝隙，照射进来，洒在每个孩子身上，也照亮小雨的心头。小雨找回了自我，多日来我焦虑的心终于平静下来，我觉得，自己似乎从未像现在这样真正懂得小雨的世界，那个长期被老师忽略的，却真实存在的世界。我们要做的就是让孩子的“心空”蔚蓝起来，使班级里那些“浅水洼里的小鱼”欣然地游回大海。

赏识，让他找回自信

冯翠芳，1983 年 9 月出生，2006 年毕业于山东师范大学中文系。东营市小学语文教学能手、东营市小学语文学科带头人。

教育理念：多一份赏识，就多一份成功的希望。

新学期的第一天，我走进了一个全新的班级——四年级二班。这个班级对我来说是全新的，对学生来说也是全新的。因为这学期，学校根据工作需要对四年级重新进行了分班。看看手中的学生花名册，我发现自己认识的学生寥寥无几。不过，全校出名的怪脾气——李阳的名字却赫然在册。我心里不禁咯噔一下：李阳向来做事我行我素，从来不管别人，他的难缠可是众所周知的。

一走进教室，我发现多数学生是三个一群，两个一簇地聚在一起聊天，而个子矮小的李阳却独自坐在教室后面的角落里专心读书。我走上讲台，使劲拍了拍手，教室里顿时安静下来。我满含深情地说道：“同学们，从今天开始，你们就是四年级二班的学生了，我们将一起学习生活，一起为班级增光添彩！今天，我发现咱们班的李阳同学表现特别好。你们玩的时候，他一直在专心读书，希望大家以后向李阳学习，有空就多读书。”这时，他原来班级的几个同学却嘟囔起来：“李阳原来表现一点儿也不好，净挨老师批评……”李阳慢慢从书中走了出来，抬起头，慌乱地摆着手，不耐烦地说：“我不好，我不好。我不是好孩子。”我赶紧打断了他们的谈话，接着说：“同学们，我不管你们过去的样子，只看你们现在和将来的表现。只要你今天表现好，你在冯老师的心中就是一个好孩子。李阳同学今天珍惜时间，认真读书，就是一个好孩子！”同学们面面相觑，李阳却不好意思地低下了头。

上语文课了，李阳坐得端端正正，眼睛瞪得大大的，听讲特别认真，我赶紧表扬他：“李阳听课真专心！”得到老师的表扬，他不仅坐得更端正了，还抢着举手回答问题。这时，我把握住机会，赶紧让他回答问题。因为李阳爱读书，所以他知识面很宽，回答问题时不但答案正确，而且很有新意，特别精彩。这时，我毫不吝啬自己的语言，把真诚的赞美送给了他，并带头为他鼓掌。

课间活动时，李阳悄悄塞给我一张纸条，上面只有短短的两句话：“冯老师，请你相信我！我一定不会让你失望的。”我亲切地摸了摸他的头，轻轻说：“老师相信你！”李阳听了，笑着跑开了……

时间一天天过去，我发现李阳发生了翻天覆地的变化：他不但学习认真刻苦，而且遵守纪律、关心集体。更可喜的是他的性格也变得开朗起来。课堂上，我经常听到他和同学们热烈讨论问题的声音；课间活动时，我也能看到他和同学们一起跳绳，一起进行小组接力跑步比赛……他真正融入了这个新的集体，积极参加班级中组织的各项活动，在活动中，他学会了与人相处。李阳变成了一个活泼可爱、要求进步的阳光男孩。李阳的妈妈拉着我的手，激动地说：“冯老师，是你改变了阳阳，我们全家真得谢谢你啊！”

看着今天的李阳，我感到很幸福……因为我没有戴着有色眼镜去看这个孩子，而是发现了他爱读书的优点，把由衷的赞美送给了他，让他在我的鼓励和赞美声中找回了自尊，找到了自信，品尝到了成功的喜悦。当学生感受到老师对他付出的挚爱时，就会产生一种积极向上的动力！我相信：教师只要尊重学生，赏识学生，就一定会找到学生的闪光点。我们以这个点为突破口，就会找到教育的契机。此时，师爱就会产生一股巨大的力量，师爱能够创造奇迹！

爱是理解，爱是包容，爱是期待。师爱的力量是巨大的，教师一定要让每一个孩子都能沐浴着爱的阳光。众人瞩目的“金凤凰”固然可爱，被人遗忘的“丑小鸭”更需要阳光！让我们多给他们一份爱心、一个微笑；让我们竭力寻找他们的优点，发自真心地去赞扬、鼓励他们；让我们为他们创造更多体验成功的机会，品尝成功的喜悦……请相信，在我们的赞美声中，每一棵小苗都会茁壮成长，每一朵花都会绚烂地绽放！

爱，渲染那片美丽的天空

聂敏，1971年11月出生，大学学历。东营市教学能手、东营市素质教育先进个人。课题《猴王出世》获省课题名师、东营市优课一等奖。

教育理念：爱育心田。

因为“教师”这个神圣的字眼，让我与孩子们的心紧紧地连在了一起。看着那一张张充满稚气的脸蛋，我打心底里爱他们，但是当我看到个别孩子由于缺乏生活经验，产生厌学、逆反、易怒甚至打架的行为时，我下定决心，不仅要完成“传道、授业、解惑”的任务，还要成为一个心理辅导员，用爱为孩子的成长播洒阳光和雨露，为他们的成长撑起一片蓝色的天空。

多番学习培训，让我深深地体会到赞赏的魅力是无穷大的。下面我就自己在教育教学中的几点做法和大家一起交流。

一、鼓励学会自信

“水激石则鸣，人激志则宏。”跌倒了不要紧，关键是能在原地爬起来奋然前进。老师就像清澈的溪水，撞击在坚硬的石头上，激起四射的水花。当孩子遇到挫折的时候，我们往往对孩子说：“不要怕，站起来，迎难而上，希望就在前方。”

我们班有一位同学，是个出了名的“调皮大王”。由于他自我约束能力差，课堂上常做小动作，影响他人，同学们都对他避而远之，甚至没有人愿意与他同桌。当老师批评他时，他不但不改正，反而破罐子破摔，与老师对着干，在班级里造成了很坏的影响。

我刚接任这个班级时，也感到很头疼。心想，他是个逆反心理很强的孩子，经常批评他，只会事与愿违。如果从另一个角度去帮助他，教育他，也许会事半功倍。于是，我试图去接近他，了解他，尽可能地去挖掘他的闪光点。通过家访，我了解到，他是个单亲家庭的孩子，自尊心很强，渴望得到别人的认可。上课时，他表现欲很强，很想回答问题，显示自己的聪明，如果老师没有提问他，他就会站起来，叫起来，甚至以拍桌子、翘椅子等行为引起老师的关注，以示抗议。了解到了这一点，我就尽量给他机会，一发现他举手，就先提问他，并当场肯定他声音响亮，回答很好，脑子聪明。再给他提出一个中肯的建议，希望他下次发言时，手要举好，身体要坐端正，不要太激动。可能是很少得到表扬的缘故，这位同学受到了鼓舞，一下子来了劲，挺直了腰板，睁大了圆圆的大眼睛，扑闪扑闪地望着我，从他的眼里，我看到他充满了感激和自信。第二次发言时，他果然规矩多了。这一节课上，他表现非常好。我也不时地表扬他上课专心听讲，认真倾听同学发言，进步很大。

课后，我经常与他促膝谈心，在充分肯定他优点的同时，也委婉地指出了他的不足。为了提高他参与管理班级的积极性，我安排他担任“班长助理”。他活泼好动的优点得到了充分发挥，打架斗殴的现象渐渐地没有了，变得好学、守纪，单元考试基本都在“良”以上，受到了各科老师的赞扬，家长也露出了满意的笑容。渐渐地他变得自信了，越来越关心同学，关心班级的事情。

“乌云上面就是太阳，困难背后隐藏成功。”孩子毕竟是孩子，有了正确的引导，打开他心灵之窗的钥匙就会早日找到。就算天空再黑暗，屋里再没有亮光，但拨开乌云，拉开窗帘，推开窗户，美丽的世界定会尽收眼底，愉悦的笑脸定会立马绽放光彩，孩子的天空将会一片湛蓝。

二、宽容学会耐心

俗话说得好“宽容别人，其实就是宽容我们自己。宽容能让别人愉悦，让自己也快乐，而刻薄让他人痛苦，让自己也痛苦。”但是每次学生犯了错，往往会受到一顿批评。这时的老师往往只是为了树立自己的威信，希望犯了错的学生以后能做得更好。虽说陶行知先生奖励学生四块糖果的事，我们一直记忆犹新，但是学生的个性不同，我们是否也能用同样的方法呢？

李冬是我班上一个特调皮的学生，是班上的“开心果”，课间也属他最活跃。他的身上有个最大的问题就是早上老是不戴红领巾，以致班级总因他而扣分。每天一早，我三番四次地提醒他戴着。结果，戴是戴了，可值勤的小队员一走，他的红领巾又不知何时跑到了桌洞里。难道是他觉得自己长大了，不愿意戴了吗？

一日，我又没看到在他胸前飘着的红领巾。“退一步海阔天空，让三分心平气和。”我收拾好愤怒的心情，默默地走到他身边，缓缓地伸出一只手：“红领巾呢？”他一听，迅速地从书包里抽出来，正当他要往脖子上系的时候，我示意他把红领巾给我。他疑惑地停止了系的动作。我接过红领巾，往前迈了一小步，温柔地给他戴上，他不好意思地低下了头。这一天这条鲜艳的红领巾一直飘扬在他的胸前。第二天，我一看，他居然已经自觉地戴好了。这时，正好我们班转走了一个值勤的学生，需要另选一个。我乘胜追击，给了他一个机会。没想到，做了值勤的小队员后，他不仅自己能佩戴好红领巾，做好值日等工作，而且认真地监督起了班上的学生。那一日的宽容，竟然会出现这么两全其美的局面。

我曾经听到过这样一句话：“你勃然大怒时，就会做出许多蠢事，与其事后后悔，不如事前自制，把愤怒平息下来。”教育孩子需要的就是一份耐心，我们学会了宽容，孩子也学会了耐心，这远比我们一次次无意义的说教要有用得多啊！

三、赞扬学会自赏

没有赞赏就没有教育。教师的赞赏是激励孩子成才的动力；而教师爱的目光是孩子成长的营养。在一个集体中，孩子无论是聪明还是“愚笨”，无论是淘气还是“温顺”，他们总有各自的闪光之处，他们都希望得到他人的赞美与赏识，以体现自身的价值。

我们班有个高高瘦瘦的男孩儿叫刘明，他精力充沛，整天难得安宁，上课时坐不稳，在椅子上来回转圈；不管在什么场合，他只要想说话，张口就说，那作业本被他揉得又脏又破，更不用说完成作业了。就是这样一个让人“头疼”的孩子，放任不管，只能助长他的“恶习”；过于严厉又会使他产生逆反心理。我尝试着用爱的目光去注视他，去观察和发现他的长处，从而取长补短。

在一次课间中，我发现他的手工制作很不错，他用一张纸，三下两下就叠成了一只会蹦的纸青蛙，还用橡皮刻了一面小旗，说给老师判作业用。当我站在他的身后，看着他熟练地做着这一切时，我感到他真的很可爱，不由自主地拍了一下他的肩膀，高兴地说："刘明，你真棒！"随后，上课时我把他的手工制作摆在黑板前，逐一让大家欣赏，刘明起初被这突如其来的表扬弄得不知所措，当他触到老师那亲切的目光，听到老师那真诚的赞扬和同学们热烈的掌声时，他因情绪激动而涨红了小脸，嘴角露出了平日少有的微笑。

下课后，我把他拉到身边，用欣赏的目光看着他，并告诉他，老师、同学都很佩服他的心灵手巧，如果他能和大家一样遵守纪律，一定是个出色的学生。从此，刘明真的变了，他上课安稳多了，作业也能按时完成，和同学的关系也比较融洽了，比上个学期有了明显的进步。在全班同学羡慕的目光中，他经大家一致举荐捧走了九月份好习惯"进步之星"的奖杯。那洋溢着灿烂笑容的脸上似乎写着："我一定会再接再厉的，大家拭目以待吧！"

老师在严格要求学生的同时如果能够不吝惜自己的赞美之词，相信我们的学生定会树立自信，学会自我欣赏。

美国的柯赖齐亚和斯塔顿合著的《小学生健康教育》一书中有这样一段话，被人们津津乐道：

> 如果孩子生活在鼓励中，他便学会自信。
>
> 如果孩子生活在容忍中，他便学会耐心。
>
> 如果孩子生活在赞扬中，他便学会自赏。
>
> 如果孩子生活在受欢迎的环境中，他便学会钟爱别人。
>
> 如果孩子生活在赞同中，他便学会自爱。
>
> 如果孩子生活在平等中，他便懂得什么是公正。
>
> 如果孩子生活在安全中，他便学会相信自己和周围的人。
>
> 如果孩子生活在友谊中，他便会觉得他生活在一个多么美好的世界。

在与学生的相处中，如果我们能主动地关注学生，用一颗真诚的心温暖学生，用我们的爱渲染他们心中那片美丽的天空，我相信，他们的身心都会得到充分、健康的发展，我们也将会为他们的心灵撑起一片晴空。

静待花开

崔安琪，1993年11月出生，大学学历，2017年进入广饶县第一实验小学工作至今。

教育理念：情在左，爱在右，走在生命的两旁，随时撒种，随时开花。

冰心曾说：情在左，爱在右，走在生命的两旁，随时撒种，随时开花。静下来思忖，躬身自问，的确是这样的。

刚毕业我就参加了工作，从一名大学生瞬间转成了一名人民教师，我怀着极大的热情，也带着忐忑不安又略微谨慎的心情走进了教室，接手这个五年级的毕业班。我站在这个班级的讲台上，成了这个班级的“孩子王”。看着孩子们挑衅的眼神，以及他们对我这个新班主任的示威性的笑，这一刻，我想到了自己将要面临的种种，更想着如何尽自己最大的努力改变这些坐在我面前的孩子们。我决心用我的真诚和我的热忱，感动我的学生。

我们班有这么一个小男孩，他天资聪慧，就是特别好动，学习上、行为习惯上都“与众不同”。今天我批评教育了他，明天老毛病依旧；刚刚纠正的错误，仍然会出现在他的作业本上；屡次告诫他老师不在的时候要遵守纪律，走进教室看到的依然是他“张牙舞爪”的身影和不屑一顾的表情……我常常让这反复出现、屡教不改的情况扰乱了心情，情急之下，我不禁一次又一次朝他发火，有时还伴有一些惩罚，他让我既生气又无奈。

但是接下来的一件事却使我对他改变了看法。

周五临近放学时，我在布置门外的展板，下意识地问了问班里同学这项工作以前是谁负责的，便让他们回家做个设计方案。这时，他不服气地“切”了一声，喃喃道：“每次都是这几个人。”他今天的作业还没有按时交上来，现在还在嘟囔，我瞬间火冒三丈，厉声呵斥：“你能你来啊，别在那说东说西！”“试试就试试！”他昂起头，坚定地说着。还没等我回答，跟他关系不错的一个小男生也应和道：“老师，我跟他一起。”我看了看他俩期待的脸庞，答应了。当然，也让另外几个同学出一份设计稿，毕竟心里总是对他不够放心。

很快就放学了，他站在门前迟迟不离去，看见我好像要开口却犹豫了。我上前，问他：“怎么了？有难度？”没想到他拉着我走到展板前，跟我比划了半天，一会说着整体，一会说着一个个小部件，问我，“老师，你看这样行吗？”这个任务我才布置了10几分钟，没想到他已经给我做了一个大体的框架了。见到他干劲十足，我连连称好，他蹦跳着走了。这是我自接手这个班级以来第一次见他这么开心。

星期一上学时，我还没走到教室门口，他便拿着几张设计图纸叫住了我，一边让我看，一边给我解释这些图纸上画的都是些什么。他画得一板一眼，有花有草还有各种小蝴蝶，充满了童真童趣。“这才叫童年嘛！”我内心不禁为自己先前对他的批评而内疚、自责，“这么可爱的孩子我以前为什么没看到他的长处，为什么眼睛只盯着他的短处呢？”

是呀，每个学生都是最独特的存在，需要我们去发现、去挖掘。学习好、成绩好的是我们所谓的“好孩子”，他们优点明显，自然讨人喜欢，我们鼓励、赞扬他们是理所当然的。但是对于那些暂时还不爱学习、调皮捣蛋的学生，是断然不能给他们戴上“差生”的帽子，也绝对不能有半点的疏远与歧视。因为他们与“乖孩子”比起来，也许仅仅是开花的时间迟了一点。花苞的盛开尚且需要空气、养分和足够的时间，更别提学生的转变了。但要相信，只要耐心等待，给予他们足够的时间，他们开出的花儿也一定是独特的、芬芳的。只有耐心地撒种，才能等得花儿开，才能聆听到花开的声音。

孩子，我只做了一点啊！

门玉红，1971年1月出生，大学学历。东营市优秀少先队辅导员、广饶县优秀教师。撰写的教育叙事《给孩子一个机会》获省二等奖。工作中喜欢创新，总是把快乐带给身边每一个人。

教育理念：教师最大的幸福就是看到学生们在成长！

马阳，我班里特别普通的小男孩，性格有点内向，不爱和同学玩，课堂上总是缺少那么点儿活力，从不主动回答老师提出的问题，即使你给他回答问题的机会，他声音也特别小；他也不调皮，课上课下他从不给任何人找麻烦。所以，他就像一个被遗忘的角落，很容易让老师忽视。可是，就在我为他做了一件理所应当的小事后，他却变得积极、主动了，性格也开朗多了。

通过这件事情，让我明白了只要老师心中充满爱，并且让孩子们感受到老师的爱，孩子们就会给你惊喜。

事情是这样的，2017年10月14日下午第一节课，是我班的语文课，我像往常一样迈着轻盈的步子走进教室，站在讲台上向同学们问好，同学们再起立向我问好，我发现马阳没有站起来，而是趴在课桌上。我轻轻地走过去，问道："马阳，你怎么了？"他没有说话，只听他同桌说："他上午放学时就病了。"我抚摸着他的头说："你生病了，中午回家后，爸爸、妈妈没带你去医院看看吗？"他抬起头，有气无力地说："老师，我中午在小饭桌吃饭，没有回家。"我说："小饭桌的阿姨没给你家长打电话吗？""我爸爸、妈妈手机都停机了，联系不到他们。""你知道爷爷家的电话吗？""我爷爷家很远，在乡镇。"这时，我也有些着急了，我又给他的家长打电话试了试，结果真的都停机了。这该怎么办呢？

孩子病了,我必须想办法找到他的家长。我又问:"你爸爸在哪里上班?"他说:"他出去给人家干活,我也不知在哪里。""妈妈呢?""妈妈在佳乐超市卖东西。"这时我终于松了一口气,知道他妈妈在哪里上班就好办了。我问全体同学:"谁的家长在佳乐上班?"全班竟然没一个站起的,正在我着急郁闷的时候,张林说:"我妈妈好像在佳乐上班。"通过张林的妈妈,我又辗转问了好几个人,最后,终于找到了在佳乐二楼超市工作的马阳妈妈。他妈妈几分钟之后就赶来学校了。孩子的妈妈说自己换手机号了,孩子不知道,也没有及时告诉老师,给老师添麻烦了,并且非常感激老师费尽周折找到她。我告诉她,这是我们教师应该做的,不用客气。但从家长的眼中,我看到了感激和信任。

几天后,马阳病好回到了学校,我发现他像变了一个人似的,课堂上,他聚精会神,听课投入,而且参与讨论,大胆举手回答问题,下课后也总是跟在老师后面,和老师很亲近。看到孩子快乐的笑脸,我想:"孩子,老师只是为你做了一件普通的小事啊!"也许这么一件小事,就能让孩子切身体验到老师喜欢他,对他很关心,只是没想到这么普通的一件小事,竟然改变了他,这让我倍感欣慰。其实,像这样的事情每天都在发生。老师们,我相信,只要我们从点滴做起,真心地关爱每一个孩子,他们一定能感受到老师的爱,每一棵稚嫩的小苗都会在阳光的照耀下健康成长!

我们是朋友

荣彦，1983年11月出生，本科学历。自2004年8月参加工作以来一直担任班主任，从事语文教学工作。荣获广饶县优秀班主任。

教育理念：把每一个孩子当成自己的孩子关心、爱护他。

大多数的学生，对于和老师的关系，会很形象地概括出两个字“敌对”。但我觉得，老师跟学生更应该是水与鱼的关系。

记得我刚毕业那年，被分到一年级教语文。我第一次走进教室，孩子们都已端端正正地在自己的座位上坐好了。我环视了一圈教室，发现还有一个学生没来，正要询问其他同学，却发现一个歪头晃脑的孩子站在了教室门口。我等待着他喊“报告”，没想到等了好久都没有听到声音。可能是孩子们刚刚进入一年级，还没有养成这个习惯，于是我轻轻地说：“进来吧，以后不要再迟到了。”这就是小明，这也是我们的第一次见面，但我感觉到了他的与众不同，也隐隐约约地觉得我们之间肯定有许多故事要发生。

课上，同学们在读课文的时候，我走到小明身边，问他为什么第一天上学就迟到了，没想到的是他攥起小小的拳头朝我的眼镜打来，我本能地向后退。他虽然没有打到我，但让我吃惊不小。一个小小的孩子竟然有这样的举动，真有点让我意外。他的莽撞，让我对他有了戒备心理。后来我慢慢发现，他是一个特殊的孩子，心理年龄比实际年龄要小得多，很调皮，简直“不按套路出牌”，有时候有的行为让人琢磨不透。渐渐的，我又感觉出他的一些很独特的性格：上课典型的多动症，从来都坐不住；总爱回头讲话，冒失地大喊或大笑一声，老爱打乱老师上课的思路；不管在课上还是在课下，随便将同学的学习用品甚至课本藏起来，甚至弄坏；老师用什么方法都不管用，简直是“软硬不吃”……

有一次我去开会，所以上课迟到了一会儿。由于孩子年龄小，自制力比较差，所以教室里乱哄哄的，被校领导抓个正着，还把我们班的优秀班级“小红旗”取走了。下课后，我刚好跟小明一起下楼，我随口问了他一句："老师不在的时候都有谁在讲话啊？”他一下给我列举出几个同学，还给我列举了好多管理班级的好办法，比如，让最爱说话的人当纪律委员，自己带头遵守纪律。他的话让我有点吃惊，一个原来桀骜不驯的小家伙突然变成一个挺有心的好孩子了！我开始思考是不是自己一开始就把他错解了？是否应该重新认识他？课下，我开始刻意多接触他，并让他做起老师的“小助手”，让他做好班级纪律的“秘密监督员”、做帮助同学的“小雷锋”。我还发现小明很聪明，成绩也不错，我就发动他参加兴趣小组，他的小发明还获得了学校一等奖呢。

由于小明性格有点偏激，与同学之间的“外交关系”处理得不好，还经常被告状，所以一直没有给他安排同桌。跟他家长沟通后，为培养他积极健康的心态，我试着给他找了同桌——他崇拜的班长，一个非常文静的小姑娘。一个星期，两个星期，“告状”的少了，在班长身边，他也以身作则，向优秀看齐了。从那以后，我也有事没事爱找他聊天，了解他在家里的表现，问问他的课余生活。渐渐的，我们俩已经成了无话不谈的好朋友。他也已经成了一个听话的好孩子，作业认真完成，上课积极回答问题，成绩更加优异，最重要的是，他的好习惯正在慢慢养成。

现在，他已经不在我所教的班级里，但每次看到他，我都感到非常亲切，因为我始终把他当作朋友！

意想不到的收获

石凤华，1971年3月出生，大学本科学历，1991年毕业于济南大学。从教27年来，一直担任班主任、中队辅导员。她一直努力把自己塑造成一位为人师表、敬业爱岗、热爱学生、尊重学生、师德优良的优秀教师。

2007年教学随笔《心债》在《鲁中晨报》发表。2009年8月被山东省少工委评为优秀少先队辅导员。2010年，在"中华颂"全国万校小学生魅力作文国家级大赛中获国家级辅导金奖，并授予"全国作文教研明星教师"称号。2012年在山东省小学教师双对接远程研修中的课例研究"颐和园"获得省级优质课一等奖。

韶华是我班一名非常特殊的学生。他在课堂上的表现是这样的：一会儿两只小手在课桌洞里自乐，一会儿和同桌说说话，一会儿左顾右盼，一会儿……本来他的基础知识不扎实，这样一来他的学习成绩便是一塌糊涂。大家又向我反映："老师，韶华把我的谜语书装进自己的书包里了。""老师，韶华把我的橡皮扔到垃圾桶里了。""老师，韶华在我的课本上乱写乱画。""老师……"我于是安排了一个全班最遵守纪律，最讲卫生的小女生李欣和他同位，希望韶华能向李欣学习，改正自己的一些小毛病。谁知，早读时，他常常把李欣的作业藏起来；午写时把课桌和板凳晃来晃去，扰乱同桌练字；课间他把自己的垃圾故意扔到李欣的脚底下，还理直气壮地说："不是我扔的，我没有扔，我真的没扔。怎么着吧？"

针对这种问题孩子，我不知与他谈心多少次，也记不清和家长交流过多少遍，谁知收效甚微。我简直感到黔驴技穷了，我真有点想放弃这个"调皮包"了。某日读到一篇文章《美丽的错误》，我茅塞顿开。不管结局如何，我决定试一试。卫生问题其实就是习惯问题，那么就先从培养他的卫生习惯入手吧。那日中午放学后，我悄悄地把韶华的课桌洞里收拾得整整齐齐，把他的桌椅和地面周围也打扫得一尘不染。下午上课前，我早早地坐在教室里。每当一个同学走进教室，我故作惊讶地告诉他："你看，韶华的桌椅干净吗？再看看他的课桌洞里是不是也很整洁？"韶华总是最后一个走进教室的，当他一走进教室，我和同学们一起向他祝贺："韶华，你真棒！你变成了一个讲卫生的好孩子。"他很少受到表扬，在这热烈的气氛中，他竟涨红了脸，什么话也说不出来。他诧异地坐下来，看着干净的桌椅，摸摸整齐的课本，不好意思地低下了头。

在被误认为是好孩子的那一刻起，韶华就像脱胎换骨似的变了一个人。每每看到他的一点点进步，我都及时表扬，并与同学们一起鼓励他："韶华，你是同学们学习的榜样。""老师，你真的是表扬我吗？"他仰起天真的脸疑惑地望着我。"咱班还有第二个韶先生吗？"我逗趣地问他。"在你们眼里，我真的不是坏孩子呀，我还有那么多值得大家学习的地方？""你真的很优秀。"我轻轻地抚摸着他的头，真诚地回答。他不好意思地搓着双手，沉浸在被关爱和赏识的幸福中。奇怪，在接下来的日子里，韶华真的成了好孩子。他的一些不良习惯慢慢改变掉了：课堂上认真听讲，积极举手，小动作越来越少了；作业书写有了明显的进步；课间不再乱跑乱闹，而是协助组长整理桌椅、检查卫生；放学后主动督促同学们做好值日生；很有礼貌地跟老师说再见。我惊讶于这个转变，原来"好孩子"一个名称可以有如此神奇的魔力，它能把孩子从此岸拉到彼岸。

案例分析：

一位教育学家说过这样一句话："你把孩子看成圆的，他就是圆的；你把孩子看成方的，他就是方的。"换句话说，你认为这个孩子是优秀的，那他一定能成为好孩子；你觉得这个孩子是淘气包，挨不了好孩子的份，那他就会像你所想的那样真的永远成不了好孩子。试着去表扬那些从来没被表扬过的孩子，创造机会让孩子被表扬，你会发现所有的孩子都会是好孩子。

从来不知道错误可以如此美丽，它让我改变了评价好孩子的标准。其实，我们静下心来想一想，究竟怎样的孩子才是好孩子呢？好孩子的标准只能用一个标准度量吗？难道只有学习好、有进步的孩子才有机会被评为好孩子吗？那些乍一看并不优秀甚至属于淘气顽皮的孩子就完全没有机会了吗？"漂亮的孩子人人爱，而爱丑陋的孩子才是真正的爱”。

在孩子的成长历程中最需要的是表扬和鼓励。表现好的孩子应该表扬，能力一般、不怎么起眼的孩子也需要表扬，而调皮的孩子更需要得到一些表扬。因为调皮的孩子往往有一个错觉，那就是“我不乖，老师不会评我为好孩子的”。在调皮孩子心中，“好孩子”简直像星星月亮一样遥不可及。假如我们老师出其不意地给他们贴上好孩子的标签，对他们的鼓励何其之大！也许有人会问，究竟用什么理由去表扬那些并不能称得上好孩子的孩子呢？其实也很简单，我们自己创造一些表扬他们的机会，多给他们一些温暖，哪怕制造一些美丽的错误。

通过这件事，我深深体会到改变一个人真的不容易，需要付出很多的耐心和感情。这项工作也是伟大的，因为“种下一种行为，收获一种习惯；种下一种习惯，收获一种性格；种下一种性格，收获一种命运”。只有播种，才有收获。高尔基说过：“谁爱孩子，孩子就爱谁，只有爱学生的教师，他才可以教育他们。”师爱是教师教育学生的感情基础，学生只有“亲其师”，才能“信其道”。

爱是什么？爱是老师慈祥温和的笑容，是老师文雅亲切的话语，是老师善解人意的目光，和风细雨式的循循善诱；爱是老师带着一颗童心走进孩子，关心他们的一举一动、一言一行；爱是老师对孩子的理解尊重、信任鼓励，蹲下身子和孩子交流，相信他们，做他们的良师益友。

爱似清泉，能浇灌干涸的心田；似暖流，能温暖冰冷的胸怀；似春雷，能唤醒沉睡的思想。爱是开启学生心灵的金钥匙，也是沟通师生关系的桥梁。爱需要教师倾注真情，寻找方法，细水长流，滋润浇灌。著名特级教师魏书生曾说过：“教师应具备进入学生心灵世界的本领，不是站在这个世界上，更不是站在这个世界的对面牢骚、叹息、愤慨，而应该在这个心灵世界中辛勤探索、耕耘、播种。”

我们教师不妨带着这颗执着的爱心，换一种处理事情的方法，会有意想不到的收获。

一封“表扬信”

张海莲，1982年11月10日出生，本科学历。东营市教学能手、东营市优秀班主任。撰写的多篇论文、教育叙事在省、市级报刊发表。

教育理念：用爱心点亮孩子求知的道路，用爱心浇灌孩子幼小的心灵。

周一下午放学后，学校像往常一样开全体教工会，我坐在会议室里却忐忑不安，因为我的手机一直震个不停。会前我班学生小磊(化名)的父亲打电话来说要请我吃饭，被我回绝后，就一直不停地打我的手机……校会结束后，我又去教室打扫了一遍卫生，以此来拖延时间。走出校门时，已是华灯初上，路上行人很少，我暗自庆幸终于又躲过了一次家长的宴请。然而，当我看到校门外小磊的父亲那固执的身影时，我的心又凉了。于是我故意编了一个理由：家中老人生病了，我急着去医院。见我一脸的焦急，他相信了，于是很诚恳地说：“张老师，小磊这孩子性格内向，不爱说话，在家也很少和我们交流，让您多费心了……”还不等我回过神来，他就将一个红色小纸包扔到了我自行车的车筐里，随即发动起停在路边的白色丰田车消失在茫茫夜色里。无奈我疲惫的双腿根本无法追上那疾驰而去的汽车……

回到家我打开纸包，一张面值300元的超市购物卡映入我的眼帘。我当然明白小磊父亲的意思：他是想通过这种送礼的方式，让老师给予小磊特殊的照顾。这该怎么办呢？我一时左右为难：收下吧，显然有悖教师的职业道德，也有悖我的做人原则；不收吧，又该怎么还回去呢？交给孩子，显然不妥。我想小磊的父亲肯定不希望孩子知道这件事，因为这样会破坏父亲在孩子心目中的高大形象。该怎么办呢？我绞尽脑汁,寝食难安……

就在我辗转难眠的时候,我有了一个绝妙的好主意。

第二天晨会上,我对孩子们说:“同学们,你们升入一年级已经两个多月了,大家都有了很大的进步。今天我要从咱们班中选一位进步最大、最优秀的好孩子,我要给他的父母写一封表扬信。”孩子们听了都非常兴奋。接下来的每一节课,孩子们都表现得非常积极主动,每个学生都在很认真地对待这次“竞选”,都渴望得到那封从未见过的“表扬信”。

下午最后一节课,当我宣布本次进步奖的得主是小磊同学时,教室里响起了热烈的掌声,而小磊却用惊讶的目光望着我,似乎不敢相信眼前的一切。同学们一起鼓励他:“小磊,快去啊,快去领表扬信啊!”小磊快乐地跑到我面前,接过我手中那精致的信封,脸上褪去了羞涩和惊讶,挂满了自信和喜悦。我还编了一个善意的谎言:“表扬信是给家长看的,小朋友不能自己打开。假若你忍不住好奇偷偷打开了,信上一切赞扬的话都会消失,它就会变成一张白纸。”

小磊永远都不会知道这封“表扬信”的秘密。其实所谓的“表扬信”就是我写给小磊家长的一封简短的信,信中藏着那张300元的购物卡。我在信中这样写道:“尊敬的家长朋友您好,您望子成龙的心情我可以理解,但同时我也希望您能尊重我的选择——请把购物卡收回。如果您真想送我一件礼物的话,就请多给予孩子一些关心和鼓励吧,每天给孩子一个热情的拥抱,让孩子在快乐中成长。最后,让我们共同保守这个秘密,让孩子体验一下成功的喜悦吧!”

此后的每一天,我发现一向沉默寡言的小磊像变了一个人一样:作业非常认真,写字干净漂亮,课堂上也能积极举手回答问题了,小脸上每天都带着灿烂的微笑……我看在眼里,喜在心里。

一个月后,我在给小磊批阅“阅读存折”时,一张带着淡淡墨香的信纸悄然滑落,我轻轻地把信纸打开,几行秀丽的钢笔字映入我的眼帘——“张老师,谢谢您。看到小磊的变化,我们做家长的由衷地感到高兴,同时又为自己的某些‘举动’感到惭愧。祝您健康、快乐、美丽!”

一封“表扬信”赢得了家长的信任和肯定,也在孩子幼小的心田里种下了自信的种子。我想,这颗珍贵的“种子”会在孩子的心灵中生根发芽,最终开出绚烂芬芳的花朵。我要把“表扬信”继续写下去,因为我想让更多的孩子感受一下表扬信的“魔力”……

共情——传递最好的爱

张伟之，1982年12月出生，大学学历，2007年7月毕业于山东师范大学汉语言文学专业。从教以来一直担任语文学科教师和班主任。

教育理念：踏踏实实做人，认认真真做事。

教书这些年让我感觉最难忘的是王东强和魏晓楠两名贫困生，都是农村家庭的孩子，分别于2013和2017年小学毕业。他们给我的最大的感触是教育帮扶贫困生重要的不是物质，而是共情，深深感受他们的情感并与他们共渡难关。今天主要说说王东强。

王东强，简称小强吧，是个典型的后进生。四、五年级语文数学成绩能考到个位数，成绩非常差，天天不完成作业，而且十分调皮。教他时他刚上四年级，个头很矮，我就安排他在第一桌，开学前三天布置的作业他是一天都没有完成。“你怎么又没有完成！”我批评他，可他居然呵呵在笑，眼睛眯起来，嘴巴咧得特别大。同学们说他很皮，一直就是这个样子。

当时我比较气愤，这孩子不仅不服管而且很嚣张跋扈，把我这个班主任的权威全给抹杀掉了，于是我就给他家长打了个电话。电话那头家长很慌张地问啥事，我说来学校谈谈吧。

当我看到小强的爸爸从楼梯口那个位置过来的时候，我马上后悔了。原来他爸爸是个残疾人，走路一瘸一拐的，但是又走得比较快，显得更加不方便。我立马过去说道：“对不起对不起，刚开学几天，孩子家长的情况我还不是很了解。”小强爸爸一五一十地告诉了我他们的家庭状况。原来他从小就患上了小儿麻痹症，走路不太方便，一般的力气活还是能干，只是这个小强呢是个老二，自己年纪也大了，有时候干活也是力不从心。小强妈妈是个聋哑人。两个人都在打工，几乎没有时间管教孩子，小强的爷爷奶奶又十分溺爱他，所以他十分调皮。最后，小强爸爸叮嘱我可以狠狠地教育小强。没想到小强的父母这么不容易，两个身体有残疾的人抚养着两个孩子。

小强后来变得很乖。在教小强的两年时间里，我并没有用他爸爸的方法“狠狠地教育他”。我小时候虽然家贫，可毕竟父母健康，和小强比起来，说实话我没有理由教育这么一个父母双残的孩子。因为他从小承担的东西我们想象不到，因为我们的内心总是那么的凄凉。小强不是不懂事，他有时候会默默流泪。我慢慢地擦去他的眼泪，告诉他要坚强。小强其实很脆弱，他外表嘻嘻哈哈，不服管，其实他需要更多的感情。因为他妈妈不太会说话，他和妈妈交流很少。这样的孩子需要更多的陪伴。我安排他当班干部，他做得十分出色，干活遗传了他父母的基因，从来不怕脏、不怕累。

而我作为他的老师，能够给予他的其实很少很少。他周末有时候到我家里做作业（当然不是有偿家教），看到我小时候的书很奇怪，问道：“怎么还没有扔?”话音刚落，他接着惊呼老师小时候写字怎么那么认真，同时呵呵地笑，眼睛眯起来，嘴巴咧得特别大。这个孩子心地很善良，从小就能看得出。但是他的学习基础毕竟差，到小学毕业的时候也没有很大的起色。我刚开始觉得是我在帮他，如帮他免除保险费和书本费啦，帮他补课，帮他改掉调皮的坏毛病，让他当班干部等，后来我发现，他也同样给予了我最真实的师生情感，甚至比我给他的更宝贵。这就是师生间彼此的共情，有了这份情感，也有了共同的成长。

自信的笑容最美丽

盖云飞，1993 年 8 月出生，大学学历，2017 年进入广饶县第一实验小学工作至今。

教育理念：蹲下身子，从孩子的位置出发理解世界！

每一个孩子都是一朵漂亮的花蕾，在老师的眼里都值得倍加珍惜和呵护。在学校生活中，我一直认为这些花朵只有不同，没有好坏，也渐渐地发现，孩子们都是多面的。

寒假中布置了一项作业是背诵二十首古诗，要求谁背过了哪一首就在群里发语音背诵。很多孩子很快就在群里发了语音。然而，令我惊讶的是，很多平时在学校里看起来文文静静甚至唯唯诺诺的孩子，很多上课回答问题时声音很小、不敢举手回答问题的孩子，背起古诗来都是熟练流畅，而且声音洪亮，仅从这些声音中，我就感受到了他们的自信与活泼、阳光与童真。不禁在寒冬中不吝赞美，用一个个“赞”和“棒”的表情表达着我内心的欣喜和赞赏。

欣喜的同时，我也不禁愕然和反思，为什么这些孩子们在假期里是如此开朗大方，如此自信活泼。我又不禁想起来课间时，很多上课不怎么“积极”的孩子欢快地跑着跳着、和老师笑着闹着的情景来。我想，每个孩子都是活泼开朗的，只是他们在学习生活中有了一些不自信，便看起来有些“安静”了。怎样才能让孩子们更加自信积极地热爱学习呢？

首先，我想教育需要鼓励和赞赏。“每一个少年儿童都希望自己是成功者，都期待着收获肯定和赞誉。”涵涵也往群里发了背古诗的语音，因为发语音的学生太多，我忽视了给她的背诵点评，她有些失望地对妈妈说：“其他同学背的老师都点评了，怎么不评价我的呀!"可见,孩子是多么渴望老师的鼓励和肯定啊! 在班级管理和教学中,我也时刻不忘这一点,课堂上像"你可真会读书""你真棒""你听课可真认真"等多样性的评价语言,给同学鼓鼓掌或给自己掌声鼓励,作业本上"有进步""加油"等评语,还有孩子积攒的那一朵朵小红花……这些都是每一位老师在生活中经常践行的,而每一次的鼓励都让学生更有信心来学习,做得更好。每个学生的水平不同,老师要善于发现和发挥学生的优点和长处,了解他们的能力和程度,当他在自身原本的基础上有所提高和进步,就值得被肯定和赞赏。班里的凯凯因为家庭的关系跟着爷爷住,爸爸妈妈不在身边,学习基础特别差,作业经常忘带或做错,甚至不做,因此我十分关注他的学习和成长。看到他积极回答问题,就表扬他上课认真积极,看到他的字写得好了些,就肯定他的态度认真,即使他回答的问题也许是最简单的,他的字写得也并不是最好看的,但他已经超越了自己。学生在遇到挫折和失败时,更需要老师的安慰和鼓励,此时的鼓励,就像冬日里的暖阳温暖着学生幼小的心灵,让孩子充满信心和力量向前去!

其次,跟课堂要效率。学生的课业任务重,心理上就会有厌烦和抵触情绪,作业会产生应付现象,这不利于学生健康自信心理的建立。而课堂上完成该有的学习任务,学得越透彻,课下需要回顾和复习的时间就越少,就能有更多的时间去学习更多新的东西。这就对教师有较高的教学和驾驭课堂的能力要求。此次参加"嵌入式培训",我更明确教学设计要关注哪些学习内容,以什么为依据,重点实现哪些教学任务。章健文老师指出教材分析要实现三个维度——知识技能、思想内容、文化审美。其中,章老师在谈到"文化审美"方面时,谈起文学作品中的艺术手段和表现方法等,这让我似乎回到了大学的课堂中,联系平时的教学,惊觉一个语文老师的文学素养是多么的重要。文学素养不能完全代表教学水平的高低,但却潜移默化地影响教育理念和方法等。教学不应只是看教参书、教材那样简单的教学,而是将书中的营养充分地吸收,在教学时自然渗透到文本的解读和教学中,与学生一起探讨交流,增强对人和世界的新的认识与理解。

最后,老师要组织开展丰富多彩的活动。班级活动是让学生展示自我个性的平台,是让学生更好地融入班集体、增强班级凝聚力的较好方法,是促进学生全方面发展,从而增强自信心的有效途径。契合课堂教学,我在班级中开展过"神话故事比赛"、"背古诗小能手比赛"、"读书竞赛"等活动,特别是读书比赛,学生通过大量阅读,感受文字的魅力、阅读的乐趣，"腹有诗书气自华"，读书会让一个人更自信。还有学校中"合唱节"、"诗歌节"、运动会等活动，都给了学生锻炼和展示的舞台。当他们画上精美的妆容，心里怦怦跳地站上舞台大方地展现着自己，他们已经又实现了一次小小的成长。通过这些丰富多彩的活动，教师也能多方面了解学生，为以后的教育教学奠定更好的基础。

教师是一个神圣的职业，但教师并不能完全改变一个人。教师的职责是为学生提供一个成长的平台，是陪伴学生一起成长，让学生在一点一滴的学习和生活中，增强自信，有信心去探索知识、发现生活、超越自我！能每天看到学生阳光般的笑容，是教师的幸福，而自信的笑容，最美丽！

爱心是美丽的心灵之花

逯红梅，1982年1月出生，大学本科学历。所撰写的论文曾获省级二等奖，所执教的优质课多次荣获县一等奖，所撰写的教案获县一等奖。

教育理念：让每个孩子享受思考的过程，品尝成功的喜悦。

在“嵌入式培训”过程中，我们聆听了蒋薇美老师的讲座“做一个幸福快乐的好教师”。讲座期间，蒋薇美老师紧紧围绕“快乐、接纳、关注”这三个关键词，向老师们介绍了“积极心理学”的理论知识。一位好教师不但要有专业能力，好教师的特质表现在理想信念、道德情操、专业知识和仁爱之心这四个方面。培养孩子有爱心，是培养其他良好情操的基础。著名教育家苏霍姆林斯基说过：“爱的教育应是整个教育的主旋律。”然而，一位儿童教育家也说过：“只知索取，不知付出；只知爱己，不知爱人，是当前独生子女的通病。”因此，我认为作为肩负神圣使命的教育者来说，我们就一定要对学生加强“心中有他人”的教育，培养他们的爱心，让爱在他们的心灵生根发芽，在日常生活中播撒爱心，享受爱心，感恩爱心，让爱心温暖每个人，让爱充满这个美丽的世界。

一、为何缺少爱心

现在的小学生为什么会缺乏爱心呢？这是由他们从小的家庭环境慢慢养成的。随着时代的发展变化，独生子女越来越多，独生子女在家庭中的地位十分重要，父母长辈对独生子女宠爱有加，让他们在一个被爱的环境下成长；然而，大部分家长却忽略了教会孩子如何去爱别人。小孩子从一出生开始，就由好几个大人围着他们一个人转。家里有好吃的总是他们优先；好用的好玩的，总是让着他们点；他们的吃喝拉撒睡受到了尽善尽美的关怀；他们需要的一切都被大人包办代替了。长此下去便形成一种习惯。这种习惯几乎成了他们的天性。他们只知道他们是中心人物，人人爱我，人人为我是理所当然的事情，他们不知道自己还需要去爱别人。

二、爱心全靠培养

怎样能使学生有爱心呢？关键是从小教育培养。怎样培养学生的爱心呢？爱是感情的东西，培养爱心不能光说，比如老师经常说：“同学之间要团结友爱，不打架骂人，要相互帮助”之类的话语。单凭这类话语，对培养学生的爱心是不够的，收效甚微。对于小学生来说，说教更是他们难以接受的。主要依靠什么呢？依靠在平常的生活中，用教师自身的言行做出榜样。比如老师在学生面前，把学生掉在地上的东西拾起来拿给学生，用实际行动给学生示范，关心学生、帮助学生。用亲情、真情去感染学生，培养学生的爱心和关心，以及帮助他人的行为习惯。

想必大家一定都看过这样一则公益广告：妈妈边给儿子洗脚边讲故事，之后又给自己的母亲洗脚。这一举动被儿子看到了，他主动打来一盆水，给妈妈洗脚，还说：“我也给你讲一个小鸭子的故事。”这就是身教的力量。在平时的教育中，我都尽量公平、公正地善待每位学生，绝对不能让学生感受到我偏爱某个学生，对某个学生的爱会多一点，而是让他们感受到我热爱着每一个学生，没有最好，也没有更好，而是都好。在学生的学习生活中，我都会给予他们无私的关爱和帮助，尤其是当学生有困难的时候，一定尽其所能伸出援助之手，让他们感受到老师的爱。只要班级中有了生病请假的同学，我一定要打电话去问候一下。上学期，我班的尹凯晨在周六学轮滑时不小心摔断了胳膊，当我去医院探望他时，他正坐在病床上看书，我告诉他：“生病了要多注意休息，等病好了我们再补课”。他说：“我先自学一遍，等补习的时候我会学得快，不用耽误老师和同学更多时间，再说专注看书时我就不觉得胳膊疼了。”让我感受到了这个男孩是多么的坚强、多么的懂事。回到学校，我就把尹凯晨的情况讲给学生听，并夸奖他的坚强和好学，同时也告诉学生，尹凯晨是我们这个大家庭的一名成员，现在他特别需要我们的关心，我建议大家给她的妈妈或爸爸发手机短信，送上自己的祝福，让短信来传递大家的情谊。于是我让学生在作业记事本上记下尹凯晨父母的电话，以便发短信用。没想到第二天，尹凯晨的妈妈竟然感动地来到学校，告诉我尹凯晨看了同学们发给他的短信，感动得都哭了，非让她亲自到学校来谢谢同学们。当时，我没有激动，也没有感动，只是为学生的相亲相爱感到很幸福。经常这样做不仅使生病的同学感到温暖，其他同学也在关心他人的过程中体验到了幸福感。

在班会中用讲故事、情景短剧等形式加深对爱心的理解，体验爱心的重要和丢失爱心的危害。很多老师都有这样的感受，曾经教过的学生中，主动向自己问好的往往是所谓的“差生”多。其实那些优秀生更加缺少爱他人的心。我曾经遇到这样一件事：一个公认的优秀生，课堂上需要用水彩笔的时候总是向别人伸手，而一旦有同学对他的行为表示不满意，他就很愤怒，认为别人太小气，没爱心等等。在一次晨会课上，我以童话的形式讲了这个故事，并让大家发表看法。下课后，我找了这个同学问他对故事的看法，他不好意思地告诉我说，其实他不是没有水彩笔，只是嫌带来麻烦，也没觉得总是借别人的有什么不对，不过现在知道了，以后不会这样做了。其实，不仅仅是这件事情，发生在孩子身上的很多事情，并不是他们真的没有爱心，而是他们根本不知道什么是爱心，一旦明白了，相信他们是懂得应该怎么做的。

在平常的教学活动中，有很多培养学生爱心的机会，千万不要错失良机。比如，体育课上，看见有同学摔倒了，趴在地上，他们往往会觉得很好玩，赶快过去嘲笑摔倒的同学。这时就需要教师抓住时机进行教育，将学生自发的行为变为帮助别人的行为。见到别人摔倒了要去把他扶起来，帮他拍拍身上的泥土。经过实地的实际教育，使学生学会主动地帮助别人，富有爱心和同情心。

三、让学生付出爱心

“人之初，性本善。”一个在正确的爱中成长的学生，相信他一定会愿意为他人付出自己的爱心。对于教师来说，重要的不是评价孩子的爱心，而是在日常生活中发现孩子的爱心，培养学生关心别人、体谅别人、帮助别人、尊重别人的良好品质，这些都是有爱心的表现。

培养学生关心别人就要从正面告诉学生做什么事情都要从别人的位置、角度着想，不要只顾自己想怎么做就怎么做。例如：在教学中，告诉学生当父母长辈休息时，就要踮起脚尖轻轻走路，以免吵醒他们。当父母长辈生病身体不适时，要学会安慰父母，并尽量不给他们制造麻烦。再如，当下课铃响了，同级的班还没有下课，就不要大声吵闹，以免影响他们的学习等等。教师应从小处开始，渐渐使学生养成关心他人的习惯。

在独生子女中，许多小学生都比较任性，喜欢为所欲为。例如：有家长反映，在商场购物时，孩子认准了一样物品，就一定要父母给他买；当父母不答应时，他们往往就会在商场吵闹，弄得父母十分难受。对此，我结合这种行为给学生讲道理，告诉学生做什么事情，都不要只顾自己，而要事先考虑别人；不要强求别人做某件事，而要和别人协商做事，只有征得别人同意方可满足自己的要求。

互助、合作是人类生活最重要的条件。一个具有爱心的人起码要有帮助他人的精神和行动，这也是做人的基础和我们的社会与人类得到完美发展的必要条件。教师要教育学生不要取笑残疾人；对长辈要有礼貌，要爱护别人的劳动成果；尊重别人的私人习惯和隐私等等。教育学生，当看到老人上下楼梯不便时，主动让步携扶老人；当乘公交车时见到有怀抱婴儿者或老人时，应主动让座位给别人；当同学有困难时主动给予帮助。作为教师更应主动关心和帮助有困难的学生，注意自己的言行举止，做到言传身教，给予学生潜移默化的影响和熏陶，成为学生助人为乐的榜样。

教师关爱学生体现在日常生活中的每一件小事和细节上。让我们的学生都“在爱心中孕育生长，再把爱的芬芳洒播到四方”。一首歌曲中这样唱道：只要人人都献出一点爱，世界将变成美好的人间。我相信，只要我们每个人都把培养孩子的爱心当作一项重要的工作，这个世界一定会越来越美好的。

爱心所至　金石为开

尹红英，1969年7月出生，大专学历，1990年7月参加工作。《改革课堂教学，培养创新能力》荣获山东省中小学电视论文大奖赛一等奖，多篇论文在市、县比赛中获一等奖，先后被评为“广饶县少先队辅导员”、“广饶县教学能手”、“广饶县优秀教师”。

教育理念：教育不能只面向少数学生，也不能只面向多数学生，而要面向每一个学生。

对未成年人的道德教育是一门艺术。成功的教育必须视学生为教育的主体，把他们当作有思想、有情感的活生生的人，尊重、理解和平等对待他们，赢得他们的信任和配合。著名心理学家马斯洛认为，人有生存、安全、归属与相爱、尊重和自我实现的需要。每个人都愿意生活在被尊重、被重视、被爱的环境中，感觉到自己在世界上是一个有价值的存在，未成年人也不例外，他们也不喜欢被当作接受教育的“容器”或“工具”，无可奈何地听人摆布。所以，创设一种平等对话、充满爱心的宽松教育环境，对未成年人是极其重要的。倘若再有机会让他们露一手，会令他们格外激动，感到自己是一个对社会和他人有用的人。所以我们应该把未成年人的道德教育设计为一种双向或多向的平等沟通，使未成年人在付出中得到，在得到中付出，激发他们学习的积极性和主动性，强化他们的责任心，使思想道德教育起到事半功倍的效果。二十几年的班主任工作使我深深地体会到，爱是开启学生心灵之门的钥匙，从爱心出发，也是做好学生思想道德教育必不可少的前提。

一、生的心田

夏丏尊先生曾经说过:“教育如果没有情感、没有爱,就如同池塘没有水一样,没有水就不能称其为池塘,没有爱就没有教育。”教师只有付出自己深沉、博大的爱,才会赢得学生的信赖与爱戴,使他们萌生奋发图强的良好心愿,并努力“脱胎换骨”跃入好学生的行列。

固然,优等生人见人爱,但后进生更需要教师的关怀,教师的爱可以温暖一颗冷漠的心。如我们班的李伟同学。还没接手这个班时,我就早有耳闻,人小脾气大,不按时完成作业外加好逃学,是个软硬不吃的老大难。当他被分到我班时,不到两星期,逃学、不完成家庭作业的老毛病就重犯了。每次我找他谈心,他都不吱声,讲道理他什么都明白,可一回头,该怎样还怎样。我开始对他失去耐心,对他的态度也渐渐冷淡起来。有时忍不住冲他发火,可他还是老样子,似乎他对什么都无所谓,逃学的闹剧愈演愈烈,半学期没到,逃学次数竟达 6 次之多,真让我无可奈何。最后,还是教师的爱心与责任感督促我产生了决不让他掉队的决心。于是,我找到他以往的班主任了解情况,吸取了以往班主任管理的经验教训,决定采取“攻心术”以软对硬。首先,我三番五次到他家进行家访,与家长共同做他的思想工作。例如,针对他好逃学的毛病,与家长商定,每次上学由家长送到学校门口,家庭作业方面家长订了个记录本,每天下午放学前,由老师签字,晚上做完后,家长根据教师的签字,对照着给他检查,然后也签字。经过这样一段时间,李伟逐渐改掉了逃学和不按时完成作业的坏习惯。

李伟的转变也增强了我管理其他后进生的信心。于是我借助李伟的转变,在班里树立先进典型,想方设法寻找其他后进生身上的闪光点,并对他们加以肯定,给予鼓励,重新点燃他们自信的火种。正所谓精诚所至,金石为开,经过一个学期,不按时完成作业的学生如王乐、曹一、张红等也已经改正了以往的不良习惯,正向先进行列迈进。

教书育人是我全部的事业,我视教育如生命,教好每一个学生是我执着的追求。我从不奢望我的学生将来都成为政治家、科学家……只是希望我的每一个学生将来都成为国家的新生力量,合格的建设者,为祖国建设作出自己的贡献。

二、学生的自尊

教师想要尊重学生，维护学生的自尊心，必须学会与学生沟通感情，调节关系。

我班赵鑫同学是一个非常机灵的孩子，但是由于家庭原因，整天脸上没有笑容，沉默寡言，爱打架，脾气也越来越坏，对人非常冷漠，别的同学也不愿理他，他成了我班的编外生。凡是作业就一概拒做，不论课堂作业还是家庭作业都不肯做。任课教师也到我跟前告状，我就仔细观察寻找突破口。每次在班里看到他沉默地坐在一边时，我的心里总有一种说不出的沉重。时机终于来了，有一次期中考试，学校组织召开一次家长会，要求所有的家长都必须按时到校开会。如果家长不能来校开会，可以提前向我请假。下课了，赵鑫怯生生地叫住我，简单生硬地告诉我，没有人来给他开家长会。还没等我询问，他就转身跑了。我知道他的妈妈有精神病，他的爸爸是一个建筑工人，是这个家里的唯一劳动力，支撑着这个家很不容易，每天早出晚归，不会有时间来给他开家长会的。看着院子里那么多快乐玩耍的孩子，我的心里深深地体会到那颗小小的心灵所承受的压力。我找到他，一边随手给他整理书包一边说："我来给你开家长会，今天老师既是你的老师，又是你的家长，你看好不好？"他愣住了，沉默了一会儿，有些茫然地点了点头，轻轻地说了一句"老师再见！"就转身走了。

家长会后的第二天，我在收到的作业本中发现了赵鑫的作业本。翻开一看，字迹潦草，也没有按量完成，但我很高兴，坚冰开始融化了。下课了，我把他写错的题，一道道地给他讲解。刚开始，他还认真听讲，后来像是走神了，几次抬头看我的脸色，我不动声色地把批改完的作业本放在他手里，向他点了点头，示意他可以走了。谁知，他迟疑了半天，歉意地说了一句："昨天的作业就记住这些……"我点头笑着说："记住的都写完了，这也很好嘛，往后把作业记全不就更好了吗？"他盯着我的脸看了一会儿，似乎有些羞愧，脸红红的。他想不到老师竟对他这么宽容，态度又这样和蔼。我接着问他："今天的作业记全了吗？"他摇了摇头。我顺手从桌子上拿起一张纸，端端正正地把作业记上，然后又细心地给他夹在本子里。我什么也没说，只向他点了点头。他背起书包向我道别后走了，走得又轻快又有劲。第二天，赵鑫交上的作业写得工整准确。我当着全班同学的面表扬了他。全班同学都为他的进步鼓掌，我也忍不住，微笑着鼓起掌来。他的脸涨红了，眼里闪着晶莹的泪光，赵鑫他变了，我从心里笑了。这是爱的力量。

通过以上事例，我似乎明白了一个道理：在孩子面前我们不是老师，不是校长，是朋友，顶多是一位“大朋友”，能够牵着孩子们的手玩耍、学习和成长。一个班级几十个学生，每个人的学习基础、性情、气质，爱好修养、家庭环境各不相同，学习水平参差不齐，只有树立“天生其才必有用，天生其人必有才”的学生观，才能发现并强化学生的闪光点，促进学生的全面发展，教师对学生的爱心奉献，才能发挥巨大的效能。

通过实践，我得出以下结论：只有热爱学生的老师，才能体察学生的需要；只有尊重学生的教师，才能了解学生心理发展的特点和规律。只有做到这两点，教师才能走进学生心灵，塑造学生灵魂！我也更加坚信：爱心所至，金石为开。

用爱心点燃学生的希望

张林红，1976年2月出生，大学本科学历，东营市教学能手。撰写的论文多次获省市一等奖，并在市级重要刊物发表。

教育理念：爱是教育的基础，有了爱，教师才能带领学生在知识的海洋里徜徉，才能把知识无私地传授给学生！

登上三尺讲台，面对的不止是几十双求知的眼睛，而是一个需要用爱来倾注的浩瀚的海洋，爱生如爱子，是一种发自灵魂的芬芳，一种深入骨髓的甜蜜，身为教师的我试着以平等的尊重和真诚的爱心去打开了学生的心门，爱心让我发现，每一扇门的后面，都是一个不可估量的宇宙；每一扇门的开启，都是一个无法预测的未来。在我的教学生涯中，尽量让自己用爱心滋润每一个孩子的心田，以真心对待学生，不存杂念，如此自然，如此平常，如此言来语去，师生心理交融，为学生编织了五彩的梦想，开启梦想的航帆。

"耿耿园丁意，拳拳育人心；身于幽谷处，孕育兰花香"。在嵌入式的学习过程中，我有幸领略了一代名师霍懋征老人的为师之道，从教六十载从没有让一个孩子掉队，从没有向学生发过火，从没有向家长告过状。这些教育生涯中的小事情，能长久地坚持下去，没有极大的耐心和宽容之心，谈何容易？面对我们的学生，他们有的调皮、有的违纪、有的捣蛋……有时让我们感到累、感到烦，这时我不得不想起每当收到学生的慰问：老师最近好吗？当教师节鲜花飘至我的案头，当看到"桃花潭水深千尺，不及恩师育我情"时，我顿觉是教师这个职业升华了我的生活，铸就了我的信念，萃取了我的人生真谛，也让我看到了更高层次的幸福源泉。我坚信，我也一定能以一片至真至诚的爱心惠及我面对的学生。

今年春节，升入初一的学生来家看我，有说有笑，开心极了，每次学生走后，我静坐桌前，记忆的闸门一次次地被打开，万千思绪，涌动心头……

这是我参加“嵌入式学习”期间接手的一级学生，刚接手这些学生时，一节下来，喊破嗓子最多管十分钟的作用，课堂上仍乱七八糟，为此我也没少发火，那些小调皮鬼也没少挨批评，但收效甚微，教室里虽然安静了许多，却少了一分天真灵动，多了一些畏惧，让人感到压抑、沉闷。我知道，我必须要改变了！

我要做的就是改变自己，像霍懋征老师那样，还给学生一个崭新的自我，用心去关注每一个学生，让学生感受到家一样的温暖。我一改往常严厉的态度，用微笑面对学生，用和声细语感化学生，用爱心去对待学生，当我冲动时，我提醒自己要笑对学生，年复一年，日复一日，我坚持住了，学生被我感动了，可爱的孩子们把掌声送给我，课堂上高声对我说：“张老师，你真好！我们喜欢听你讲课。”五年级毕业时，长大懂事的孩子们对我说：“张老师，真不愿离开你。”此时的我陷入深深的沉思，试想这样的师生关系怎能不融洽，这样的学校生活怎能不让人留恋。

看似我做的这些微不足道，就像霍懋征老师说过的：“一个好教师的标准就四个字：敬业、爱生”。但愿我们都能拥有爱心、耐心、宽容之心，学会敬业、爱生，适时准确把握学生身心发展的规律，把简单的事情做好，做一名充实的好老师！

为师者，捧着一颗爱心，点燃每一个学生心中的希望之光，把成功的欢乐给予孩子们，让他们走好人生的第一步！

激励欣赏——学生健康成长的良方

张新洁,1970 年 1 月出生,大学本科学历。滨州市沾化区优秀少先队辅导员、沾化区优秀教师,现为广饶县第一实验小学教师。撰写的教育叙事《为孩子撑起一片蓝天》获《中国教育研究》杂志一等奖,"百佳"论文评选一等奖。

教育理念:师以德为本,心以爱为源;以真理教书,用真情育人,让每个孩子在快乐中学习,在学习中快乐。

从教十几年来,我感触最深的是学生的幼小的心灵。我最常用的方法是激励欣赏。无数的教学案例告诉我——激励欣赏是一剂医治心灵的良方。激励欣赏让我重新认识身边的每一个孩子。从他们身上我看到了希望,听到了他们内心深处的呼喊;激励欣赏让我的课堂变得生机勃勃,学生的精彩发言时时让我激动不已;激励欣赏使调皮的孩子显露聪明的触角,赏识让内秀的孩子大胆地说出自己的心里话。

我曾是一名差生。当我的小学老师得知我考上大学并成为老师时,只说了三个字:不简单!今天,我站在三尺讲台,面对一张张可爱的面孔,我告诫自己,他们中如我一样的大概不在少数,不要轻易下结论。优秀的孩子固然能博得老师的青睐,那些表现平平的孩子更需要我们的关怀。二十几年来,我是这样想的,也是这样做的。记得朋友问我:工作二十几年,你最大的收获是什么?我告诉她:"我收获了学生的爱。"走在路上,听到他们亲切地喊"张老师",我倍感欣慰。

我从一个差生成为一个优等生,与老师的关爱是分不开的。仍记得老师俯身问我哪里不明白并耐心讲解,那是我自迈进校门以来第一次得到老师的关注,我意识到老师眼里有我,我要学习,仅仅因为老师眼里有我。今天,每接手一批新生,我会告诉他们：我教的学生没有笨蛋，每个同学都有自己的优点和长处，只要付出就有收获。我把他们看成自己的孩子，用爱点亮他们小小的心灵，看着他们健康快乐地学习、成长是一件多么快乐的事情。

人世间最伟大的爱是母爱。在日常教学中，如果我们从一个母亲的角度看待问题，所有的问题就不再是问题，而只是孩子成长过程中的一个小插曲。人无完人，金无足赤。初涉世事的孩子更是如此。用母亲的眼光看孩子，我们会发现身边的每个孩子都有自己的闪光点，都有自己的长处：有的孩子虽然学习成绩差，但他劳动积极；有的孩子并不聪慧，但他刻苦努力地学习……没有一个孩子是所谓的“差生”，他们都有自己的特长。用母性的爱唤起孩子求知的欲望，用实际行动让孩子相信老师一直在关注他，细心聆听孩子心底的呼唤，倾听孩子心灵的呼喊，给孩子母亲般的爱，使每个孩子都感受到学习的快乐，使每个学生都有爱在身边的感觉。高尔基说过：“谁爱孩子，孩子就爱谁，只有爱孩子的人，他才可以教育学生。”孩子对老师的感情深浅取决于老师对孩子爱的多寡。在这些年的从教生涯中，我时刻注意用爱来拨动孩子的心弦，把爱无私地倾注给每一个孩子。“优等生”在班里是天之骄子，而“后进生”往往被忽视，而我多年的执教生涯中，我从没有忽略后进生，而是对他们付诸真情，用真挚的爱感化他们。

作为一名教师，学生取得好的学习成绩固然是每一个教师的殷切期望。学生来自不同的地区，家庭背景各不相同，性格各异。教师必须充分了解学生的内心世界，走进他们的心灵，知道他们的所思所想，才能在实际教学中采取相应的教学措施，因材施教。而赏识正是接近学生的一大法宝。在与学生的倾心交谈中，你会发现每一个孩子都有自己的小秘密。走近他们，了解他们，叩开他们的心扉，也许你的发现会使你大吃一惊：原来自己的课堂存在如此之多的问题，或者会惊叹：噢！原来学生这么喜欢自己。课余时间多和学生交流思想感情，和孩子打成一片，耐心倾听他们内心的秘密，我们就能根据他们的性格特点采取不同的教育方式，使他们感觉到老师很在乎他们的存在，老师尊重他们的意见，老师是他们无话不谈的朋友。即使是调皮的学生，他们也有自己的处事原则，他们也渴望得到教师的认可，受到教师的赏识，希望老师多看自己一眼。赏识可以拉近师生间的距离，可以帮助教师认识到自己在教学中的不足之处，以便在以后的教学实践中不断改进，使自己的课越来越出色，越来越吸引学生的注意力。孩子快乐地成长，我们的教育才更有意义。

学困生是最难“啃”的骨头之一，平时我为了提高教学质量，牺牲自己的休息时间为他们补课，我们必须承认，每个人内心深处都希望得到他人的肯定，学困生更是如此，让学生，特别是学困生感受成功的快乐，我们才会培养出真正全面发展的合格人才。

即使我们眼里最“坏”的孩子也需要他人的激励欣赏和肯定。由于各方面的原因，孩子身上有或多或少的缺点。作为一名教师，我主动和家长取得联系，学校、家庭携手为学生营造快乐学习的氛围，用真情呵护每一颗幼小的心灵，给他们自由发展的空间，倾听他们发自内心的呼喊，善于捕捉孩子身上微小的哪怕是微乎其微的闪光点，帮助孩子扬起前进的风帆，相信每一个孩子都是好孩子，让每个学生快乐地成长。给孩子一个空间，让他们自由发展，我们就是掌舵人；给孩子一个课题，让他们去探索，我们就是领路人。孩子的快乐就是我们的快乐，让校园充满孩子们的欢声笑语，让每一个孩子都成为快乐的成功者。

激励欣赏可以让学生畅所欲言，不再拘谨。学生敢想敢说，敢于与持不同意见的同学理论，这就是进步。激励欣赏使学生敢于挑战，敢于说不。我们不期望每一个学生都成才，但他们的心理都应得到健康发展。未来社会充满挑战，不敢面对现实的人就是失败者。赏识可以医治学生的心理创伤，使受伤的心灵重新焕发生命的活力。赏识可以帮助学生树立自信心，使他们看到自己的长处，在与同学的交往中不再感到自卑。赏识是学习的催化剂。老师对学生的激励欣赏也会使身边的学生去赏识同学，从而促进优良班风的形成。教师对学生的赏识是学生学习道路上的动力。激励欣赏还可以帮助学生克服学习过程中出现的困难，大胆推理，有不服输的气魄。教师如果能做到赏识所教的每一个学生，使每一个学生都感受到老师对他们的爱，他们就会全身心地投入学习，充满活力的课堂就这样形成了。

激励欣赏是爱的使者。性格迥异的学生们在课堂上的表现也各不相同。调皮的孩子固然活泼可爱，会时时给大家带来阵阵欢笑，滑稽的表演让大家忍俊不禁；性格内向的孩子不爱主动发言，但赏识可以改变孩子的表现。不要忘了：小学生正处于性格的形成期，他们的人生观尚未形成。一个鼓励的眼神，轻轻地拍一拍肩膀，一句温暖人心的话语……都能化解孩子心头的疑虑，使他们相信自己的决定，不再腼腆，大胆地说出自己的想法。在教学过程中我们经常遇到头脑聪明却不认真学习的学生，激励欣赏对他们来讲尤其重要。有些学困生长期生活在老师的余光中、同学遗忘的角落里，他们已经习惯默默无闻。教师应看到他们的优点，不失时机地对他们提出表扬。随着时间的推移，赏识会渐渐打开他们难以接近、几乎关闭的心灵，换来的是他们活泼可爱的笑脸，坚定的信心。张家萍是一个腼腆的小姑娘，学习成绩中下游。我告诉她只要敢说，英语就能学好。上课时我经常问：“家萍，你不想试一试吗？”她总是面含微笑低头不语。有一次，我注意到她举手了，虽然举得很低，我立刻请她回答。她刚回答完毕，刘浩马上站起来说：“老师，我认为你应该给张家萍一张浣熊贴画。虽然她答得不是很完整，但她比以前进步了。”张家萍的脸上洋溢着快乐。在后来的单元测试中，家萍每次都在90分以上。

激励欣赏是转化剂。在教学过程中我们经常遇到头脑聪明却不认真学习的学生。赏识对他们来讲尤其重要。因为长期生活在老师的余光里，同学遗忘的角落，他们已经习惯被别人遗忘，习惯于和他人、老师作对。教师应看到他们的优点，不失时机地对他们提出表扬。随着时间的推移，赏识会渐渐打开他们难以接近、几乎关闭的心灵，换来的是他们活泼可爱的笑脸，坚定的信心。事实证明，赏识能促进学生的健康成长。每一个孩子都是好孩子，只要你教法得当，每一个孩子都会令你刮目相看，都会令你大吃一惊。雪冬冬特别喜欢读书，脑子被各种情节填充，以至于上课时经常因为畅游自我的精神世界而走神。那天我教学生词，玩“开火车”游戏时，雪冬由于精力不集中错过了，小组成员怒目以视，雪冬委屈得快哭了。我说：“老师相信雪冬同学一定学会了我们本节课学习的知识，我们再给他们组一次机会好不好？看看是他们厉害，还是我们厉害？这次小插曲之后，雪冬上课认真了许多。孩子犯错是难免的，教师要有宽广的胸怀，容纳孩子的错误就是给孩子改正的机会。和风细雨的批评的效果远比愤怒好得多，孩子更易接受。

无数的教学实例说明激励欣赏是学生成长过程中必不可少的成分。激励欣赏可以使原本出色的学生更优异，使成绩平平的学生勇往直前，使成绩较差的学生感受到学习的乐趣，不再把学习当成一种苦差使，使调皮的学生找到发挥长处的机会，重新回到学习的轨道，使厌倦学习的孩子看到自己的长处，不再自卑。这么多年的教学生涯我总结最深的一点：杨柳吐绿是有春天的爱抚，种子萌发要有阳光滋润，可爱的孩子要健康成长，离不开老师的激励欣赏。

管理编

学校高度重视教师的专业成长，成立了以校长为组长，副校长为副组长，各中层领导为成员的领导小组。校长负总责，分管领导具体落实工作，各部门各自发挥职能作用，确立了制度导向、培训引领、实践内化的教师队伍培养模式，促进了教师队伍的专业成长和全面发展。

和润课堂：让和谐高效之花灿烂绽放

燕居丽，1970年2月出生，大学本科学历。山东省教学能手、山东省优秀教师、山东省远程研修课程专家、首届东营名师、东营市第一批特级教师、东营市语文学科带头人、东营市最美教师。省优质课一等奖，多篇论文、案例发表或获奖。承担省级课题研究4项，其中一项获省优秀科研成果一等奖。参与编写的《教师拓展阅读指导》一书由西藏人民出版社出版发行。

教育理念：教育，是最美好的相遇。

近年来，广饶县第一实验小学以实施“和润教育”为抓手，积极践行“和而不同，润泽人生”办学理念；以“和润教育”理念引领教学改革，精心打造“和润课堂”，创新形成富有学校特色的学科教学模式，为课程与教学改革提供实践支撑。

在理清和润课堂建构要义下变革教学流程

为使和润课堂取得实效，广饶县第一实验小学探索实践了“135”和润课堂教学导航。

“135”和润课堂教学导航的指导思想是：以建构“和谐、高效、圆融、灵动”的生态课堂为价值愿景，以生为本，以学定教，突出学生个性发展，实现师生和谐、生生和谐、教与学和谐，以和谐促发展，努力打造具有学校鲜明特色的和润课堂。

“135”和润课堂教学导航的理论支撑：1. 建构主义教学理论。该理论是由瑞士的皮亚杰(J. Piaget)最早提出的。建构主义认为，知识不是通过教师传授得到的，而是学习者在一定的情景即文化背景下，借助其他人（包括教师和学习伙伴）的帮助，利用必要的学习资料，通过意义建构的方式而获得。它提倡在教师指导下的以学习者为中心的学习。也就是说，既强调学习者的认知主体作用，又不可忽视教师的主导作用，教师是意义建构的帮助者、促进者，而不是知识的传授者、灌输者，学生是信息加工的主体，是意义的主动建构者，而不是外部刺激的被动接受者和被灌输的对象。

2. 元认知理论。元认知是认知主体对认知活动的自我意识和自我监控。它由元认知知识，元认知体验，元认知监控组成，元认知知识是学习成功的前提，是促使学生从“学会”到“会学”的关键。元认知体验是将教材的知识结构转化为学生的认知结构，强化学生的认知活动和自我意识，自我体验，使学生从意识到行为都实现主体化，有利于确保学生的主体地位。元认知监控是认知主体主动控制自己的认知活动，灵活地选择学习策略。

3. 多元智能理论。加德纳的多元智能理论是以多维度的、全面的、发展的眼光来评价学生。加德纳认为，每一个孩子都是一个潜在的天才儿童，他强调了因材施教和树立正确的学生观。

4. 最近发展区理论。最近发展区理论是由苏联教育家维果茨基提出的儿童教育发展观。他认为学生的发展有两种水平：一种是学生的现有水平，指独立活动时所能达到的解决问题的水平；另一种是学生可能的发展水平，也就是通过教学所获得的潜力。两者之间的差异就是最近发展区。教学应着眼于学生的最近发展区，为学生提供带有难度的内容，调动学生的积极性，让学生发挥其潜能，超越其最近发展区而达到下一发展阶段的水平，然后在此基础上进行下一个发展区的发展。

“135”和润课堂教学导航的内涵，即“1 准”：基于课程标准的教学。“3 润”：润教—和爱引导；润学—和顺自主；润效—和谐有度。“5 环节”：1 前置学习，个体感知→2 目标定向，自主探究→3 质疑问难，合作交流→4 精讲点拨，释疑解惑→5 巩固检测，拓展升华。

在刚性要求中明晰和润课堂实施路径

一是强化教师“三没三不”意识，即没有学生的认真自学，不新授；没有学生充分独立的思考，不交流；没有发现学生的学习思维障碍，不讲解。二是强调教师做到“三个必须”，即必须引导学生习得自主、合作、探究式学习方式，历练形成独立思考、结伴学习、共同提高的能力；必须适时进行赏识激励，善于发现学生的“亮点”，用赏识的眼光对待每一位学生；必须注意合理分配课堂时间，把教师讲解、学生自主学习、交流展示、练习巩固时间合理分配，并作为课堂评价的重要指标。三是学习习惯培养做到“三学会三养成”，即学会主动自学，养成利用课本和相关资料完成课前预习的习惯；学会独立思考，养成主动发现问题、提出问题、分析问题和解决问题的习惯；学会交往合作，养成积极参与课堂讨论，认真倾听老师和同学意见，准确表达自己观点的习惯。

在“四课”磨砺展示中提升和润课堂建设品质

一是名师上“示范课”。我们学校有市县名师 12 人，学期初每位名师各上一节“示范”课，学科教师集中观课议课，认真品味名师课堂践行新课改要求、引领学生自主高效学习、彰显课堂“和润”理念的行为表征，为后续“和润课堂”研究与实践提供示范引领。二是骨干教师上“研究课”。由各教研组集体备课，骨干教师执讲研究课，全体教师观摩，并邀请市县教研室专家到校现场指导。通过“备—说—讲—评—改”五步教研模式，确定本学期学科“和润课堂”研究方向、突破重点和模式创新。三是备课组长上“立标课”。学校组织备课组长执教“立标课”，先是同学科教师集中跟听立标课，然后不同学科之间互相听课，聚焦于学生课堂表现与“三维目标”达成状况，彼此诊断，相互研磋，共同参悟“和润课堂”操作要旨，明确今后努力方向。四是教师上“达标课”。由教改专家指导小组依据和润课堂评价标准，对科任教师的“达标课”进行考察验收。验收没有通过的，按要求备课、磨课后再行操作，直至达标。学校通过“组织学习—树立典型—学校验收”教学管理形式，进一步固化了“和润课堂”教改精神，强化了教改理念和行动。

在聚力研究与实践中强化和润课堂本真特色

一是注重引爆集体备课磨课效力，努力放大团队影响力。为此，实施了“3452 工作策略”。3 即“三研究”，研究课标、研究教材、研究学生；4 为“四定”，定时间、定地点、定内容、定中心发言人;5是“五统一”,统一教学目标、统一教学内容及重难点、统一教法学法、统一教学进度、统一达标练习(含测试);2是“两提倡”,提倡多样化的集体议课形式、提倡多写教学一体施教方案。二是改革考核机制和方式,实行同级部同专业一体化考核,加强团队合作意识,变看重个人教学成绩为看重年级备课组整体绩效;充分发挥集体智慧,凝聚教学合力,提高教师研究实践“和润课堂”的幸福指数,积极开展“合作派位式”团队精品课实践探索。

我觉得打造“和润课堂”最成功的校本研修形式就是团队精品课。我们的团队精品课从2003年到现在已经走过了16年的历程。从组内教学能手执教到青年教师展示;从一人执教到人人能讲;从无主题的研讨到小课题行动研究突出教研主题的研讨……它带给了我们太多的感动,每次团队赛课都是我们的节日。在开展团队精品课活动的日子里,中午、黄昏,放学后,楼道里、校园里、教室、办公室,随时随处都能看到老师们三五成群研讨的身影,大家忘记了时间,忘记了回家;有的老师在赛课前的夜晚,彻夜难眠;有的教研组长为了评课时让组内的老师发挥到最好,在家里把串联词一遍遍录音,一遍遍修订;难忘评课现场老师们激烈的争论。听到其他小组成员对自己组的评价后,有的老师站起来说:“我不同意,课标中说……”这是智慧火花的碰撞。还有很多老师回忆起共同奋斗的日子,几度哽咽,说不下去。这是激动的泪水、幸福的泪水。

地校课程组张丽美老师说:“我们整个团队的每位成员都亲历了全过程,就是这一节课,赵萌无数次地请教吕剧团的专业人士,请教精通吕剧的学生家长,请教教研室的宋友林老师,我们学校的燕校长;请王国华老师、纪道成老师帮助剪辑视频、制作课件。记不清有多少次,下班后给我打来电话商量思路,研讨某个教学环节的改动。记不清有多少个晚上,赵萌躺在床上辗转难眠,满脑子都在思考这堂精品课。办公室、教室里、录像室,甚至走廊里、楼梯上都留下了我们团队老师集体研讨,用心备课,精心磨课的身影。”

这样的活动,把整个团队凝聚在一起。语文学科组赵秀花老师动情地说:“整整4周的时间,整个教研组的老师们被捆到了一起,在此过程中,个体的行为变成了群体的行为,工作方式由封闭走向了开放,经过磨课,我们所有成员的心靠得更紧了,集体凝聚力更强了,幸福指数更高了。”

青年教师就是在这样的磨练中成长起来的。青年教师王新辉动情地说:“生活在一小这个大家庭里，最常感受到的就是集体的温暖。从师徒结对，到青年教师讲课比赛；从学校团队精品课，到省、市、县各个级别的优质课、公开课，每次有讲课任务，绝不用担心会单打独斗，因为我背后有一个优秀的集体，坚实的后盾。还记得今年春天，我接到讲课任务，参加城乡交流课。三年级数学组老师全体备战、积极参与，与我共同研究教材、制定教学目标。燕校长及全体数学组老师在紧张忙碌的上课之余，不顾个人劳累，不厌其烦地听课评课，毫无保留地提出宝贵意见。最后这堂集大家智慧于一体的精品课“解决问题”获得了领导及同行的认可，被推荐参加第十九届全国教育信息化大奖赛。我的不断成长及成绩的取得固然有我自己的努力，也凝聚了一小数学团队的智慧，更有燕校长为青年教师的全心付出与栽培！时至今日我的脑海中还经常浮现出老师们跟我讲解那一课教学思路的场景，依然觉得特别温暖。正是这一次次讲课的磨砺，让我在教学上逐渐成熟，正是这家庭的温暖让我的人生不断快乐前行！”

去年，我们又赋予了团队精品课新的内涵——“合作派位式”团队精品课。具体做法：首先，教研组成员深入学习课标，确定研讨主题；之后，组内成员人人进行个性化备课。其次，集体备课。在个人充分备课的基础上形成组内最佳教学设计；抽签派位组内磨课，团队成员各有分工，参与课件制作、说课、评课。第三，我评我课。对集体打磨的课进行录制，自我观察、修订完善。第四，各学科组按照学校安排进行课堂教学展示、团队反思研讨；团队成员人人发言，结合“和润课堂”评价标准，提出教学改进建议。

我们无法估量这种研讨的力量，只觉得二年级数学组聂卫红团队很好地诠释了合作派位式团队精品课的意义，达到了预期的目的。他们团队执教公开课的刘萍老师去滨州观摩数学优质课，他们团队的精品课要延期举行。此时此刻，聂卫红老师站出来：“刘萍老师不在家，我们团队的课我来上！”聂老师带着集体的智慧、团队的成果给大家奉献了一节精彩的数学课。经过这样的打磨，谁都可以上得精彩！

我们一起随着蒋云霞团队去经历磨课的过程，感受打造“和润课堂”教研路上的美丽风景。

教研，我们永远在路上

合作派位式团队精品课活动圆满结束了，在这次活动中，我们不仅经历了艰苦的磨课、反复的试讲、录像，还经历了评课、反思等各方面的考验，可以说这次团队精品课活动，是对我们每位教师课堂教学能力的全方位检阅，也是对我们每个人教学能力的深层挖掘。活动虽然已降下了帷幕，但在精品课准备过程中的种种感受以及在展示中呈现的精彩场面至今让我记忆犹新。

一、教研主题的确定

在以往的低年级识字教学中，我们都是沿袭固有的路子：初读课文后，再集中识字，集中认读，集中组词，最后集中写字。今年，学校提出了要积极探索随文分散识字的教学方法，这样的识字教学遵循了学生的认知规律，更有趣味性，可是具体到我们的教学实践中，总觉得这样打乱了阅读教学的完整性，使阅读教学变得零零散散，字识不好，阅读教学也缺乏系统性。基于以上问题的思考，我们觉得把本次教研主题确定为：如何在阅读与识字中找到最佳契合点，有效落实随文识字。

二、围绕教研主题的磨课

我们按照学校对本次团队精品课的要求，结合教学进度，经过研讨我们选择了人教版课程标准二年级上册第22课《窗前的气球》一课作为教例，全体教师认真学习课改精神，研究教材，每位教师先挖掘自己的潜力，深入解读文本，独立构思教学设计。

12月2日，在个人深入解读文本的基础上，我们进行了第一次集体备课研讨，在备课中，大家就各自对本文的认识与解读交流了看法，分析了教材特点，研究了学生情况，最后确定了一致的教学目标。但对一些教学环节尚存在争议，矛盾焦点主要集中在哪个环节进行写字教学才合适。通过本次研讨，形成了“窗前的气球”的第一个集体教学设计。12月5日上午第三节课，窦老师在二年级一班教室进行了第一次试讲。试讲后，窦老师详细地介绍了自己上课的感受，大家在一起交流了听课后的思考。如何随文识字，又不至于破坏阅读教学的完整性，是试教者和听课的人都非常关注的。我们八位语文教师对照课程标准，结合二年级本学期教学目标查找不足。

在这以后的一个多星期里，我们结合窦老师的教学风格和特点，反复研究教材，琢磨教法并达成共识：《语文课程标准》强调，低年级语文教学应注重识字、朗读，同时还要“让学生喜爱阅读，享受阅读的乐趣。”《窗前的气球》是一篇感人至深的关于爱的故事，因此，教学中应突出以读为主，以读促思的方法，调动学生主动参与，积极思考发现。加上二年级学生年龄小，注意力不能长时间集中等特点，一定要运用多种识字方法，来激发学生识字兴趣，通过各种手段，来巩固识字效果。在这一基本教学思路的指导下，我们多次研讨，先后又进行了六次试讲磨课。12月10日，窦老师在学校录播室完成录制，我们和窦老师一起对视频课反复品味，甚至连课上窦老师的每一句话说得是否合适都进行了研究。12月16日，在学校领导的关心支持下，在各学科教师的密切配合下，我们的精品课终于呈现在了大家面前。这是历经8次磨课后的展示。

三、教研带来的收获

（一）欣喜与感动

每一次活动结束的时候，总会留给我们几分欣喜，几分感动，几分思索。首先是欣喜，欣喜于青年教师的茁壮成长；欣喜于年级组浓浓的教研氛围，以及由一次活动折射出的淳厚的友情；欣喜于我们万众一心取得了丰硕的成果，我们用整体的努力加实力，赢得了领导和老师们的赞许。二是感动，感动于老师们一丝不苟、精益求精的敬业精神。特别是窦老师，有多少次，下班了，她还在办公室一句话一句话地修改，一个动作一个眼神地在揣摩、在完善；有多少次，她为了一句话，一个语气，不断地请教；我们都被她积极上进的愿望、谦逊好学的态度和严于律己的品行感动着，这不也是一种精品的展示吗?！三是思索。欣喜露在脸上，感动藏在心里，而思索，都应该长存在我们的记忆中，永远指引我们今后的旅途。

（二）收获与提高

在对随文识字教学进行的研讨和交流中，我们也有了新的体会。首先是观念上的更新：随文阅读识字意在将识字与阅读结合在一起，赋予识字教学双重目的：第一，在阅读中识记汉字；第二，通过识字帮助阅读，二者不可偏废。随文识字，生字随课文出现，边识字边阅读，识字阅读两不误。通过学习有关文章和教学实践，我们总结出随文识字课堂教学三个阶段：1、寓识于读，即：在随文识字中，要注意通过朗读，读通全篇的文字，然后结合汉语拼音，进一步确定字音，再通过朗读来巩固字音。2、寓解于读。汉字的表义性，决定字义教学的实质是词义教学。寓理解字义于语意之中，通过与词句的联系，理解生字(词)的意义。3、观察临写。随文识字中一个相对集中的识字，目的在于巩固识字成果。“寓识于读、寓解于读、观察临写”既扫清了阅读道路上的“拦路虎”，又借助汉语拼音这个“拐棍”及朗读掌握了生字，理解了字(词)义，还通过老师的提醒、示范、指导强化了写字训练，可以说是立体识字。

在教学《窗前的气球》中，我们这样落实随文识字：

1. 初读课文，找出生字，借助拼音，同学相互教读，多次复现，读准生字。在这个环节中，要发挥学生的主体作用。学生尝试读文在先，然后，教师根据学生的读文情况，选择范读或学生之间纠读。在学生读生字时，要注意感知字形，初步建立生字的表象。

2. 精读课文，结合语言环境，直观演示，理解字义。当学生把课文读通顺以后，要让学生了解课文内容，读懂每句话的意思，这时，要引导学生结合语言环境或生活实践理解生字新词。要注意区分学会和会认两类字。教师重点引导学生在语言环境中理解应学会的字，而会认的字不要做过高的要求，只是感悟就可以了，若换个环境也认识就达到要求。要求学会的字，不仅要理解这些字在本句中的含义，也可扩展延伸，如借字组词，扩展造句等。这个环节，理解字义是重点，因此，要采取多种教学方法，帮助学生理解。如，根据文字的结构特点，帮助学生理解。借助字典，帮助学生理解。借助直观的事物，帮助学生理解。联系生活，帮助学生理解。联系上下文帮助学生理解。同时要注意音形义的联系。在此环节中可适时采取多种形式，增强识字的趣味性。在识字的过程中，要适时对学生进行点拨，帮助学生记忆字形。可利用汉字本身的规律，借助形象化、趣味化的教学手段，调动学生在观察、联想、比较、思考、游戏中生动愉快地识字。如：实物演示：适时直观的物体演示，会给学生留下鲜明生动的形象。或者通过形体演示让学生运用肢体动作生动活泼地记忆生字等。

3. 指导学生有重点地记忆书写汉字。

分析字形，指导写字，是针对随文识字“忽略汉字本身的构字规律和科学系统，对识字的难点字形的理解、认知、记忆缺乏科学性”的问题而为。记忆字形是低年级教学的难点，我们可采用结构记忆法、笔画笔顺记忆法、联想记忆法、字谜记忆法、直观记忆法等。而最好的方式是让学生自我讨论,学生的自我发现要比教师教好得多。写字教学要认认真真地指导,扎扎实实地训练。二年级学生还没有养成良好的写字习惯,所以,教师必须加强指导,可以这样进行:先让学生读一读田字格里的生字,要让学生注意观察生字的结构,想一想笔顺,数一数笔画,特别注意笔画在田字格里的位置,然后让学生说一说怎么写。教师根据学生的汇报,纠正、讲解、范写。

以上只是我们在本次团队精品课磨课过程中关于随文识字教学的一点体会,今后,我们还将继续探索学生的认知特点和学习规律,相信我们从中会找到更有效的随文识字途径。

(三)困惑与不足

在本次活动过程当中,有时我们八位语文教师的意见并不十分一致,一直到现在还有许多问题困扰着我们,我们非常渴望得到同行和专家领导的指导。

1. 随着教育观念的不断更新,我们已经清楚地认识和感受到,识字教学和阅读教学是不可能完全割裂开来的,二者的融合会更有利于促进学生的学习发展。面对一篇课文,我们既要考虑识字,还要考虑学文。但是我们教学的时间是有限度的,那么怎样合理分配课程资源,向课堂的40分钟要质量呢?尤其是在我校大班额的情况下,怎样了解到每一个孩子的掌握情况,一直是我们在教研中的困惑。

2. 怎样落实自主、探究、合作的学习方式?鼓励学生自主、合作、探究地学习常常不好操作,流于形式,缺乏在个体独立思考基础上的真正合作,在课堂中只有少部分同学能参与,其他同学仍是被动的,没有表现的机会。有的学生合作学习时,不会倾听,不会合作。合作学习成了许多教师落实新课标、新理念的一种装饰。

本次活动中还是存在许多的不足:

1. 对于新的教学理念,我们还缺乏完整的、系统的认识,静心读书研读教学理论的时间较少,所以在磨课过程中,缺乏理论的引领,听评课往往还上升不到理论的高度。

2. 听课教师有时过于追求所谓课堂教学中的亮点和出彩,而脱离了学生的学情,忽视了执教者个人的素质和个性化的教学设计。而执教者为了体现参与磨课的教师的设计意图,而忽视了学生才是课堂教学的主人,忽视了课堂教学是一种生成而不是一种预设,因而执教者在一定意义上展示的不是自我,而是大家。

活动结束了,但我们的思索却未停止。因为,教研,我们永远在路上。

经过近几年的探索和实践,我校教学模式可谓百花齐放。如语文学科低年级的随文分散识字,中高年级的生活作文、阅读教学中找准语言文字训练点进行读写结合训练,"自主预习清单"、写字教学研究;中高年级数学学科的"翻转课堂"和"生活数学情境教学法";音乐教学中的"地方戏曲进课堂"教学模式;"自主—合作"型和谐高效教学法,这一教学模法在东营市第三届创新教学法评选中获三等奖,这也是广饶县唯一教学法获奖的单位,真正实现了"和而不同、润泽人生"的育人理念,初步形成了具有学校特色、教师个性的课堂教学模式。

附课例(山东省部编本教材高端备课研讨会公开课):

部编本义务教育教科书语文一年级上册

《秋天》教学实录及评析

一、对话秋天,导入新课

师:同学们,前几天老师让你们和爸爸、妈妈去找找秋天,你们把秋天带来了吗?

(学生纷纷展示各自采集或制作的具有秋天特色的树叶、水果等实物、图画、照片等,并作简要介绍)

师:谢谢你们的分享。燕老师也找到了秋天,愿和大家分享。(播放课件,教师在音乐声中动情描述画面)田野里,庄稼熟了;果园里,果实成熟了……再看我们的校园里,梧桐的叶子变黄了,秋风一吹,一片片叶子从树上慢慢飘落下来,像一只只蝴蝶在空中翩翩起舞。天气凉了,同学们换上了秋季的校服。

【点评:布置"找秋天"和观看与课文内容相关的课件,是让学生带着对秋天的直观感受进入语文学习,有意识地建立语文学习与实际生活体验的联系。】

师:同学们,秋天来了!今天,我们就一起学习一篇题目叫《秋天》的课文。请伸出你的右手食指，随老师一起来写课题。同学们注意，“秋”是我们要认识的一个生字，大家看仔细。我们一起读读课题。

二、学习朗读，读通读顺

师：同学们听清老师的要求，请大家自己先出声读一遍课文。这是你们第一次读课文，遇到不认识的字要借助拼音拼一拼。谁要是一字不错地读下来，你就是最棒的。

（生自读课文）

师：老师听到了大家响亮的读书声。下面请仔细听老师读课文，注意刚才你是不是把每个字音都读准了。

师：请同桌两人你读给我听，我读给你听。有读不准的地方，就互相帮助(学生同桌两人一起读得很起劲，教师巡视，重点指导读通顺)

【点评：学生自己借助拼音读课文，既是一种学习读课文的方法，同时也巩固了刚学过的汉语拼音。教师示范后，同桌互助练读，达到读通顺的要求。】

师：(课件出示课文)请看大屏幕，课文是由一段一段文字组成的。像这样前面开头空两格开始写，句号后面还有空格但不接着写了，再写的时候又另起一行空两格，这就叫一个自然段。我在它前面标上 1。(课件出示课文全文，每个自然段前面两个红色的方格，在每个自然段前面标出自然段序号)像老师这样把自然段序号标在课本上。

【点评：这是学生入学后接触的第一篇课文。通过课件演示、教师讲解等方法使学生非常直观地认识自然段，了解最基本的语文知识。】

三、细读课文，随文识字

师：(课件出示第 1 自然段)谁来读一读第 1 自然段？

生 1：(一生读，停顿恰当，读得很流利)

师：你把每个字音都读正确了，声音真好听！还有谁想来读？

生 2：(生读得正确流利，声音小)

师：你读得也很棒！如果声音再大些，就更好了。

师：现在屏幕中变红的字是这个自然段中要求我们认识的生字，你可要看仔细哟。自己练习着读一读。(生自己练读，师巡视指导)

师：我请一位同学单独来读一读。(生读，师评价指导)

【点评：第1自然段自由练读、指名读、生字变红后再读，多次的整体朗读，在语境中识记生字，读准字音。】

师：你们不仅字音读得准，还注意了停顿，老师把它作为奖励你们的礼物（出示黄色的树叶）。快读读树叶上的词语吧。（生大声齐读“树叶”）

师：（出示字卡“叶”）我把它单独拿出来，你还认识吗？（生齐读）谁知道这个字由几部分组成？

生：由两部分组成，左边一个“口”，右边一个“十”。

师：这个同学左右分得很清楚。左边这个口在这里叫“口字旁”，跟着我读“口字旁”。（生齐读）

师：（出示字卡“树”）这个字里也藏着我们要认识的一个偏旁，谁知道？

生：我知道，是“木”。

师：咱们学的“木”字，捺变成“点”就成木字旁了。跟我读。（生大声齐读“木字旁”）带木字旁的字都和树木有关系。

师：（出示带有“树”“叶”的树叶状卡片）“树”和“叶”这两个好朋友挨在一起，就组成了一个词——树叶。

师：（出示“一片”树叶形词卡）燕老师手里拿着一片树叶。谁认识这个词？（生齐读“一片”）在第一自然段里有一个词说的是有很多很多片树叶，快找找是哪个词？

生：一片片。

师：找得非常正确。同学们一起读读这个词。（师引导反复读）谁再来读一读这一句话呀？

【点评：结合“树”“叶”的教学，认识了本课要求认识的两个偏旁，体现了音形义结合；引导学生结合课文语境建立“一片”与“一片片”的联系，这就是语言的建构，为更好地运用做准备。】

（先后2生读：天气凉了，树叶黄了，一片片叶子从树上落下来。）

师：听你们的朗读，我好像看到眼前有很多片黄叶子从树上落下来了。听老师来读一读。（师注意了停顿，突出了重音）谁来评一评我读得怎么样？

生：听了老师读，我也好像真的看到一片片叶子慢慢从树上飘落下来。

师：老师在读的时候，头脑中出现了这样的画面（课件出示秋天树叶飘落的画面）

想象着这样的画面自己出声练习着读一读这句话。(生练读)

师:(惊喜地)这位同学读的时候还加上了动作。作为奖励,老师给她配上音乐。(配乐读)

【点评:引导学生通过借助关键词语一边读一边想象画面的方法,感受语言文字所表现的形象美,学习感情朗读课文。】

师:同学们读这一自然段读出了秋天的味道。下面请把你桌洞里的小魔方拿出来我们玩一个游戏。听清老师的要求:上抛魔方,它落到桌面上时,你就把朝上的那个字读出来。同桌两人看谁读得又准又快。(魔方上粘着刚才认识的六个生字。同学们开心地做起了识字游戏,师参与到游戏中。)

【点评:根据儿童爱新异、注意力不能持久等心理特点,采用玩魔方游戏的方法,巩固识字,同时检验离开语境后的掌握情况。】

师:(课件出示第2自然段)请看这一自然段,谁想来读一读?(一生读)

师:(课件出示:一群大雁往南飞,一会儿排成个"人"字,一会儿排成个"一"字。)谁来把这句话读给大家听?

师:(一生读)这么长的一句话你都能正确、流利地读下来,表扬你。在这段话里,有个"调皮字宝宝"反复出现,看看它是谁?(生齐声回答"一")

师:(课件出示"一片片""一会儿""一群大雁")谁来读读?(相机指导"一会儿"的读音,并反复练习读"一会儿")请大家仔细观察"一"的读音,你发现了什么?

生:声调不一样。它有时候读一声,有时候读二声,还有四声。

师:在以后的学习中,我们会经常见到"一"这个调皮善变的"字宝宝",你就知道他的脾气了。在这里读音发生了变化,读起来就更有趣啦!看大屏幕上"一"的声调变化的动画,大家一起读这一段话。(全班齐读、个人练读)

【点评:"一"的变调是本课的教学难点。教师借助多媒体将变化的调号变成动画,用"你发现了什么"的形式引导学生观察,感受"一"字声调的变化,体现课后题的要求。】

师:(课件出示3只大雁,每只大雁后面藏着认识的生字词。)大雁飞来了,你可要看好了!(一只大雁飞走,大屏幕上出现"一群大雁"这个词语)请同学们快速读出来。

生:一群大雁。

师：(边放动画边读)刚才这只大雁飞得好快，看这只呢？

生：(一只大雁飞走，大屏幕上出现“一会儿”这个词语)一会儿。

师：大雁在这么短的时间就飞走了，表示很短的时间就是“一会儿”。谁再来读？

(多名学生反复读)

师：(一只大雁飞走，大屏幕上出现“飞”字)这个字读什么？

生齐：飞。

师：(出示“飞”字的演变)后来人们看到鸟儿展翅飞翔的样子就把它给画下来，变成了现在的“飞”。再来读读这个字(生读)。

师：(课件出示：一群大雁往南飞，一会儿排成个“人”字，一会儿排成个“一”字。“一会儿”变红。)多有趣呀！谁来读读？

(生读。教师主要抓住“一会儿”评价指导这个长句子的朗读，直到学生读好。)

师：(出示大雁南飞视频，师生表演)我们就是一群南飞的大雁，老师是领头的那只。来，同学们，飞起来，飞起来，我可不许一只大雁掉队哟。(全体学生离开座位，在老师这只“领头雁”的引领下，一会儿排成个“人”字，一会儿排成个“一”字。教室里传出欢快的笑声。)

【点评：在“大雁飞飞飞”的游戏中，巩固了字音，理解了“一会儿”的意思。采用字理识字的方法借助多媒体学习“飞”字，生动有趣。】

师：现在我们把这两段连起来读一读。(生齐读)

师：(在悠扬的音乐声中出示课文插图中的画面)看到这样的画面，你想说什么？

生1：(情不自禁)好美呀！

生2：我一定和爸爸妈妈去秋游！

师：(课件出示课文第3自然段：啊！秋天来了！)带着你的感受，读读这句话。

师：(大屏幕上在音乐声中全文3个自然段的文字以段为单位依次出现)孩子们，我们一起来尽情地读读全篇课文吧，能背诵的就背诵。

【点评：教学过程中落实了“借助读物中的图画阅读”的要求，练习感情朗读，培养学生初步的审美意识。】

四、巩固字音，指导写字

师：(出示字卡“会”)还认识它吗？(生齐读“会”)刚才我们认识了木字旁、口字旁，这个“会”字里也藏着一个要认识的偏旁呢。

生：人。

师：人写在上面叫“人字头”。谁有办法记住“会”这个字？

生：“云”字上面加一个“人”就是会。

师：你运用了熟字加偏旁的方法。

师：（课件出示学校会议室门牌“第一会议室”）这是咱们学校的第一会议室，老师经常在这里开会呢。再来读读这个字。

【点评：引导学生借助生活环境识字。】

师：（课件出示苹果树，每个苹果上有本课识记的一个生字，共10个生字）老师再领着你们到果园里找秋天吧。苹果上的字你要是读正确了，这个苹果就是秋天送给你的礼物。（学生认读兴趣高涨。）

师：（课件出示“人、大”2字）这里有两个字是要求会写的。先看看这个“人”字，谁有办法把它写好？

生：撇要从竖中线起笔。

师：一笔撇，从竖中线起笔。捺要写舒展，撇捺的落脚点在一条线上。在你的课本上描两个写一个。（生写，师巡视，提示坐姿和执笔姿势。然后投影展示、评价、改写）

师：“大”和“人”有什么不同？“大”就是站立的“人”（老师正对学生，双臂伸展做象形动作）。第一笔写横，稍微往上斜，这个字就稳了。第二笔是竖撇，捺要写舒展。请大家描两遍写一遍。

【点评：按《课标》中的要求指导一年级学生写字，引导学生掌握汉字的基本笔画，注意笔顺规则和间架结构，初步感受汉字的形体美。】

师：同学们，这节课我们从飘落的树叶，高而蓝的天空，南飞的大雁，（把图画依次张贴在黑板上）知道秋天来了，这是一个多么美丽的季节啊！再一起把课文美美地读一遍吧。

师：课后请同学们继续去大自然中找秋天，把你新的发现画下来也贴在这里，让我们一起装扮美丽的秋天。

【点评：激发学生对大自然的热爱之情，引导语文学习从课内走向课外。】

总评：

燕老师执教《秋天》一课，是部编本小学语文一年级上册学完拼音后要学的第一篇课文。教师紧扣《课标》对低年级段阅读教学的要求，扎扎实实地进行教学，努力实现“识好字、读好文”的教学目标。这篇课文的教学具有以下特点：

一、多法并用读好文。根据学生实际，教学过程中采用了借助拼音自读、教师范读、同桌互读等组织形式，使学生在反复读课文的过程中学习基本的朗读方法。并通过配乐读、联系生活经验想象画面读、看画面表演读等多种一年级学生喜闻乐见的方式，调动学生的读书热情，把课文读通读顺，直至能熟读成诵，在轻松愉快的氛围中，感受语言文字描绘的美景。

二、利于语境识好字。识字是低年级段语文教学的一项重点任务。为了更好地实现发展语言和发展思维的结合，燕老师主要采用利用语境随文识字的策略（期间也插入了字理识字、听读识字、生活识字等多种具体的识字方法），进行识字教学以及词语教学，整篇课文体现了“字不离词、词不离句、句不离文”的教学思路，取得了很好的识字效果。

三、立足学情打基础。本课的教学，立足学情，利用课文的学习，使学生了解偏旁、自然段等基本的语文知识，获得最基本的识字、写字、朗读等语文学习技能，建构语言，积累语言，发展思维，获得初步的审美体验，为学生语文素养的形成奠定良好的基础。

（执教：燕居丽　评析：东营市教育科学研究院　孙传文）

信息技术支持下的教师专业发展初探

马仁厚，1970年7月生，大学学历。有多篇论文公开发表。先后被评为“广饶名师”、“东营市教学能手”、“东营市青年骨干教师重点培养对象优秀指导老师”、“山东省优秀电化教学研究人员”。

教育理念：只有爱才能浇灌教育之树。

2008年3月28日教育部等五个部委办联合印发《教师教育振兴行动计划(2018—2022年)》，其中在教师培养培训方面，将启动实施“互联网+教师教育”创新行动。教育部2018年4月13日印发了《教育信息化2.0行动计划》，通过实施计划，到2022年基本实现“三全两高一大”的发展目标。“两高”：即信息化应用水平和师生信息素养普遍提高。其中第七部分智慧教育创新发展行动中的“构建智慧学习支持环境”提出“加强智慧学习的理论研究与顶层设计，推进技术开发与实践应用，提高人才培养质量”。大力推进智慧教育，开展以学习者为中心的智能化教学环境建设，推动人工智能在教育教学等方面的应用，利用信息技术加快推动人才培养模式、教法改革，探索教育教学新环境建设与应用模式。这些都对教师专业素养提出了更高的要求。在工作实际中，教师培训、教学过程、教学管理、教学评价等方面都直接影响着教师专业的发展。本文着重从现在教师专业及其培训现状入手，分析现代信息技术条件下如何促进教师专业发展。

一、教师专业及其培训的现状

现代教育技术日新月异，教育改革深度广度前所未有，教师专业素质及专业发展已不能满足现代化教育需求。

（一）教师专业现状

1. 教师缺乏适应现代信息技术教育环境的相关知识。小学教师存在着相当大比例的老教师，这部分教师一是在上学期间并未接受过现代信息技术教育。二是年龄偏大接受能力相对偏弱，日常交流培训学习机会也是“僧多粥少”，虽然在以后的工作过程中也掌握了一定的信息技术，但远不能满足现代教育对一名教师的要求。

2. 教师进取心、学习和创新意识不强。年龄较大的教师存在还能跟得上的心理，有再熬几年就退休了的想法，不想多“费劲”。年轻的教师感觉自己学历高，在学校里学过信息技术类的课程，能胜任工作，对于自己的人生发展目标缺乏设计，比如经过努力什么时间节点获得“教学能手”、“学科带头人”，乃至“名师”等等。还有一部分教师，甚至是学校的中坚力量，他们从思想根底里认为自己现在使用的这套传统的教学方法，相较而言效果不错，使用起来得心应手，没有必要再费劲学习探究另外一套效果未知的新的教学方式方法。大多数教师虽然能够使用信息技术进行教学，但技术应用层次低，应用场景层次浅，设备及资源的利用方式单一，缺少使用模式的创新，信息技术对教育应有的巨大促进作用远未显现。教师严重缺乏学习意识及创新意识。

3. 现在有些学校班额过大，班级管理难度大，教学任务重，加上非教学活动多，导致教师们身心疲惫，缺乏学习创新的时间和精力，在一定程度上阻障了他们的专业发展。

4. 改革创新存在的风险也会使教师望而却步。家长和社会甚至教育主管部门对一名教师或者对一所学校的评价，往往以“教学成绩”“一白遮百丑”。学校层面，一般也迫于上述原因不愿为个别教师的改革承担未知风险，表现在考核制度上就难以激发教师专业发展的热情。现有教师考核赋分办法虽然表面上被分成几大块，但教师考核几乎无一例外地由学生学习成绩以及与学生学习成绩相关部分的赋分所决定。为此教师也不愿意学习和采用新教育技术，课堂上大多还是以自己的教学经验实施教学。

（二）教师教研培训的现状

现在教师教研培训一般带有行政性质，主要有如下形式：

1. 最常见的是校本教研，以本校同学科为单位，实行“四定”教研，即定时间、定地点、定主讲人员、定课题。它是主要根据本校实际情况，依托本校的教师等教育资源，为提高本校教师教育教学水平而实施的一种教研培训方式。这种方式的优点是成本低，易组织、针对性强。缺点是资源少，教研水平不高，一般定期每周一次，天长日久，教师易产生倦怠情绪而影响教研效果。

2. 区域教研培训。以县区市甚至省为单位，由教研部门组织同一学科教师研讨或专题研训，或者几校联合以同课异构方式进行学科研讨。这种形式一般由教研部门的教研员或相关专家参与指导，水平较高，但组织繁琐，对学校正常教学秩序影响较大，路途较远，耗费的时间精力和费用较大，且受场地等因素限制，难于全员覆盖，不便经常开展。另外此种方式较适用于通识性教研培训，无法满足不同教师的个性化需求，不能很好地帮助教师解决教学中遇到的个性化实际问题。

3. 名师工作室或导师帮带的培训形式。课题研究也属此类。这种方式一般由指定的名师或导师指导指定帮带教师对象，或由课题负责人带领特定的人员对教育教学中某一问题进行探讨，并试图找到解决方法或总结相关规律用以指导教育教学，主要适用于对部分骨干教师或青年教师的培养。这种方式针对性强，易于组织，但直接受益人群限制大，大多只起到拔尖作用。

4. 依托高校丰富优质的教育资源对教师实施培训。一般是学校利用寒暑假，直接入驻高校或外聘高校及相关专家到校进行培训。此类培训，一般以学校为单位，教师全员参与，事先沟通培训内容，加之专家与教师面对面，因此针对性强，效果好。但对于前者，费用较大，难于经常性开展。另一种注重培训实效的方式是华东师大创新的“嵌入式”培训，就是在一至二年甚至更长时间里，高校专家定期深入学校及课堂，通过实地调研诊断，有针对性地进行手把手培训指导，既有统领性前瞻性指导，又能满足个性化需求，加之教师日常还能够通过网络充分利用华东师大提供的各种优质教育资源进行学习，因而对教师的专业素质提高明显。

5. 远程研修。它充分利用互联网技术，能聚合大量的优质资源，突破时空限制，覆盖面广，培训专家与学习者以及学习者之间可以进行网上信息交流，突破时空限制实现网上研修反馈与评价。比如山东省教育厅从 2008 年开始探索实施利用网络进行教师远程培训，现在做到了全员覆盖，提供丰富的优质学习资源，组建多级指导专家团队，进行网上培训指导，对每位参训学员的每一项学习内容都进行在线评价，因而取得了较好的培训效果，有效地促进了教师专业发展。

6. 其他小规模形式，如到先进地区学校挂职培训等，这种形式主要以管理人员为特定培训对象，不具普适性。

由上述可以看出，经济高效的教师培训方式都需要现代信息技术的支持。

二、信息技术支持下的教师专业发展的策略

（一）更新教师观念，让教师们真正认识到新时代教育对教师信息化教学能力提出了新的更高的要求

首先要引导教师用信息技术教育环境下全新的观念去重新审视教育教学活动的各个环节，只有观念更新了，才不至于穿新鞋走老路，才不会造成资源的浪费，才能产生主动运用新技术探索新的高效教学方式方法的内驱力。其次还要组织教师学习现代信息技术支持下的教育理论以及实现教育信息化的途径、方法和过程，明确现代化教育改革的趋势以及现代教育对教师新的教学能力的要求，以及教育信息化对学生学和教师教的积极意义。让教师从传统教学羁绊中挣脱出来，把现代教育思想理论与信息技术条件下的教学实践有机地结合起来，实现从容高效施教。

（二）加强教师运用现代信息技术服务教学能力的培养

可以直接借助教学管理平台，把教师培训内容移植到平台中，让教师在如学生一样真实的网络学习环境中学习，让培训者为师，受培训者为生。一是要提供丰富优质的学习资源。可以把高校、教育科研院所和教育主管部门的优质资源整合进平台中，同时还要释放教师创造力，将教师从“资源受用者”变成“资源的创造者”，不断丰富更具实用性的资源并共享。这些资源同时也成为观测教师发展、诊断个性发展、促进教师成长的工具。二是要全员培训。上至校长、各中层，下至所有教师和员工，采用线下邀请专家和专业技术人员到校面对面手把手现场讲解和实操培训，线上利用教育管理平台中提供的相关文本材料、视频、课件及自学测评等丰富的学习资源自学、自测、自评，最后进行

评价性理论和操作考试，确保人人能够熟练运用教育管理平台等现代教育技术提升教育教学技能。三是开展日常研讨性培训。建立高校、教育主管部门、本单位等多方协同的教师专业发展培训体系，深入开展远程网络研修、校本线上学习、线下培训，教师工作坊、名师工作室等方式的培训，开发汇聚优质高效的教育培训学习资源，构建线上线下结合的教师专业发展终身学习体系，打造一支高素质教师队伍，真正落脚到促进教师适应现代化教育发展，提高自身素质，有效开展信息化教学，提高教育教学质量上。

（三）充分利用现代信息技术，助力教师教学实效化，促进教师专业发展

传统的班级教学模式一般重视面向多数中等学生，具有规模化教育特征，而现在的教育越来越需要个性化，教师要根据每个学生的个性、特长、兴趣以及对知识认知领悟程度的不同，尊重学生个性发展，因材施教，激发学生自主学习的内动力，以期达到更好的效果。由互联网、大数据和人工智能技术支撑下的教育管理平台，采集包括学生的上课行为、思维以及日常资源使用情况等多方面的数据，即包含学生每节课堂发言次数、时间、答题准确率、答错具体问题、点击资源类型、每个资源使用时间、每天完成课前、课中、课后作业情况等学习全过程的数据。平台帮助教师通过这些数据，进行学生学习问题的分析诊断，知识能力的定位，在节省教师大量时间精力的情况下，得到精确的学情，自动向每个学生、教师及时反馈，让学生明确自己的优点和不足以及自己的努力方向和路径，针对每个障碍点精确推送原因分析、障碍点微课、名师指导、变式训练题等相关学习资源和个性化的学习方案，让不同学习层级的学生都能够根据自己的需求个性化提升，够得着，学得会，真正实现“因材施教”。此过程能切实增强学生学习的动力和获得感，也促使教师需要不断学习掌握相关信息技术和提升自身专业素养，从而促进教师专业发展。

（四）充分利用现代信息技术，助力教学管理，促进教师专业发展

学校可以充分利用现代信息技术便捷共享高效优势，规范教师教育教学常规管理。

一是高效备课。充分利用教育管理平台共享便利的人人空间进行板块化备课，即同科教师在网上集体备课，先行集体讨论后，然后教师在自己的云空间里对某一课或

某一知识点进行分工备课，做好的教育教学资源归集到共享资源库中，其他教师在权限范围内共享使用，并可再进行二次备课编辑共享。这样既集合了众人的智慧，又避免了重复劳动。同时学生也可在权限内共享到这些资源进行个性化学习。在此过程中，平台会自动记录相关数据，成为观测教师专业发展，帮助教师成长的工具。二是应用性管理。教育管理平台将教师日常教学中应用教育平台资源情况包括课堂交互工具的使用情况的数据记入教师考评，激发教师运用现代信息技术与学科教学深度融合的积极性，促进教师专业发展。三是优化教研管理。学校充分利用教育管理平台，积极开展信息技术与学科教学深度融合教研活动。比如学校结合全国“一师一优课”“一课一名师”等活动开展校级大赛，制定详细的观察量表。平台自动对教师教学设计，课堂实施，对学生课前学习达成度，课中学习合作度、交互度、参与度，内化度，课后巩固度，二次释疑度等多维度的数据进行采集分析，反馈给师生，改进教与学。全面开展网络研修，组建包括教育专家在内的教研共同体，教师可以运用智能移动终端、个人电脑等设备突破时空限制开展个性化研修，以研修模式带动教学方式的变革。借助研修平台，自动记录教师全程研修数据，这些研修数据信息不仅可以随时回溯利用，还能进行可视化分析，提升教师信息化教学能力，促进教师专业发展。四是优化常规管理。利用数字化教育管理平台能够非常便利地把包括备课、上课、教研、反思、学生行为、作业等所有师生教与学的情况如实记录下来，通过精准分析，既可以公正地评价师生，也为学校改进常规管理、科学决策和促进教师专业发展提供良好的参考。

（五）充分利用现代信息技术，实现多元公平评价，促进教师专业发展

现代信息技术条件下，对于教师的评价更加客观公平公正高效。首先是教师之间和家长对教师的评价，可以借助网上发布的反映多维度的匿名调查问卷，相关人员在网上做出评价后，由系统自动收集汇总得出结果。其次是教师常规评价和学生评教，可以直接利用教育管理平台日常记录的数据，从中抽取相关指标如备课、课堂教学、研修、作业设计与发布、教学反思、考勤、学生评价、其他工作完成情况等数据汇总即可。最后由系统自动计入教师考评结果，作为评先树优、确定年终绩效等的重要依据，以此激励教师尽快达到现代教育改革对教师素质的要求，转变教育观念，主动探索现代信息技术支持下的新的教育教学方式方法，教学相长，提高自己，成就学生。

培植师德，铸魂育人

——广饶县第一实验小学师德管理工作之我见

刘英军，男，中共党员，大专学历，广饶县第一实验小学工会主席。分管总务和基建，主持学校工会工作。个人先后荣获东营市中小学德育工作先进个人、东营市教育系统安全工作先进个人、东营市教育系统年鉴工作先进个人、广饶县优秀教育工作者、广饶县优秀体育教师、广饶县教育系统优秀党务工作者等称号。

教育格言：修身善为，教化润智。

《论语·子路》中，孔子曰："其身正，不令而行，其身不正，虽令不从。"

古代著名的思想家、教育家孔子的这句名言，运用到学校教师管理中是恰如其分，教师的品行和举止直接影响着学生，进而影响到学校学风、校风。多年来，学校在坚持狠抓教书育人工作的基础上，实施了以"和而不同　润泽人生"为核心理念，坚持"脚踏实地　竞进不息"描绘精神底色，锻造一支师德高尚、教风优良、业务精湛的教师队伍为目标的师德建设工程，成效显著。2008 年学校创建为首批东营市师德建设示范学校、广饶县师德建设示范学校；学校先后被评为东营市文明单位、东营市首批文明校园、广饶县文明单位。

一、加强领导，凸显师德建设

学校高度重视师德建设工作，每年在制定工作规划和年度计划时都要把师德建设放在突出位置。成立了以校长为组长，副校长为副组长，各中层领导、级部主任为成员的师德建设领导小组。校长负总责，分管领导具体落实工作，中层领导挂靠级部，各职能部门在师德建设中各自发挥职能作用，围绕师德建设的目标，制定行之有效的活动措施，使学校的师德教育工作重点突出、落在实处。班子成员首先带头加强自身修养，严于自律，在学校师德建设工作中率先垂范，团结进取、廉洁勤政。以人为本，深入一线、深入课堂，讲正气、讲奉献，做全体师生的楷模。同时，始终把师德建设与立德树人的主旨结合起来，当作政治任务来抓，与时俱进地把师德建设同时代的发展要求结合起来。如学校每月召开的“主题党日”、全体党员会，定期学习市、县教育局相关文件精神，从思想上加深认识。另外，每月一次的“一带三联”活动为党员和普通教师架起了沟通的桥梁，党员教师充分发挥先锋模范作用，用自己的言行影响带动广大教师。工会、共青团等群团组织也充分发挥积极作用，形成了师德建设工作齐抓共管的良好局面。

二、健全制度，强化师德建设

学校始终以育人为本，师以铸德为重。为了使师德建设做到有章可循，落到实处，学校根据社会发展对老师提出新的要求，不断完善师德建设管理制度，先后出台了《师德考核制度》、《师德承诺制度》、《家长评教制度》等一系列师德建设制度，要求教师对照反思，规范行为，并把师德师风纳入教师年度考核，通过制定、完善、落实师德规范奖惩制度，进一步规范教师的教育教学活动，树立教师的良好形象。

加强对教师师德的考核，建立健全教师师德考核制度。按照《广饶县中小学教师职业道德考核暂行办法》，采取教师互评、学生评定、家长评定与学校综合评定相结合的方式，定期或不定期对教师师德情况进行考评。学校曾多次就教师师德师风问题对学生和家长及家长管理委员会成员进行问卷调查，征求他们对师德建设和学校管理方面的意见和建议，并将师德考评落实到学校师资管理的政策导向中，把师德状况作为教学工作考核，专业技术职称评定、晋级、评优、奖励的重要依据。

三、多措并举，夯实师德建设

2014 年第 30 个教师节前夕，习近平总书记考察北京师范大学时发表重要讲话，勉励广大师生做有理想信念、有道德情操、有扎实学识、有仁爱之心的"四有"好老师。为此，在师德建设过程中，学校把习总书记的要求作为教师从事教育工作所必须遵循的行为准则，严格要求，强化措施，加大工作力度，增强教师加强自身修养的意识，历练师德情操，彰显师德风采。

1. 立足岗位，扎实开展"双学"活动。

一是开展师德建设理论的学习，努力提高新时期教师的师德理论素养。组织教师深入学习和领会《宪法》、《义务教育法》、《教师资格条例》、《教育法》、《教师法》等教育法律法规，认真贯彻《中小学教师职业道德规范》，用实际行动落实《广饶县中小学教师行为"十不准"》和《广饶县中小学教师职业道德行为"六规范"》。注重挖掘师德内涵，通过教师论坛、班主任论坛等形式，谈思想认识、查找自身问题、谈继承发扬，促提高创新，通过讲座、辅导、师德演讲、自我发言等形式，在师德建设活动中，将"爱与责任"作为教职工依法从教、践行师德的核心，不断增强教师师德文化底蕴，始终秉承"和而不同　润泽人生"的育人理念，树立起为人师表的良好风范。

二是开展向优秀师德教师的学习，发挥典型引路作用，增强榜样的感召力。每年的教师节，我们都举办师德演讲会，用教师熟知的典型事迹激发全体教师的进取精神，逐步形成广大教职工"爱岗敬业"的良好风尚。开展了"我心目中的理想教师"、"如何做一个合格的人民教师"大讨论活动，通过找身边的典型，学身边的榜样，塑自己的师表形象，让每名教师心中有榜样、学习有目标。同时学校还组织教师多次参加各级教育部门邀请的名师师德报告会，让每名教师走近大师、名师，感悟教育的真谛，从而增强爱岗敬业的使命感。2018 年底，为弘扬爱岗敬业、勤于奉献精神，我校举行了感动校园年度人物评选，在广泛发动、级部推荐、个人自荐、校委会审核后，评选出了"敬业奉献""教坛新秀"等八名教师和四名"敬业奉献"提名奖，并在元旦晚会上隆重表彰，从他们如何关心爱护学生，提高自身素质、爱岗敬业、无私奉献等不同角度撰写了颁奖词，分别由县教育局领导、学校班子成员为获奖教师进行了颁奖，进一步激励全体教职工学习身边的典型，用实际行动共铸崇高的师魂。

2. 立足"五个切入点"，打造师德形象。

一是以建立新时期的师生关系为切入点，增强教师以人为本的观念；二是以致力推行教研教改，全面提高教育教学质量为切入点，努力提高教师业务素质。"三课推进”，铺平和润课堂构建之路。(1)是骨干教师的“示范课”。由各教研组集体备课，由骨干教师执讲示范课，全体教师观摩，并邀请市、县教研室专家到校亲临指导。通过“备—说—讲—评—改”五步教研模式初步确定本学科的课改模式。(2)是备课组长的“立标课”。骨干教师示范课结束后，学校将组织各备课组长执讲“立标课”，组织教师学习推广。先是同学科教师集中跟听立标课，然后不同学科之间互相听课，相互借鉴，取长补短，共同提高。(3)是教师的“达标课”。由构建“和润课堂”研究专家指导小组依据和润课堂评价标准负责组织听课验收直至达标。通过“组织学习—树立典型—学校验收”的组织形式，使“和润课堂”教学理念深入到每个教师的每一节课。(4)是改革考核机制和方式，实行同级部同专业一体化考核，加强团队合作意识，变看重个人教学成绩为看重年级备课组整体绩效；充分发挥集体智慧，凝聚教学合力，提高教师研究实践“和润课堂”的幸福指数，积极开展“合作派位式”团队精品课实践探索。三是以学校社会沟通为切入点，组织爱生家访活动。动员全体教师积极参加家访，对心理、学习、经济方面有困难的学生，开展“帮困扶智、帮差结对”活动，帮助他们解决思想上、学习上和生活上的困难。学校重点检查教师家访制度的落实情况，构建长效联系机制；四是以师德规范检查为切入点，增强教师师德规范意识。认真清理教师校外兼职兼课情况，凡在职教师在校外兼职，必须经学校或主管部门批准。要进一步完善师德档案制度，将教师教书育人的先进事迹或不符合教师职业道德规范的行为记入师德档案，作为教师考核的重要内容。对有师德师风问题的教师要及时进行批评教育，问题突出的要严肃处理。在教职工聘任中，对未达到教师职业道德要求者，不得聘任上岗。在教师职务评聘工作中，对师德表现不合格者，实行师德一票否决。五是以宣传报道及撰写征文为切入点，发掘身边的师德先进典型事迹，崇尚师德楷模，展现我校师表形象。

3. 建立评价指标体系，完善师德建设激励机制。

加强师德建设必须与教育教学实践相结合，与教师的工作实际、生活实际相结合。为此学校积极创造条件，为老师提供广阔的舞台，使教师能够在教育教学中更好地发现自身价值，有效地实现自身价值，充分感受到教书育人工作的乐趣，从而把加强师德修养变成广大教师自觉自愿的内在需求。

——每学期末学生双项评教中设“师德师风”为其中一项。评教满意率在90%以上者，才具有参加优秀教师、师德标兵等评选的参选资格，提升荣誉感。

——每学期进行阶段质量调研以后，召开家长座谈会，发《行风评议表》，由学生家长评议学校，评议教师，增强约束力。

——以“研”增“质”：在教学上推行“集体教研活动”和“推门听课”活动，使常规教学“研究化”，集体教研“常态化”，使全体教师的业务和日常工作面临超越自我的挑战，不断提升育人水平。学校通过推门听课、常规巡课的方式对教师的课堂教学常规情况进行督察。教导处安排专人负责，每天都有值班教师穿梭于每一层教学楼，巡视晨诵、午写、上课情况，学校领导组织人员不定时巡查，并将检查情况做好记录，将违规情况通报并纳入考核。

——不断建立和完善新教师岗前师德教育制度，每年对新聘教师，专门进行岗前师德教育，同时举办青年教师宣誓仪式：我们是光荣的人民教师。我们承载着一个民族对国家未来的承诺。面对国旗，我们庄严宣誓：我们将履行作为一名教育者的全部义务，明确职业准则，恪守职业规范，涵养职业道德，提升专业能力。我们会忠于我们的职责去发挥学生的潜能；我们会在我们的职责和领域中成为最好的榜样……

——坚持师德考核与业务考核并重，重点考察教师教书育人的实绩和职业道德状况、教学态度和育人效果等，并将师德表现作为教师年度考核、职务聘任、派出进修和评优奖励等的重要依据。学校每学期都对教师开展过程评价，通过学生座谈会、家长代表座谈会、教师座谈会等了解教师为人师表情况，并将各类测评及意见及时反馈给教师本人以促改进。坚持教育与治理并重的原则，坚决查处违背师德规范的行为。重点检查以教谋私、管教不管导、教而不研、帮而不扶、不认真履行岗位职责、缺乏主人公意识和集体荣誉感及各种责任失职等现象和行为，在师德方面实行一票否决制。

4. 以师德建设主题实践活动为抓手，深入开展师德教育活动。

结合师德教育月活动，根据市县教育局的统一部署和学校实际，我校确定了“三个”相结合，提出实现“五个零”的活动目标，即：把“立师德、强师能、树师风”师德教育活动与加强我校未成年人思想道德建设工作相结合；与努力推进新课程改革，全面提高教育教学质量相结合；与创人民满意的教育教学活动相结合。实现我校师德师风“零投诉”、学校办学“零违规”、学校安全“零事故”、党员干部教师“零违纪”、贫困学生“零辍学”目标。多年来，在学校开展的社会、学生、教师层层评议，学校各项工作社会满意率，教师师德满意率都在95%以上，一大批“学生最满意的教师”和师德先进典型涌现出来。

5. 调查研究，对焦问题，反思提升。

在提高认识的基础上，结合近年来的工作实际，学校认真查找存在的问题和不足，从思想上找差距，从工作中找问题。通过对照市、县教育局相关文件要求，写出自查报告。学校在自查自纠基础上及时召开会议，分析教师状况，通过“社会、家长、学生评教”活动，综合分析我校师德师风存在的主要问题有以下三点：一是少数教师工作目标不高，责任心不强；二是少数教师对学生语言生硬，不注意正面引导，对学生的爱心不够；三是工作作风浮漂，只求表面不求实际，工作敷衍，上进心不强。针对工作实际问题，逐条开展学习讨论活动。全体教师静心反思，认真排查，积极发言，推心置腹地进行自查自纠，写心得谈体会，真正使全体教师找准了问题，提高了认识，规范了行为。

四、强化监督，铸牢师德建设

建立公开透明的监督机制是师德建设取得实效的关键。学校认真执行教代会各项制度，坚持校务公开，充分利用校长信箱、校园网、师德建设信箱等形式，增强学校工作的透明度，确保校务公开，工作落到实处，得到广大教职工的欢迎和信任。同时学校结合上级部门要求，每年开展行风评议工作，把师德建设列入行风评议的重要内容，教师对照标准自查自纠。在评议过程中，召开教师和学生的座谈会，听取师生意见，及时总结并在全校教师大会上通报反馈，促进教师师表形象的树立。在长期的师德建设实践中，我校形成了“方方正正写人生”的校训，“学以养正、和以致远”的校风，“精研求新、博爱乐群”的教风和“文墨润智、尚礼敏行”的学风。优良校风、名师风范、学生风貌、办学成果、荣誉称号交相辉映，折射出名校形象。

尽管学校师德建设工作取得了一定成效，但是我们也清醒地认识到，师德建设是一项长期的复杂的系统工程，它关系到学校的可持续发展，同时也关系到教师的生存和发展，决不会一蹴而就，需要常抓不懈。学校要发展，不但硬件和管理要创一流，教师的品德更要创一流。在今后的工作中，学校要继续把师德建设放在加强教师队伍建设的首要位置，强化管理，科学管理，不断提升办学质量，提高办学品味，为有效实施素质教育，打造幸福家园而努力奋斗！

学校办公室的岗位工作特点及科学管理

张德才，男，汉族，中共党员，1966 年 2 月出生，1986 年 7 月参加工作，本科学历，现任广饶县第一实验小学学校办公室主任。先后被评为山东省小学数学教学先进工作者，广饶县优秀教师，县优秀共产党员，县教学能手。

教育格言：付出责任和挚爱，收获快乐和幸福。

学校是一个进行系统教育的组织机构，由多个部门（处室）组成，学校办公室在工作中，由于所处的特殊位置和它的工作性质，决定了它的众多职能，其中行政管理和服务是它最基本的职能，也是办公室工作的立身之本、辅政之基、谋事之道，是保证学校日常工作正常运行的基础。办公室是学校的窗口和门面，是沟通上下的桥梁和纽带，在整个学校的运作之中，起着传递信息、协调上下的重要作用。因此办公室人员要主动适应工作的需要和形势的发展，通过人性化管理，培养团队意识，努力提高政治素质、业务素质和综合素质，不断强化服务意识、责任意识、奉献意识和效率意识，树立良好形象。学校办公室应积极发挥决策参谋和督办作用，不断提高日常办公水平，深入推进依法治校工作，引导推进行政办公信息化建设，以科学管理带动优质服务，构建运转高效、规范、科学、人文的学校办公室工作新格局。

一、学校办公室行政工作职责

学校办公室是学校党政工作的综合办事机构。行政工作具体负责综合协调、督查督办、公文处理、组织会议、信息处理、年鉴汇编、机要保密、对外联络、组织重要活动、综合管理服务、车辆管理等工作。

1. 认真贯彻党和国家的路线、方针和政策，执行学校的决策和规章制度，当好参谋助手，发挥桥梁纽带作用。

2. 起草、审核和印发各类公文，审核各处室代拟的以学校或校领导名义发布的各类文稿；组织起草学校全局性重要材料。

3. 围绕学校教育教学中心工作，开展调查研究，为学校决策提供参考和依据。

4. 组织安排学校教工大会、办公会议和活动，组织推动全校性重要会议、活动和工作。

5. 督促落实学校委员会的重大决策、重要工作部署和领导交办事项。

6. 根据学校整体工作部署，对全校各处室工作进行综合协调。

7. 宣传报道。包括网站、简报、美篇等发布，每月统计汇总上报公示等。

8. 负责会议考勤和教工日常考勤汇总公示。

9. 管理和使用学校党政印章和学校领导公用印章，监管相关处室印章的刻制和使用，开具学校介绍信。

10. 负责管理学校公务用车工作。

11. 负责全校教工的评先树优、教师交流、职称评聘、年度考核工作。

12. 参与制定学校中长期发展规划和全局性的改革方案。

13. 负责教师编制、教育事业统计工作

14. 负责学校公务接待和校内外的联络工作。

15. 负责学校大事记、年鉴、校志编纂工作。

16. 处理机要文书，协调推动全校的普法、信访、保密和国家安全工作。

17. 负责规划实施电子政务工作。

18. 处理接待校内外的来信、来访。

19. 完成学校党委和行政交办的其他工作。

二、学校党建工作、党风廉政建设和纪检监察工作

在学校党总支的领导下，办公室具体负责学校党建方面的日常工作，主要工作职

责如下：

1. 宣传和执行党的基本路线、方针、政策，宣传和执行上级党委及学校党总支的重大决策、部署。

2. 负责制定党总支中心组的学习计划并组织实施，负责全体党员各类会议的安排，做好会议记录。

3. 学校党员党费收缴管理、党员信息采集、整理和统计党员组织关系转接、整理等工作。

4. 党员干部的培训、检查、考核方案的拟定。

5. 后备干部的考核、考察、培养和培训的资料收集和档案整理。

6. 负责入党积极分子的考察、培养、培训，本校发展党员规划的落实。

7. 负责学校党组织建设和党员民主评议工作。

8. 负责党务系统资料的录入、维护、更新等工作。

9. 负责召开“三会”上好“一课”，落实会议通知、材料准备等工作。

10. 负责起草党建工作计划、总结，汇总党建每月工作完成情况及下月工作安排。

11. 老龄、老干部信息采集、整理和相关信息的上传下达。

12. 协助党总支对党员干部进行廉洁教育，做好党风廉政建设工作，开展纪检监察工作。

三、学校办公室主任岗位职责

1. 在学校校长书记的领导下，主持学校办公室全面工作。

2. 受学校领导的委托，代表学校处理对内、对外的有关事项。

3. 负责主持召开主任办公会议、工作例会以及全体工作人员会议，传达贯彻上级文件精神和院领导工作部署，研究决定安排学校办公室的重大事项。

4. 拟定各级来文来电的分送处理意见，组织起草学校党政工作报告、发展规划、总结、计划、决议、纪要等文件，审签学校党政各类文件，签发学校办公室文件。

5. 协助校领导组织好党委会、校务会及全校性会议，负责党委会、校务会议题的初审并分报主管领导审定；审签会议纪要，督促检查会议决议的贯彻落实。

6. 根据学校工作部署，综合协调各部门、各单位开展工作。

7. 组织开展调查研究，搜集整理信息，积极发挥领导参谋助手作用。

8. 督查督办上级部门和学校领导的批示、学校的重要决定以及校领导安排事项的落实。

9. 协调安排学校党政领导工作日程。

10. 协助校领导组织处理学校突发事件和重大事故。

11. 负责校内外的联络沟通和公务接待工作。

四、办公室副主任岗位职责

协助办公室主任工作，对分管的具体工作负责。

五、办公室文教职工工作职责

主要负责会议、文书、印信、档案、接待、宣传栏、文件报纸收发。具体是：

1. 接听、转接电话；接待来访人员。

2. 负责办公室的文秘、信息、机要和保密工作，做好办公室档案收集、整理工作。

3. 负责文件资料的打印、登记、发放、复印、装订。

4. 负责考勤和加班申报单的报表与汇总。

5. 负责学校公文分送，协助报纸杂志、信件、邮件的分发。

6. 负责传真件的收发工作。

7. 负责保管办公室物品出入库登记和按规定发放办公用品。

8. 做好学校宣传专栏的组稿。

9. 按照学校印信管理规定，保管使用公章，并对其负责。

10. 负责办公室的饮水、清洁卫生。

11. 整理好会议纪要，并打印、存管。

12. 管理好教职工人事档案材料，建立、完善教职工人事档案的管理，严格借档手续。

13. 接受完成其他临时工作。

六、加强办公室科学管理现实意义和有效措施

1. 服务党政决策、督办决策落实是学校办公室工作的重中之重。

学校办公室作为行政管理系统中的核心部门，其工作的特性要求必须贯彻、遵守党的方针政策，按照党总支和校委会的要求，认真服务，扎实推进会议决策落到实处。学校办公室应进一步完善校长负责制，严格遵照议事规则组织相关会议，充分发挥决策参谋作用，认真起草会议决议通知单，将会议决策内容及时、准确地传达相关部门，确保信息传达及时准确，做到事事有着落，件件有回音。

作为学校中枢机关和综合协调部门，学校办公室紧密围绕学校中心工作，通观全局，注重实效，以科学规范管理，带动服务优化升级，既扎实做好“服务领导、服务基层、服务师生校友”的基本工作，也积极实现“服务发展、服务决策、服务落实”的全新要求。

2. 做好办文办会日常事务、提升办公基本技能是管理服务的坚实基础。

学校办公室要及时处理公文，认真完成各类讲话、报告、汇报，积极向上级单位报送信息，努力提高文稿写作和信息报送的质量；做好承办学校各类会议和接待领导视察、有关单位来访工作。

学校办公室尊重教育工作的基本规律，以服务学校中心工作为基本理念，全面梳理管理事务和窗口服务事项，优化工作流程，不断完善团队建设，优化内部运行机制，形成了一支团结和谐、高效创新、敢想敢干、善打硬仗的队伍，各项工作的具体方案都能得到不折不扣的执行落实，能够结合实际不断涌现新思想、实践新方法，创新地推动工作取得更优成果。

结合学校职责，协同相关处室，提供多元化的信息互通渠道和资料获取平台，梳理信息化建设中的盲点，切实提供基本办公技能，提升工作效率，增强办公规范性，全力服务师生；积极运营学校微信公众号，完善相关职能，实现重大信息发布、工作成果展示、工作经验分享、信息公开更新等。

3. 抓好重点工作，强化四种意识。

一是服务意识。办公室的主要职责就是服务。办公室工作要抓好综合协调，为领

导总揽全局服务；抓好文秘信息，为领导决策服务；抓好会议组织，为领导部署工作服务；抓好督促检查，为落实领导决策服务。作为办公室工作人员，只有强化服务意识，才能作出优异的成绩，让领导满意、让群众满意。一要全方位做好各项服务工作，增强服务的主动性。办公室工作人员要主动适应当今的各种变化，不断拓宽服务领域，提高服务水平。二要正确处理好各方面的关系，提高服务质量和效果。为领导服务、为基层服务、为群众服务，三者相互联系，不可偏废。对上服务和对下服务是一致的，在做好为领导服务的同时，要不断加强为基层和群众服务的工作，如实反映基层和群众的意见，更好地沟通领导与基层和群众之间的联系，真正起到桥梁和纽带作用。

二是责任意识。办公室工作无小事，每一件工作都容不得半点虚假，一旦出现疏漏，都可能捅娄子、误大事。因此，办公室工作人员要增强责任意识，做到工作认真、态度端正、处事果断，在任何人面前、在处理任何事上，都要从严要求、从优服务，确保工作万无一失。

三是奉献意识。办公室工作的服务性决定了办公室工作突发事情多、应急事项多、需要加班加点的任务多，工作既苦又累。“有节无假，有假无闲”、“五加二，白加黑”是办公室工作的写照。因此，办公室工作人员要保持一种平静的心态、平和的心态、勤勤恳恳，任劳任怨，谋事而不谋利，奉献而不索取。

四是效率意识。在科学技术突飞猛进，知识经济日新月异的今天，办公室人员尤其需要增强效率意识，要时刻关注和把握重点工作，做到早介入、早思考、早研究，增强工作的主动性。对领导交办的事情，要说办就办，不能推诿扯皮、拖拖拉拉。对领导决策，要全程跟踪，全程督察，将落实决策的各个阶段、环节以及存在的困难和问题及时、准确地反馈给领导，为领导进一步完善决策、制定下一步措施提供第一时间的服务。

4. 明确职责流程，做到规范科学。

办公室工作很琐碎、很复杂，涉及方方面面，要做到工作的规范科学，明确相关职责、行为准则以及办事流程，实现制度化，科学管理，高效运转。

一是规范办文办会程序，实现优质化办公。严格按照公文办理流程，确保公文办理优质高效，努力为领导决策和指导工作提供高质量的参考意见；会务工作是办公室的一项经常性工作，要合理把握，精心组织，充分考虑各个细节，制定详细完整的会务工作方案，为会议提供最周到的服务。

二是提升办公室工作人员素质，实现专业化办公。办公室工作人员的素质直接关系到办公室管理的水平，要使办公室工作进一步科学化、高效化，就要求办公室工作人员要主动加强学习，提升业务能力，完善知识结构；同时注重对创新意识的培养，面对新问题，善谋新思路，不断增强综合协调能力。

三是依托应用网络资源，实现自动化办公。随着计算机技术、互联网技术的发展，办公自动化已经越来越成为一种趋势。借助发达的网络资源：校园局域网、QQ群、微信群等网络工具，可以很大程度节省办公时间、简化工作程序、提高办事效率，同时也大大降低了行政成本，实现资源共享。

5. 加强团队建设，改进工作作风

提高办公室工作人员素质，加强团队建设，端正工作作风，对于更好地履行办公室职能，具有十分重要的意义。

一是以人为本，服务至上。以人为本，是科学发展观的核心。办公室工作要始终坚持以人为本，每一项工作的开展都要以教职工的利益为出发点和归宿；牢固树立为教职工服务的理念，尊重教职工，理解教职工，关心教职工，以优质的服务赢得教职工的满意。

二是爱岗敬业，甘于奉献。办公室的各项工作集难点、热点、焦点为一体。解决难点、做活热点、关注焦点都要求办公室工作人员具有高度的敬业奉献精神，在自己的工作岗位上勤勤恳恳，兢兢业业，从身边的小事做起，点滴做起，扎实做好每一项工作。

三是实事求是，联系群众。实事求是、联系群众要求办公室工作人员认真务实，在收集信息、反映情况时要不夸大，不虚掩，敢于说实话、真话、办实事；还要找准自我定位，不摆架子，做到和气待人、平易近人、热情相待；善于和广大教职工打成一片，以实实在在的工作业绩让领导满意，并赢得教职工的拥护、支持和肯定。

四是谦虚谨慎，严于律己。办公室工作人员要时常用“办公室工作无小事，安全稳定是大事”这句话来严格要求自己，无论什么事都要认真做好各项准备；团结同事，遇事多协商，广泛征求大家的意见，集思广益。同时，要严于律己，自觉做到吃苦在前，享受在后；不以权谋私，坦荡做人，廉洁从政。

五是善于学习，勇于创新。办公室工作人员要树立终身学习的观念，切实提高学习能力，扎实业务基础，完善知识结构。加强和各类人才的交流，善于学习他们好的经验和方法，提升自身综合素质；作为办公室工作人员，还要根据实际情况的改变，勇于变革旧的思维和做法，创新工作思路、工作方法，促使所在单位科学发展。

六是尽职尽责，决不推诿。我们要秉持“负责到底”的精神，自觉履行工作职责，勇于负责，从不推卸责任。有了责任感，工作自觉性就会大大提高，才能把“忠诚于职责”当作自己的使命，努力工作，圆满完成任务，才能正确对待自己工作中的不足，找出差距，加以改正。

七是认真严谨，团结务实。我们在日常工作中，务必认真谨慎地做好每项工作、每项服务，夯实每个环节、每个过程，养成“干实事求实效”的工作风格；形成同事之间相互关心、帮助和支持，齐心协力把工作做实做精的团队精神。

作为各项活动、经营运转的中枢，办公室的作用越来越成为单位发展的润滑剂。坚持以习近平新时代中国特色社会主义思想为行动指南，全面贯彻落实党的十九大精神和全国学校思想政治理论课教师座谈会精神，切实加强办公室科学管理，提高办公室工作效率，更好地发挥其参谋、督察、协调和服务职能，在推动学校内涵式发展上见实效。

向常规管理的“精细化”要质量

郑海杰，男，中共党员，大学学历，2002年7月参加工作，先后担任学校办公室副主任、少先队大队辅导员、教导处主任。工作中，他始终任劳任怨、踏实肯干，勤于研究、勇于担当，在管理岗位和日常教学上取得了良好成绩。先后荣获“山东省优秀德育工作者”、“东营市教学能手”、“东营市少先队工作先进工作者”、“东营市优秀禁毒志愿者”等荣誉称号。多篇论文、案例发表或获奖。参与省级课题研究2项，其中一项获省优秀科研成果一等奖。

教育格言：学且，路漫兮兮，取且难，克之则成，屈之则败。

广饶县第一实验小学在教育教学管理上力求凸显学校的“和润”核心理念，以“为每个学生描绘最亮丽的人生底色”为目标，以全面落实国家课程方案为宗旨，以构建和谐高效课堂为重心，树立课程意识、生本意识、效率意识，狠抓教学、教研两项常规管理，全面提升教育教学质量，取得了一系列可喜成绩。

一、严抓国家课程实施方案，开全、开足、上好三级课程

落实好国家课程设置方案，开全课程。严格按照国家课程方案和省定课程计划的要求，落实开全国家、地方、学校三级课程。成立全科教研组，定期开展学科教研活动并纳入学校常规管理。

按照国家课程实施方案开足课时，开展学科教学。我校本着“上好国家课程，开发好地校课程，做到开全课程，开足课时，上好每一堂课”的理念。周二下午第三节课，全

校开设劳动课；周三下午，全部开设课程超市。学校以课程超市形式，组织校级课程和年级课程两级社团。1. 校级课程：依据学校特色、学生兴趣爱好等情况，着力于有艺体等专业特长学生的拔尖，做大做强学校艺体特色。校级课程辅导教师为全体音体美、信息技术、科学教师。学生在全校内选拔、组合。根据师生特长及学校传统项目确定开设各种社团，尤其是吸引校外教育机构的参加，开设魔方、泥塑、吉他、珠心算、国际象棋等项目，更是拓宽了教育资源。2. 年级课程：各年级组根据学生年龄、兴趣爱好等情况，为每位学生量身打造一门特长，学生在级部内自主选择参与。年级课程辅导教师根据教师特长，结合学生需要确定。

丰富的校级课程和年级课程，不只是纳入教学常规和考核，更应注重过程管理，让课程超市更有实效。另外，学校还建立了"巡课制度"确保不出现"吃课"、"缺课现象"。确保地方课程、学校课程足课时开设。

配备专长、专业教师，保证上好课程。在将国家课程开全、开足、上好之外，发掘在校教师的专长、兴趣爱好，采取主动认领、激励任教的方式，保证地方、学校课程开展有实效。比如：传统文化学科全由语文教师兼任，学校课程《吕剧》，由吕剧爱好者赵萌老师任教，真正将吕剧引进课堂。学校成立"小梨花"剧社，让地方特色文化得以传承。坚持"普及为主，普及与提高相结合"的原则。一方面，要求音乐教师一学期利用2—4节音乐课上好校本《吕剧》课程，将课程内容分解到各年级段并纳入学期的音乐课教学计划进行教学。从吕剧基础知识、基本唱腔、主要表演形体入手，小台阶、低坡度、高密度地逐步培养学生爱好戏曲的兴趣；另一方面，对那些在吕剧方面具有特长的学生进行特别的培养，重点打造我校"小梨花"戏剧这一社团品牌，为特长学生搭建成长的平台，培养出一大批优秀学生。

二、严抓课堂教学管理，将课堂教学常规落到实处

一是备课突出一个"实"字。上好课，前提是备好课。我校采取个人备课和集体备课相结合的方式，既强化了团队教研，集结了集体智慧，又发挥了每一位教师的特长，提高了备课效益。今年我们开始"单元课程纲要"的新型备课模式，这个单元课程纲要相当于我们的单元备课。这就要求全体教师通读教材，整合每个单元的教学内容。每

个单元开课之前，教研组共同完成单元课程纲要，讨论确定单元教学目标、教学重难点，共同研究教学方法，由主备人根据自己的理解完成单元课程纲要，然后，利用教研时间交流讨论修订，定稿后用 A4 纸打印出来，直接贴到备课本上，就不用再单元备课了，这样保证了每周教研活动的实效性，突出了团队集体备课。各位学科组教师根据单元课程纲要，结合班级实际与个人对教材的理解、把握开展个性备课。

为了落实备课的“实”，首先执行超周备课制度，确保堂堂有教案。每一位教师根据开学之初制定的教学计划，结合教学实际撰写下一周的教案，每周五上午放学前教师把自己的教案交教导处。教导处有专人负责检查、记录、盖章。其次，推行常态课推门听课制度。学校提前一节课通知执教教师，教学指导小组成员分布到各教学班进行听课。听课后，小组成员将课堂教学的优点及建议及时反馈给执教教师。这一做法不仅对教师的备课、上课情况进行了督查，还有效地提高了教师课堂教学的质量。

二是规范上课行为，实行候课、调课、巡课制度。为了规范教师课堂教学行为，确保按计划上足课时，不断提高教育教学质量，促进学生全面发展，树立良好师表形象，我校制订了上课管理制度。

1. “候课制度”。教师提前 1—2 分钟到指定上课地点，不早退，不空堂，不串班，不提早下课，不随意拖堂。原则上不准中间离开课堂，如遇意外伤害事故等任课教师必须离开课堂的情况，任课教师需在处理意外事故的同时，及时与本班其他任课教师取得联系，本校所有教师均有义务协助该教师组织课堂。

体育教师上课要穿运动服、运动鞋；任课教师须提前组织所有学生有序进入上课地点，确保准时上课；上课期间，教师必须将学生置于自己的监管之下，不得放任自由，下课要组织学生排好队，有序地离开课堂。

2. “调课制度”。全体教师严格按课表上课，未经教导处同意，教师不得擅自停课，私自调课，不得随意安排自习或请别人看课，不得挤占音体美与综合实践活动等课程，若因公事或私事请假，必须填写好调课记录单，各级部主任负责管理记录单，教导处不定时抽查，确保音体美等课程不被占用。

3. “巡课制度”。课堂上，教师要加强管理，确保学生安全有序地进行学习；做到尊重学生，不得体罚与变相体罚学生。不得将学生赶出教室；课堂上教师不得随意拨打、接听手机或收发短信，禁止酒后上课，不得在课堂上抽烟、打瞌睡，不得坐着上课。

学校通过常规巡课的方式对教师的课堂教学常规情况进行督察。教导处安排专人负责，每天都有值班教师穿梭于每一层教学楼，巡视晨诵、午写、上课情况，学校领导组织人员不定时巡查，并将检查情况做好记录，将违规情况通报并纳入考核。

三是加强过程管理，作业精细化。严格执行小学一、二年级不留家庭书面作业、三至五年级学生除语文、数学外不留家庭书面作业的作业要求。鼓励教师创新性地布置作业。在老师们的集思广益下，学校推出了以下创新作业：

1. 阅读存折。为了提升学生的阅读量，便于掌握学生的读书情况，我校自 2013 年开始为学生建立了《阅读存折》，专门记录学生课外阅读情况。不仅让家长记录学生每天课外阅读时间，还让学生自评、家长评价学生的阅读情况。教师在检查阅读存折的时候，了解每个孩子的读书情况。今年我们又进一步改进了阅读存折，在首页设立“我的阅读存储”，记录每个孩子的阅读书目、阅读字数，让每一个学生的阅读情况一目了然。各语文教师根据班级实际情况进行阅读量评比，评选“阅读之星”，并颁发“阅读之星”奖章。每年 4 月份我们进行阅读考级，评选出书香小学士、小硕士、小博士（每年阅读书目 15 本以上，阅读字数 5 万字以上，可参评“书香小学士”；阅读书目不少于 30 本，阅读字数 40 万字以上，可参评“书香小硕士”；阅读书目不少于 50 本，阅读字数 100 万字以上，可参评“书香小博士”。）每年 5 月份根据评选结果各级部推荐学生参与书香家庭评选。此活动极大地调动了学生读书的积极性，点燃了学生的读书热情。

2. 日记。为了帮助学生养成观察生活的习惯，提高学生的语言表达能力，我校从二年级开始让学生建立日记本。二年级学生每周两篇日记。三至五年级学生都建立日记本，天天写日记。语文教师每周都会批阅日记，会展览优秀日记，让优秀学生在班内诵读日记，以发挥激励作用，让更多的学生爱写日记，让更多的学生的日记越写越好。

3. 晨诵午写。自 2013 年，我校一直开展晨诵、午写、暮读活动，要求学生每天早上来到学校马上进行晨诵。每天清晨课前十五分钟为晨诵时间，各班学生在语文老师带领下用好校本教材进行晨诵，用琅琅的读书声开启生命的每个黎明。学生们读诗词、背警句名言；或按自己的目标、计划自读；或以学习小组为单位，领读、齐读、自读、对话读、分角色读、加上表情和动作读；或集体随音乐齐读齐诵。多种形式诵读，活跃了晨诵气氛，学生兴趣盎然，在阅读美文中尽情享受读书的乐趣。长期以来，已经形成习惯。语文教师都在7：40以前进入教室，和学生一起放声诵读。学校规定每天中午10分钟的午写，教师都必须按时指导学生写字。为了规范学生的书写，我们要求教师必须在黑板上范写，一笔一画进行指导。一周五个午写，一至五年级除了语文，还给了数学一节午写课，一至三年级数学教师指导学生书写数字、算式，四五年级进行口算练习。一至五年级学生都要按照教学进度，认真进行写字练习。教师对于所有学生的写字要做到全批全改。

4. 作文。三、四、五年级作文每学期提交8篇，每篇作文，教师都要先让学生在草稿本上写出来，教师批阅、讲评、多次修改后，再誊写到作文本上。学校要求教师至少批两篇，根据课标要求，培养学生互批互改的能力，其他的学生互批。作文批改要规范，首先要找出错别字，并改正。每一篇作文都是既有眉批，也要有总批。（展示学生批改作文的照片）

三、严抓常规管理，守住教学质量生命线

一是实行单元过关测试制度，及时掌握教学情况。一直以来，我校对语、数、英、科、道法科目，实行单元过关制度。寒暑假集训期间，教研组进行集中研讨开展好单元命题工作，教导处统一联系印刷。统考学科每单元都要进行单元质量检测，检测结束后，要及时进行试卷的批阅、讲评，根据测试情况认真分析，及时采取有效措施查缺补漏，及时反馈给家长，并填好家长意见或家长建议。学校要求每单元试卷检测后与家长见面，既便于家长了解孩子最近在校的表现，又督促教师提高课堂教学效率。这是常规检查很重要的一项指标。

二是实行阶段测试、年终抽测制度，促进技能发展。非统考科目根据教学进度和学习内容进行阶段性技能测试。

1. 音乐。每两个单元进行一次过程性评价，测试时间依据各年级学期初制定的教学计划进行，测试时间、内容确定后，需提前两天书面报教导处备案，以便检查。测试成绩以等级呈现。

2. 体育。每个学期不少于4个测试项目。各个年级根据自己实际的学习内容结合县教研室规定的测试项目进行技能测试。测试的成绩有实际的测试成绩，也要有等

级评价。测试时间、内容确定后，需提前两天书面报教导处备案，以便检查。

3. 美术。依据《美术课程标准》规定进行基本技能检测。检测内容要根据县教研室规定的测试题目要求出题。每学期教师自行安排不少于四次测试，做到有学生试卷，有等级评价。

4. 地校课程。每学期安排四次过程性评价（包含期中、期末），成绩以等级评价。考试成绩以等级形式呈现，考试提倡实行等级评价（A、B、C、D 四个等级）。

为了保证公平、公正，从出题、到组织，都是由外校教师进行检测，我校的相关学科教师一律不准到测试班级。测试结束，评委签字，任课教师签字，然后将成绩存档，纳入年终考核。

三是实行互相听课制度，促教学相长。每位任科教师每学期听课不少于 20 节，听课记录以学校、各教研组组织的听课为主，杜绝虚假听课，应付现象（以教导处签到检查为准）；记录过程明了，环节齐全，能体现重点、难点、特点；有过程与方法；能写出听课启示。

去年，我校新进 23 位年轻教师。为了促进新教师专业成长，发挥骨干教师模范引领作用，学校大力推进“青蓝工程”建设，开展师徒结对活动。每周师徒互相听常态课不少于 1 节。每周五，要将师徒听课记录交教导处盖章，真正把这项工作落到实处。

四是实行常规检查月检查制度，查缺补漏。为保证教学工作正常进行，我校实行了教学常规月检查制度，并将常规检查成绩纳入考核。我校把教学计划、教案、听课记录、作业、作业批改记录、单元过关测试、课程超市活动记录，都纳入常规检查。在组织常规检查时，第一次检查，教研组长全员参与，另外再挑选部分骨干教师，保证每个级部、每个学科都要有人参与常规检查。常规检查时，我们分为四大板块：查听课记录的：查数量，看环节，重评价和建议。查课程超市的：看计划、教案、测评，查考勤。查教案、计划的：看教学进度，看教学流程，看教学反思。查作业的：因为我校班级很多，查作业的分为三个大组：语文组、数学组和综合组。语文组的评委是由分管语文的主任及五个年级的老师组成，数学组的评委是由分管数学的主任及五个年级的老师组成，综合组的评委是由英语、品社、科学、音体美及地校教师组成。人人都是常规检查的评委，常规检查的过程，既是相互监督、查缺补漏的过程，又是互相学习的过程，保证把学校的要求带到每一个学科组，保证反馈结果都能传达到每一位教师。同时，我们会把检查结果汇总、张贴、公示，并会在全校教职工大会上反馈每个学科的检查情况。

常规工作琐碎繁杂，但因为我们一直精细化、网格化管理，所以所有工作都已经正常化，常态化。细节决定成败，只要我们把小事做好了，一切就都做好了。

家校共育，让孩子们的心灵春暖花开

——浅议德育工作中家校共育的有效途径及重要性

董海燕，女，中共党员，大学学历，1999年7月参加工作，先后担任学校教导处副主任、德育处主任。工作中，立足本职，学习先进的教育理论，全面贯彻党的教育方针，努力提高自身业务水平；任劳任怨，严格遵循教育规律，教书育人；勇于担当，认真履职尽责，大胆创新工作方法；在日常教学和管理岗位上都取得了良好的成绩。先后荣获"东营市教书育人楷模"、"东营市教学能手"、"广饶县优秀教师""广饶县优秀共产党员"等荣誉称号。多篇论文、案例获奖或发表；执教的课例多次获奖；参与省级课题研究2项，一项获省优秀科研成果一等奖；指导的学生节目参加省、市比赛获奖。

教育格言：悦纳每一个，成就每一个，做立德树人的追梦者。

众人拾柴火焰高，众人植树树成林。在我们看来，这只是很普通、很浅显的理论，但在培养孩子这一点上，却是至高无上的，蕴含丰富而又有意义的哲理。

未成年人是我们国家的未来和希望，学校作为加强和改进未成年人思想道德建设的主阵地、主渠道，对提高未成年人思想道德素质负有重要责任。以做好未成年人思想道德建设工作作为首要任务，以"和润"校园文化熏陶人；以丰富多彩的学生研学活动教育人；以切实可行的行为规范引导人；全面提升小学生的思想素质和道德情操是我们要研究并长期探究的一项重大工程。

党的十八大以来，习近平总书记在不同场合多次谈到要"注重家庭、注重家教、注重家风"，强调"家庭的前途命运同国家和民族的前途命运紧密相连"。把家风家教的建设提到了一个新的高度，在全社会形成了很强的舆论氛围。学校德育工作，无疑是最日常、最普通，却是最有意义的。

中华民族的传统文化源远流长、博大精深，其中，家风是中华传统文化的重要载体，一代传一代的家风功不可没。今天，习近平总书记再次将家风、家教摆在了重要位置，强调“不论时代发生多大变化，不论生活格局发生多大变化，我们都要重视家庭建设，“注重家庭、注重家教、注重家风”。在现今社会的时代背景下，各种思潮相互冲击，文化环境交错更迭，东、西方文化互相碰撞的情况下，特别是各种不良之风腐蚀着人们的世界观、人生观和价值观，研究家风与家庭教育有效性的重要性和必要性显得尤为珍贵。

一、家庭教育的作用

有人说：“家庭教育是子女的奠基教育”。的确是这样的，青少年儿童从呱呱坠地到走向社会，成为社会有用人才，大部分的时间和家长生活在一起，是在家长的呵护下一天天长大成人的。尤其是，家庭是儿童成长的摇篮，儿童教育首先是从家庭教育开始的，家庭教育在早期教育中起着奠基作用。孩子在进入社会独立生活之前，有三分之二的时间是在父母身边度过的，无时无刻不在接受着家长的影响。

家庭教育，是学校教育与社会教育的基础。在人的一生中起着奠基的作用。其教育目标应是：在孩子进入社会接受集体教育之前保证孩子身心健康地发展，为孩子接受幼儿园、学校的教育打好基础。在浩瀚的历史长河中，有这样一部家训，被历代推崇，甚至被认为“古今家训，以此为祖”。这就是南北朝时期颜之推的《颜氏家训》，它反复被刊刻，虽历经千余年而不佚。《颜氏家训》中，今人最为熟悉的就是那句“积财千万，不如薄技在身”……除此外，还有许多名句至今一直广为流传。

1. 大力弘扬中华民族优秀传统文化，大力加强党风政风、社风家风建设，特别是要让中华民族文化基因在广大青少年心中生根发芽。

2. 要加强家庭建设，教育引导人们自觉承担家庭责任、树立良好家风，巩固家庭养老的基础地位。

3. 无论时代如何变化，无论经济社会如何发展，对一个社会来说，家庭的生活依托都不可替代，家庭的社会功能都不可替代，家庭的文明作用都不可替代。无论过去、现在还是将来，绝大多数人都生活在家庭之中，我们要重视家庭文明建设，努力使千千万万个家庭成为国家发展、民族进步、社会和谐的重要基点，成为人们梦想启航的地方。

4. 家庭是社会的细胞。家庭和睦则社会安定，家庭幸福则社会祥和，家庭文明则社会文明。历史和现实告诉我们，家庭的前途命运同国家和民族的前途命运紧密相连。我们要认识到，千家万户都好，国家才能好，民族才能好。国家富强、民族复兴、人民幸福、不是抽象的，最终要体现在千千万万个家庭都幸福美满上，体现在亿万人民生活不断改善上。同时，我们还要认识到：国家好，民族好，家庭才能好。当前，全党全国各族人民正在实现“两个一百年”奋斗目标，在实现中华民族伟大复兴中国梦的新长征路上砥砺前行。只有实现中华民族伟大复兴的中国梦，家庭梦才能梦想成真。

5. 家庭是人生的第一个课堂，父母是孩子的第一任老师。孩子们从牙牙学语起就开始接受家教，有什么样的家教，就有什么样的人。家庭教育涉及很多方面，但最重要的是品德教育，是如何做人的教育。也就是古人说的“爱子，教之以义方”，“爱之不以道，适所以害之也”。青少年是家庭的未来和希望，更是国家的未来和希望。古人都知道，养不教，父之过。家长应该担负起教育后代的责任，家长，特别是父母对子女的影响很大，往往可以影响一个人的一生。

二、创设浓厚的教育活动氛围

1. 创设家风家教教育活动的校园环境。为发挥校园环境的育人作用，围绕“家风文化”这一主题，精心构建校园环境。如：建造中国古代家训教育微缩景观；展示“二十四孝”故事；以每层教学楼的墙面为阵地，建设家训文化壁；以教室为阵地，分不同研究专题展示家训文化，利用黑板报、校园广播站、校园电视台、电子屏等集中宣传爱国诚信、廉洁敬业、诗书传家、明事知礼、尊老爱幼、勤俭持家、友爱同学、和睦乡里、遵纪守法等与家风家教有关的内容……以此形成图文并茂、内容丰富的校园文化景观，使全体学生生活在充满“家训文化”气息的“潜在课堂”里，每时每刻受到熏陶，让家训的先进精神以一种无形的力量潜移默化地使自己的心灵净化，人品美化，情感高尚化，达到润物细无声的效果，使学生受到潜移默化的影响和教育。

2. 创设家风家教教育活动的宣传环境。发挥家长委员会的作用，邀请专家、一线教师在家长学校开展“家风家训”专题讲座，普及现代教育理念；积极发挥学校心理健康教师的力量，为广大家长解疑释惑，设计开展各类亲子实践活动，在活动中提高家长教育子女的科学性，形成社会、学校、家庭三位一体的教育氛围，为未成年人健康成长营造良好的环境。

3. 开展系列主题活动，促进家风建设。

(1) 开展“和润共育，德润万家”文明家庭创建活动主题教育活动。

我们的课题研究立项之后，也适逢全县开展“德润万家”文明家庭创建活动，此活动为深入贯彻落实习近平总书记关于家风建设的重要讲话精神，大力弘扬中华传统美德和优秀文化，积极培育和践行社会主义核心价值观，全县造势，形成了一个很好的舆论氛围，我们把课题研究与此活动联系起来，结合我校实际情况，开展了扎实有效的工作。

我校是全县“德润万家”活动示范学校。我们通过在全校开展“和润共育，德润万家”文明家庭创建活动，以传承好家训、培育好家风、建设好家庭为重点，积极引导全校乃至全县家长培育优良家风，弘扬传统美德，树立家国情怀，形成注重家庭、注重家教、注重家风的共识，促进校风带家风，家风带民风、树新风，推动社会主义核心价值观和家庭价值观落地生根，成为学校精神文明建设的鲜明特色和品牌。在全校开展了文明少年、文明班级、文明家庭评选活动，在庆祝“六一”儿童节之际，对高铭泽等 40 个文明家庭、一年级三班等 10 个文明班级，刘子瑜等 80 名校级文明少年，王苏煜等 320 名班级文明少年进行表彰奖励。为了培养学生的家国情怀，组织全校师生共同学习手语歌曲《国家》，并在六一期间进行全校演出。今年 5 月份我校组织全校 2 000 多名家长收看央视纪录片《镜子》，引发大家对家庭教育的深度思索。

(2) 学习名人家风家教，诵读家风家教经典。中华民族素有“礼仪之邦”之称，向来重视家教，早在战国时期，便有了“孟母三迁”和“曾子杀彘”的优秀家教故事。名人注重家风家教的事例还有很多。如，三国时期著名的政治家诸葛亮在《诫子书》中教育自己的孩子：“非淡泊无以明志，非宁静无以致远”。在宣传名人家风家教的基础上，组织学生诵读相关经典，分享优秀家风家教故事，震撼着学生的心灵，提升了他们的精神境界，使其把握家风家教的内涵。

(3) 提炼家风家教精髓，开展家风家教征文活动。家风存在于各个家庭，学校德育处、大队部利用国旗下讲话、校园广播、校园网站等多种渠道积极鼓励和动员广大师生及家长畅谈自己的家风家规和家教，晒晒自己的好家风、好家规，在校园内掀起“谈家风、树新风，践行社会主义核心价值观”的热潮。我们还组织征文活动，让学生通过生动的文章把简短精炼、意蕴深远的家风家教展现出来，具体说明家风家教的传承与发扬。

(4) 组织家风家教书写比赛，创办家风家教手抄报。人的认识需要经过多次的强化才可以达到巩固的效果。组织学生把家风家教内容以多种书法字体书写出来，并进行张贴、欣赏，这是运用中国传统文化形式进行家风家教教育的有效方法。同时，让学生创办家风家教手抄报。把名人的家风家教、同学的家风家教、自己的家风家教故事通过书写、绘画等形式整合在一张小小的手抄报上，不仅提升了学生的综合能力，而且更为重要的是，让他们对中国传统文化有了进一步的认识和感悟。

(5) 开展情境实践活动，拓展家风家教教育新渠道。深入挖掘传统文化，把握家风家教内涵，彰显其生动性。我们把家风家教教育与具体情境结合起来组织实践活动，每月一个主题，每周一次活动。如，一月结合元旦和春节进行“德润万家迎新年，和润共育传家风”的主题活动。三月组织开展的“感谢母亲，感恩生命”主题活动。四月结合清明节进行的“回忆优良家史，传承家教家风”主题活动。五月结合五一国际劳动节、五四青年节进行的“勤劳朴实　温暖他人”主题活动。七月结合建党日、抗战纪念日进行的“感动抗日精神　增强民族责任感”主题活动。九月结合教师节进行的“尊师重教　诗书传家”主题活动。十月结合国庆节进行“祖国、母亲与我”主题活动。十二月结合法制宣传日进行“弘扬法治精神，促进社会和谐，幸福每个家庭”主题活动等。学生们通过一系列活动展示自己的家庭风貌、家庭文化和道德传承，加深了学生们对家风的理解。寒假暑假期间，在全体学生和家庭中分别开展了“德润万家迎新年，和润共育传家风”活动“广饶县第一实验小学暑期家风建设实践活动”，学生及家庭全员参与，让学生听长辈讲家风，话家训，搜集自己的家风故事，指导家长开展家风实践活动，得到了广大家长的支持和积极参与，几千个家庭共同参与，形成了一股带动全县的风潮，给社会注入了一股正能量，社会反响强烈。

(6) 与中华优秀传统文化的结合。

我们编写了《古代家风小故事》文集，利用班会、晨会讲古代家风小故事，并组织学生进行讨论，从这些中华优秀传统文化中汲取营养。“让学生影响家风活动”，就是把孩子的心灵作为传播和弘扬中华优秀传统文化的主阵地，让家长和孩子一起享读《大学》《中庸》《孟子》《弟子规》等经典内容，让家长和孩子一起写体会、学习心得，明白仁、义、礼、智、信、忠、孝、廉、耻、勇等含义，让优秀传统文化融入到孩子的实际生活当中，帮助孩子养成待人、交友、学习的好习惯，自觉遵循各种礼仪和规范，然后带动家长，从而达到影响家风的目的。

(7) 发挥家长主体作用，助力家风家教活动。

夫妻相敬如宾、相濡以沫，家长孝敬孩子的爷爷奶奶，对大家庭无怨无悔地付出，都深深影响孩子，让孩子懂得孝是中华民族的传统美德，付出是爱、吃亏是福。在家吃饭，让爷爷奶奶坐上位，家长靠近爷爷奶奶坐旁边，小辈坐下位。一个简简单单的座位安排中包含着浓浓的孝道。饭菜由家长和孩子端到桌子上摆好，汤碗先盛给爷爷奶奶。由爷爷先动第一筷子，家长和孩子才捧起饭碗在和睦的氛围中吃饭，小小的饭桌表现出孩子对家长和老人的孝顺与恭敬。学校开展了“好家训、好家风”家庭教育大课堂活动，以“争做合格家长，培养合格人才”为目标，围绕主题，精心策划，在校内外广泛深入宣传，让学生、家长充分了解主题活动的意义和要求。做到家风家教活动内容、时间、课程、形式的整合，充分发挥家长的作用，使家长明白：家教的主体是家长，家教不仅是以言教训，更要以身作则，身教重于言教，教育子女应当率先垂范。建立长效机制，家长、学校相互配合，推动家风家教建设深入发展。学校涌现出了一批好家长，好儿童，在六一节前夕，县教育局、县妇联、县团委等联合评选全县十佳好家长，十佳好儿童，我校家长薛娜娜被评为“十佳好家长”，王钰淇同学被评为“十佳好儿童”，我校白韵帆同学荣获“东营市十佳美德少年提名奖”。我们组织开展了“传承好家训，培育好家风”征文活动，向家长征集自己的家庭在家教家风建设方面的好做法并进行推广宣传，共收到征文80余篇。

(8) 开展教师家访活动，对家风建设进行指导。

我校于寒假期间开展了“家访活动月”活动。通过家访，发现家风建设方面的优秀典型并对家风建设进行指导。老师们高度重视，积极响应。通过这次家访活动，了解到每个家庭的情况以及家风建设的情况，老师们将学校的办学理念与办学特色与家长们进行宣传，宣传科学的家庭教育的方法，增强了家庭教育与学校教育的联系，取得家庭教育与学校教育的一致，取得家长对学校工作的支持。老师们更加了解学生目前的思想动态和学习动态，更加了解家庭、家长对学生的影响，通过与家长孩子的近距离接触，提高了彼此的信任与合作。有些老师在家访中发现了有些孩子的实际困难，动之以情，晓之以理，提出了帮助解决的方案和措施，得到了家长的配合。同时家访工作拉近了学校与家长、老师与学生的距离。使老师与学生的关系更加融洽，有力地推进了我校的教育教学工作。这次家访活动深入到各个社区和单位，在家长中、社会上都起到了很好的反响。通过家访，我们了解到大量真实的资料，了解到在家风活动中的困难，同时也向广大学生家长宣传了学校的办学特色和办学理念，宣传了我县义务教育阶段的成就，使本实验能够有的放矢。

(9) 家风建设与心理健康教育紧密结合。

我校是东营市心理健康教育示范学校，多年来学校高度重视心理健康教育，这与我们的课题研究也是非常契合的。我们通过开展家庭教育讲座、团体心理辅导等活动，让家长了解家风建设对孩子形成健康心理的重要意义，从而提高家长对心理健康教育的认识，我校以"和而不同，润泽人生"作为学校的核心理念，以和为舟，润心扬帆。我们利用多种渠道、多种形式向家长作宣传，使家庭理念和学校理念相融相通，相得益彰。比如我校韩国华老师以《家庭教育与中国和文化》为主题，从以下四个方面：和生万物——家庭教育的环境，和而不同——教育的方法，和以养正——教育的气度，和则大同——教育的理想向广大家长阐述怎样将中华和文化与家教家风建设结合起来，传承中华文明的精华，引领家庭形成良好的家教家风，促进孩子的健康成长。学校还开展了亲子绘画、亲子沙盘游戏等心理亲子活动。引导家长关注孩子心灵的成长，走进孩子的内心世界，了解孩子的喜怒哀乐，倾听孩子的心声，同时对于特殊学生进行有针对性地帮扶。

实践证明：家庭教育不同，子女成长迥异，家庭教育对子女的成长起着奠基作用。还有，孩子与父母朝夕相处，这使得家长不仅熟知孩子的生理特征和喜怒哀乐，还对孩子的脾气、品行、为人、做事摸得最透，了解最清。而且在家庭生活中，孩子比较轻松自如，随随便便，不像学校有各种制度的约束，有所顾忌，行为有隐蔽性，他们的思想、兴趣、个性、需要、行为习惯就表现得自然、真实，暴露得也最充分。在这种自然状态下，父母可以很容易观察到孩子最真实的言谈举止。此外，学生的学习态度、学习习惯是怎样形成的，为什么养成某些行为习惯，又为什么会具有某些性格特点、特殊能力，思想为什么会发生变化，为什么会有不正确的思想和不轨的行为等等，学生这些深层次的心理问题和思想问题也往往会从家长那里找到根源，会从家长身上找到答案。

三、构建良好家风，优化家庭教育

1. 以“子女为本”开展家庭教育。

通常认为家庭教育是在家庭生活中，由家长（其中首先是父母）对其子女实施的教育。即家长有意识地通过自己的言传身教和家庭生活实践，对子女施以一定教学影响的社会活动。从家庭教育的定义来看，子女是家庭教育的主体，即教育对象，而家长在整个家庭教育的过程中起着主导性作用。因此，要想构建和谐高效的家庭教育，家长首先要做的就是以“子女为本”开展家庭教育，即以“子女为本”开展家庭教育是构建和谐高效的家庭教育的基础。而以“子女为本”，也就是要求我们家长遵循子女在身心发展过程中存在着差异性与阶段性的特点，来选择合适的家庭教育方式与内容。

2. 搭建家庭教育与学校及社会教育的桥梁。

家庭教育并不是一个单独的“存在”，实际上家庭教育离不开学校及社会教育，而学校及社会教育也同样离不开家庭教育。也就是说，它们之间是一种相互影响、相互制约的关系。因此，要想构建和谐高效的家庭教育，家长必须要在家庭教育与学校及社会之间搭建一座桥梁。特别是家庭教育与学校教育之间桥梁的搭建，对构建和谐高效的家庭教育十分重要。所以家长应该要积极主动地同学校的老师相互配合、相互督促，从而保证子女家庭教育与学校教育的一致性与连贯性，促进和谐高效的家庭教育构建。

3. 坚持“德育为先”的教育理念。

家庭教育最核心的内容就是对子女进行“德育”教育。可以说，评价家庭教育的好与坏主要就是看子女平时身上所表现出来的道德品质的优与劣。因此，家长在开展家庭教育的过程中，必须要明确教育的目的，坚持“德育为先”的教育理念，最终促进和谐高效的家庭教育的构建。具体来说，就是一方面，家长要走近学生心灵；另一方面，家长要走进学生心灵。可以说，只有这样才能让子女与家长保持心灵上的沟通与情感上的共鸣。

4. 实施“挫折教育”。

所谓“挫折教育”，指的是让受教育者在受教育的过程中遭受挫折，从而激发受教育者的潜能，以达到使受教育者切实掌握知识的目的。这种挫折教育属于家庭教育的重要内容之一，其对构建和谐高效的家庭教育起着一定的促进作用。因为在家庭教育中实施“挫折教育”，能够使得子女的身心在挫折中得到发展，同时对子女的自理、自立能力的提高也具有较大的帮助。为此，家长在家庭教育中切不可事事都为子女操办好，要舍得放手，让子女自觉养成一种责任与担当意识。

优秀的家风是家庭教育的基石。而优秀的家风并不是一朝一夕就能形成的，一般都需要好几代人的努力与坚守。当下，有很多家庭的家长忽视对家风的建设，这是不可取的。因为子女从小到大都会在潜移默化中受到家风的影响，所以为了子女将来更好地发展，家长必须要重视起对家风的建设，为孩子营造出一个良好的家庭教育环境。

充分发挥家委会的作用，建立完善的家校合作机制。加强家长委员会制度建设和组织建设，将其作为依法治校的重要途径和现代学校制度建设的重要内容。学校成立学校、年级和班级三级家长委员会，参与学校日常管理与重大问题决策。丰富和创新家长委员会工作形式，充分发挥家长委员会的组织协调作用，协助班级开展丰富多彩的活动。如今年春天利用周末时间，由学校发出倡议，组织孩子们走近自然，来一场与春天的约会！各班家委会，本着自愿的原则，在班主任指导下组织开展的春游活动，精彩纷呈，有序有效。今年六一儿童节，家委会自发地为各班孩子们定制了节日蛋糕，送了礼物，和孩子们一起过节，表达对孩子们成长的祝贺，孩子们为家长送上感恩卡，表演节目，表达自己的感恩之情。通过活动的开展，不仅锻炼了学生，更增进了家长的友谊，增强了班级凝聚力，拓宽了学校与家长的沟通途径，密切了家校协作。

5. 大范围开展以感恩教育、亲子教育为主题的亲子活动。

如今年我校开展的亲子入队仪式。首先由孩子对家长的辛勤养育深深地鞠躬致谢，然后请家长亲手为孩子佩戴红领巾，为孩子宣读入队家书，与孩子合影留念，让亲情流淌，让爱生长。许多家长和孩子在活动中流下了眼泪。还有一年级的开学仪式，我们也请家长们参与，见证孩子每一个成长的关键时刻。这些活动的开展，加强了家长对教育的参与度,提高了家长对教育的认识,对珍贵亲情的体验,受到家长的热烈欢迎和高度评价。

通过研究,大家认为,家风,是一个家庭的气质和价值观,是一个家庭文化的传承,也是一个家庭在精神和物质方面的价值追求,更是一个家庭长期持续而稳定存在的价值取向、思想品德、审美情趣、社会交往、行为表现、生活习惯等方方面面对家庭成员的影响,是家庭教育的全面体现。好的家风,不仅能塑造一个孩子良好的性情,还能培养其良好的品行;好的家风,不仅可以帮助孩子树立远大的志向,还是一个孩子前进的路标。可见,家风与家庭教育有着密切的关系。课题的研究与学校的校风建设相得益彰,也带动了校园的文明,促进了家庭教育与学校教育的结合。我校被评为"山东省家庭教育示范基地","东营市文明校园","东营市少先队红旗大队"等。2018 年,我校多名学生获得"十佳美德少年提名"、市县"三好学生"、"少先队员"、多名家长获得"十佳好家长"、"好媳妇"、"好婆婆"称号。

6. 重视发挥家长、教师、亲友在家教和家风培育中的关键作用。

教育学研究表明,榜样示范对于未成年人个体的发展、思想的成熟、行为的社会化起着不可替代的重要作用。人的成长过程中接触最多的是父母、祖辈、师长、同学等,因此他们的言行更能获得孩子认同,言传身教、相互仿效更易于入耳入心,收到其他教育不能比拟的效果。

7. 家庭、学校、社会、媒体凝成合力是培育优秀家风的保障。

家风虽是无形的,但对人的影响却是巨大的。良好的家风传承既然是营造和优化世风民风的基础和前提,家庭、学校、社会、媒体就应形成"四位一体"的工作合力。家庭、学校与社会要相互配合,共同打造优秀家风文化教育平台,共同传播优秀家风文化。传承优秀家风是最有效的家庭教育途径。家庭教育是对未成年人进行道德启蒙、品性养成的最直接、最有效的形式。因此,应该引导和帮助他们了解优秀家风文化蕴含的美德,在优秀家风文化的熏陶中,培养孩子良好的品德和高尚的情操。同时注意与时俱进,赋予传统家风新的时代精神和时代内涵。建设优秀家风文化,还要注重宣传部门和社会媒介、新闻媒体主阵地的作用,努力挖掘家风背后的故事,重点打造一批具有现代化气息、能够传播优秀家风文化的节目和网站。党和政府相关部门也应将倡导、培育优秀家风作为思想道德建设的重要工程,纳入精神文明建设的考核体系;同时，相关部门应积极搭建家庭教育服务平台，加强对家庭教育的科学研究和指导。总之，家庭、学校、社会、媒体应相互协作，形成合力，共同构建以家风文化滋养家庭教育、以家庭教育丰富家风文化的长效机制，提高家庭建设的实效性，促进家风聚为民风、民风汇成国风，增强实现中华民族伟大复兴的软实力。

具体做法及有效途径有如下一些。

(一) 注重常规教育，关注学生的养成教育

学校以“文明礼仪规范月”主题教育活动为契机，动员全体学生积极行动起来，学习文明礼仪知识，自觉践行文明礼仪，做文明礼仪的先锋。从班级纪律、卫生、路队等常规管理工作入手，引导学生从自己做起，从现在做起，从一点一滴做起，自觉规范自身言行，争做文明学生，进一步优化了学校育人环境，净化学生思想，收到了良好的教育效果。

(二) 拓宽活动渠道，丰富学生课外生活

组织学生开展了“走进鹊苑，体验生态农业”系列社会实践活动，丰富了学生的课外生活，让学生体验到了“粒粒皆辛苦”劳作的苦与乐，提升了学生的社会实践能力，激发了广大学生从小保护环境、爱劳动、爱家乡、健康生活的意识。组织学生开展了“小手拉大手，共筑碧水蓝天”系列社会实践活动。组织“碧水蓝天小使者”走上街头，小使者们从近年来环境污染造成的危害、如何保护环境等方面入手，向市民们介绍“保护环境，从我做起”的重要性，发放“小手拉大手，共筑碧水蓝天”携手行动倡议书 1 000 多份，并在山东省“小手拉大手，共筑碧水蓝天”少年儿童环保创意大赛暨交流展示活动中，我校与团县委合作上报的作品《希望在萌芽》荣获团体优秀奖。组织一至五年级部分学生走进孙子文化园，参观兵器馆，了解了兵器演变的历史，游览园内景区，感悟孙子兵法十三篇的精髓内涵，感受家乡厚重的文化特色，培养学生热爱家乡之情。先后开展了“红领巾心系中国梦”才艺大赛、“和润童年、绽放梦想”班级才艺展示活动，学生结合自己的班级特色和个人爱好、特长，展演了声乐、器乐、舞蹈、书画、小品、相声、快板等，为每个学生搭建展示自我的舞台，激发了学生热爱艺术的激情和动力，充分展现了每个班级的才艺创新性、主动性，引领和提升了班级文化建设。先后举办了“红领巾

相约中国梦”六一文艺汇演、“童心如歌，和润圆梦”庆“六一”课程成果展示暨表彰大会，今年举办了“你好，新时代”六一庆祝大会暨新队员亲子入队仪式、传承红色基因系列主题活动、学校军乐队表演展示暨表彰大会，并对评选出的文明少年、文明班级、文明家庭和书香家庭进行了表彰。

（三）把“才艺培养”和“课程超市”建设结合起来，提升学生的艺术素养

各年级根据本年级学生的认知特点和认知规律进行修订编出了适合本年级学生使用的教材。分门别类进行了编排打印，有了属于自己社团的教材。依托课程超市与社团相结合的形式，搭建才艺展示舞台，开设了地方戏吕剧、书法、绘画、泥塑、合唱、田径、乒乓球等十多项艺术特长活动，成功举办了学校艺术节、队列队形广播操比赛、学生书画美术作品展、经典诵读比赛等活动，为学生搭建了展示才艺的舞台，让学生个性特长得到了展现和提升。

（四）家校携手，共建幸福家园

学校认真落实《中小学心理健康教育指导纲要》要求，在课程、课堂、校园、师资、管理等诸多层面进行探索。成立心理健康教育工作领导小组，投资 10 万余元建成了高标准心理咨询室，学校已有 7 名教师获得国家级心理咨询师证书。我校充分利用设施、师资这一优势，开设心理健康教育课，开展团体心理讲座、沙盘游戏等活动，学校被评为“首批东营市普通中小学心理健康教育特色学校”，学校定期组织举办心理健康专题讲座，通过家长微信群，构建家庭教育指导服务的立体化平台，普及家庭教育知识，宣传科学的家庭教育理念，多渠道满足家长接受指导、咨询、互动、交流的需要，加强心理健康辅导和教育，并充分发挥家长委员会的桥梁作用，帮助家长学会科学育人，为孩子们的健康快乐成长保驾护航。

学生良好发展是一个长期的过程，家庭是孩子人生的第一所学校，社会是大熔炉。学校通过思想政治工作者特别是班主任进行思想政治教育的同时，也必须高度重视家庭教育、社会环境的反向影响，否则学校德育工作便很难落到实处，取得成效。学生健康发展也是一个长期反复的艰苦工作，需要我们每一个思想政治工作者用不懈的毅力去坚持，携手共创学生良好发展的新局面。

浅谈“加强少先队发展　服务校园文化建设”

张敏，1987年8月出生，毕业于陕西师范大学，大学本科学历，东营市教学能手。荣获“东营市萤火虫助学计划优秀青年志愿者”荣誉称号、广饶县“青少年禁毒宣传教育优秀志愿者”荣誉称号等。多篇论文获奖，其中《声势训练在小学音乐教学中的实际应用》在《家长》杂志刊登。

教育理念：酸甜苦辣都有营养，成功失败都是收获。尊重属于学生自己的社会体验、生活体验，即使失败也可能成为学生终生受益的财富。

党的十八大以来，习近平总书记时刻心系少年儿童工作。“做好关心下一代工作，关系中华民族伟大复兴。”习总书记高度重视少年儿童工作，多次在不同场合与孩子们亲密互动，与孩子们结下了深厚的情缘，表达了对孩子们的关心和爱护，期许孩子们能够在人生最初的道路上幸福奔跑，做热爱党、热爱祖国、热爱人民、有梦想、爱学习、爱劳动的优秀共产主义接班人！

少年强则国强！童年是人生中至关重要的阶段，除了要“敢于追梦”、“脚踏实地”、“好好读书”，还要“德智体美全面发展”。学校的主体是学生，小学生的教育离不开少先队组织。随着现代社会的高速发展，教育对学校的文化建设提出了高要求，同样也对少先队组织建设提出了高质量的要求，学校少先队工作应该从特色建设入手，打造文化品牌，创新文化载体，丰富文化内涵，为校园文化的发展锦上添花。为此，结合少先队工作的现实，进行了如下思考：

一、处理好学校文化、少先队文化和少先队活动的关系

学校的校园文化包括校史、校训、校风以及各种文体艺术、环境塑造、社团建设等等，少先队文化则包括其政治性、组织性、教育性、活动性和实践性，两者都有自己的文化氛围和鲜明特点，少先队活动需要将这两种“文化”相辅相成、相依相托、相互渗透，找到两者和谐发展的结合点开展少先队活动，甚至创造出品牌活动。

我校 2018 年，在建队节来临之际根据学校实际，分级部、分阶段开展了“寻找最美秋天”主题实践活动。活动中少先队员们通过观察、调研、探究、体验等方式增长见识、开阔视野的同时，用树叶贴画、习作、手抄报等作品在建队节到来之际装点了自己的中队，为建队节的到来献上了自己的祝福。

二、进一步完善少先队阵地，充实校园物质文化

少先队阵地是指以一定的物质条件为依托，由队员参与建设管理的，队员经常活动的场所。少先队阵地建设是少先队组织对少年儿童进行教育的重要途径和基本形式。它在促进队员们全面健康成长中有着不可忽视的教育指导作用。

1. 别具一格的校园文化。围绕我校办学理念，学校创设了独具特色的校园文化。学校的传统、校风、学风、人际关系、集体舆论、心理氛围以及学校的各种规章制度和学校成员在共同活动交往中形成的非明文规范的行为准则，还有随处可见的走廊文化、墙壁文化等等。

2. 多彩的活动阵地。为更好地服务队员，我校物尽所能，设置了多彩的活动阵地，仿佛绚丽的魔方。比如少先队活动室，供少先队干部活动、开会使用。心理咨询室，每天有专业的心理咨询师帮助有需要的队员解决学习、生活等方面出现的心理问题。校长信箱，队员们还可以通过校长信箱对学校管理建设提出自己的意见和建议等等。

3. 少先队活动课建设。

每周一下午最后一节课为我校少先队活动课，活动课内容采用学校统一和中队辅

导员自定的方式灵活开展。各中队辅导员会结合本中队实际情况，采取学生易于接受的方式精选教育内容，我校中队辅导员刘晓燕老师在 18 年的县第五届少先队辅导员技能大赛中还荣获一等奖第一名的好成绩，这都离不开她在平时工作中积累的扎实的队会经验。

今后，我们还需要加强校外少先队阵地建设，做到“走得出，请得来”。下一步我们可以设立孝心教育基地，带领队员们去特殊学校、敬老院等需要社会关爱的社区开展志愿服务活动。设立科技实践基地，请校外专家给学生做专题报告，定期组织带领学生去县气象局、科技馆、工厂等场所开展调查活动，培养学生动手动脑能力。

三、加强少先队管理，推进校园制度文化

少先队是学校工作的重要组成部分，是队员自己管理自己的团队。为了更好地发挥队员参与学校内部管理，锻炼、培养学生组织领导能力，我校采取：

1. 民主选举确立大、中、小队干部，定期轮流任职，开展“校园之星”、“班级之星”评比活动，通过榜样引领学生学习先进，养成良好的行为习惯。

2. 注重加强少先队辅导员的理论学习，通过集体培训、自我学习的方式，切实提高辅导员业务技能和育人水平，引导辅导员认识了解新时代少先队员们的成长规律和现实需求的重要性，不断加强少先队工作的针对性、系统性和实效性，注重提升自身素养，以自己的人格魅力吸引队员、感染队员、塑造队员。

3. 完善各项常规工作的组织和活动制度：加强学校升旗仪式的管理，培养和训练升旗手、演讲人、主持人。以少先队监督岗为少先队自主教育载体，提升少年儿童自主教育能力。做好每学期“优秀中队”、“优秀班主任”的评选等。

四、开展丰富多彩的少先队活动，提升少年儿童综合素养

活动是少先队组织的生命，是少先队员在组织中学习共产主义、争取全面发展的基本途径，辅导员可以根据队员们好奇、好动、好胜的心理特点，引导队员们在实践中动手、动脑、调查、观察、搜集资料等，培养他们分析问题和解决问题的能力，甚至可以

锻炼队员们自己设计活动、管理队伍,从而锻炼队员们的创造能力和合作意识。而少先队工作者还要引导队员关注时事政治,准确定位,保障活动实际可行。少先队理论专家段镇先生在为少先队活动“按特性分类”时指出,少先队活动可以分为:传统性活动、主题性活动、系列性活动等。

1. 传统性活动。辅导员要抓住传统节日、纪念日、国家大事等有利时机,在佳节中创造性地规划少先队教育活动内容,采用生动活泼的形式,引导队员们积极参与实践活动。在每个重要的节日里,我校都积极开展各种有意义的社会实践活动,如“弘扬中华文化,培育家国情怀”赏花灯、猜灯谜、品美食活动、“品传统文化,过五彩端午”少先队活动、“牵手关爱,益暖中秋”等。

2. 主题性活动。辅导员要围绕一个主题设计实施方案,如爱国主题、安全教育主题、读书主题、建队节主题、环保主题等。近年,我校的主题性活动有“这个冬天,我们在一起——和环卫工人共筑碧水蓝天”、“小小银行家——我是未来理财之星”等。

3. 系列性活动。少先队的系列性活动是少先队组织的一种大单元的主题教育活动。系列性活动的特点是在一个较长的时间内(一个学期或者一个年度)围绕一个主题开展多层次、多侧面的相互联系的各种活动,用一种特殊的形式,把若干活动按顺序有机地结合串联起来,有目的、有计划、有步骤地由浅入深,由易到难,由近及远地分阶段进行活动,引导队员为追求某个有趣、有意义的目标或目的而不断努力。这需要辅导员要不断提高自身政治思想素质、扎实的基础知识和较强的专业文化素质,需要少先队辅导员能够更进一步地热爱少先队工作,有高度的责任感和事业心,熟悉少先队工作和少先队理论,了解队员,具有高超巧妙的工作方法等。

4. 公益性活动。公益性活动意在培养队员的爱心和责任心,让主动参与公益活动成为少先队员生活中的习惯,通过公益活动奉献爱心,营造、传播科学与文化。我校非常重视公益性活动,比如重阳节带领队员去敬老院慰问,为老人们献贺卡、打扫卫生、表演节目。在寒假带领学生慰问环卫工人,为他们送上热气腾腾的姜水,和环卫工人一起打扫卫生等。在这些活动的感染下,带动了我校许多少先队员及其家长参与到社会公益中,培养了队员热爱生活的情感。

5. 社团性活动。社团性活动可以打破原有班级的局限,使更多的老师参与到少先队工作中,使志愿辅导员发挥更大的作用。我校的校级社团有 30 多种,涉及文学、艺术、科技等各个领域，这些有特长的少先队员在不同的活动中都能发挥积极作用。

少年儿童是祖国的未来，少先队是我们党创立并领导的少年儿童群众组织，少先队工作是学校德育建设的主阵地，德育建设是学校校园文化的核心。今后我将继续立足于少先队工作建设，积极开展少先队活动，引导队员们进一步加强自身建设，增强队组织的吸引力、凝聚力和影响力，弘扬和培育民族精神，激发和培养队员的创新精神和实践能力，引导队员们从小养成热爱祖国、热爱人民、听党的话、跟党走的良好思想品德和行为习惯，努力成长为有知识、有品德、有作为的新一代建设者和接班人！

浅谈校本数字资源库建设与管理

孙建滨，男，1976年出生，中共党员，大学学历，1998年7月参加工作，先后担任学校信息中心主任、教导处副主任、主任、教育信息化办公室主任。自参加工作以来，乐于奉献，积极进取，注重对教学方法的探索，对教育方式的研究。先后荣获“广饶县优秀青年工作者”、“广饶县教学能手”、“广饶县优秀共产党员”、“广饶县优秀教育工作者”、“东营全市优秀电化教学研究人员”东营市教学能手、“东营市学科带头人”等荣誉称号。多篇论文、案例在省、市、县相关评选活动中获奖，在国家级刊物发表论文2篇，参与研究国家级课题2项，省级课题3项，著有《翻转课堂教学模式理论与实践研究》一书。

教育格言：教人求真，学做真人，博观约取，厚积薄发。

随着信息技术教育的不断推广和发展，教育信息化已是促进学校教育快速发展的有效途径。学校自己的教学资源库，具有网络上其他资源库无法替代的作用，它为本校教师的课堂教学现代化提供了广阔的平台和充足的保障。因此，建设一个规范的、内容丰富的、开放性的和具有“校本特色”的教学资源库，越来越受到各方面重视。现结合我校实际情况，谈谈本人对教学资源库建设与使用、管理的一些粗浅看法。

一、学校教学资源库建设的过程

1. 准备阶段。首先是成立校园资源库建设领导小组，并通过会议、文件、教研活动等形式进行资源库建设宣传，形成共识。然后以教研组为单位成立各学科资源库素材收集小组。学校信息中心对素材收集小组成员进行集中培训，明确目的及掌握正确的收集方法。

2. 实施阶段。

(1) 学校信息中心利用校园网络系统,在完善学校网站的基础上充实学校FTP资源库,分年级、学科、类型建立科学的资源库目录,并设立各子目录。

(2) 在学校进行初步实验。各学科素材收集小组按要求搜集、整理、制作好教案、课件、试题、论文等素材并上传至资源库,审核后正式入库,随时做好记录。

(3) 教师全员参与,在现有基础上逐步完善、丰富资源库,形成一套适合本校教学实际的资源库。

(4) 学校教育信息化办公室管理员负责对老师上传的资料进行检查,调整并及时审核入库,服务于教学。

(5) 加强教师培训。教师培训主要提高教师以下基本技能:上网搜集下载教学资源能力;自制适合本校教学特点的课件的能力;校内资源库上传、下载操作技能。

二、学校教学资源库资料的来源途径

1. 从互联网上获取。随着信息技术的发展,互联网成了老师们的备课超市,为老师们提供了各种各样的资源,可以说是信手拈来。互联网中有许多很有价值的教学资源是学校建设教学资源库的重要来源。特别是一些教育教学类的网站以及教学资源库建设得早的学校和一些专门从事教学研究的个人网站,这里的教学资料收集全面,有创新性,并且进行了专门的整理和分类。老师们只需将这些资料从网站下载下来导入到学校资源库即可。

2. 学校教师自己的教学资源。学校资源库中的资源主要应来源于本校教师自己设计制作开发的教学资源。这样的资源才有校本特色,才更加适合学校教改的深入进行。

教学资源库建设必须由全体教师共同完成。学科教师是资源库建设的主力军,每一个老师都要参与到资源库的建设中来。老师们在数年的工作经历中,积累了大量的教学素材,但这些零散资源的再次利用和合作利用率很低。现在将这些资源上传到资源库中,每个老师都可以随时轻松通过校园网在资源库中提取。另外,学校多年积累的优秀教师教案、课件、活动视频、成果等资料上传到资源库,不但有利于老师学习借鉴,也有利于长久、安全地保存这些珍贵的资料。

三、学校教导处、教育信息化办公室做好对学校资源库的管理

教学资源库的建设、管理光靠信息中心或者教导处或者某几个老师来完成显然是不可能的。谁来牵头,谁来培训,谁来技术负责,谁来审核、监督、检查、评比,需要学校有一个统一的协调。为建好、用好、管好资源库,学校首先要把资源库建设纳入学校常规管理;另外学校要做好对教师信息技术的培训工作;三是将任务分解下去,各个部门、教研组、教师都有管理任务和监督职责;四是学校不断加大投入力度,除了要购买更多更好的资源补充资源库外,还要对资源库建设、使用等方面进行考核奖励。

学校还要充分发挥资源库管理员的技术才能,不断对学校的资源库进行维护和更新,使资源种类齐全、科学。

资源上传:允许在线的教师进行单个或多个资源的上传。

资源下载:学校内注册教师可以下载资源。

资源审核:管理员主要负责对教师上传的资源进行评审,以确定是否发布该资源。

资源查询:教师根据查询条件,输入关键字查询相应的资源。

资源删除:资源管理员可以删除不符合标准和过期的资源。

四、学校要充分发挥资源库优势开展教学活动

1. 引导教师依据学校“先学后教,小组探究,当堂训练”课改课堂的要求在资源库中选择资源进行教学活动。在课堂教学中要体现课堂教学标准,突出学生自主学习,培养学生自我管理能力,以研究性学习、合作学习为主,提高课堂教学效率。

2. 利用资源库中的资源对教师进行校本培训,发挥骨干教师的带头作用,树立典型。把优秀教师的先进教学经验、课堂教学视频、讲座视频上传到资源库中,使每位教师及时地学习到别人的教学经验,了解和掌握教育教学信息,提高自己的工作能力。

3. 利用网络资源冲浪,汲取精华实行改革创新。教师可以自由在网上冲浪,在网

上自由交流自己的教学经验，汲取别人的优点，改进自己的工作。

总之，学校教学资源库的建成，能够为教师提供永不枯竭的资源和服务，提高教师工作效率，促进信息技术与学科教学的深度融合，提高课堂教学效率，促进学校教学工作的全面提升。

打造和润教育，共建幸福家园

——广饶县第一实验小学安全工作纪实

张建军，男，1966年生人，中共党员，大学本科，1987年参加工作，现在广饶县第一实验小学从事体育教学与安全管理及工会等工作，一级教师职称。从教30多年来，先后被评为推行国家体育锻炼标准全国先进工作者、全市教育系统安全工作先进个人、县优秀工会工作者、县安全管理工作先进个人、县优秀共产党员、新长征突击手等多项荣誉称号。2006年主管学校安全管理工作以来，学校多次被评为市平安学校、县平安单位，2017年被评为省级交通安全示范学校，2019年又被评为东营市平安校园示范单位、东营市学校安全工作先进单位。

教育格言：做人诚信友善、做事脚踏实地。

广饶县第一实验小学始建于1980年，是省级规范化学校、省级教学示范学校、省依法治校示范学校，现有教学班40个，教职工140人，在校生2 146人。多年来，在县委、县政府和县教育局的正确领导下，学校始终坚持“以人为本、依法治校”的管理理念，把安全管理工作作为各项工作的重中之重来抓，促进了学校教育教学工作健康、可持续发展，为广大师生营造了平安、文明、和谐的学习工作环境，学校安全管理工作成效显著。多次被评为安全管理工作先进单位。

一、健全工作机制，完善安全管理措施

一是学校成立了以主要领导为组长，分管领导为副组长，各科室负责人为组员的

安全管理领导小组，并且成立了学校安全管理办公室，负责日常的安全管理工作。二是学校定期召开安全管理工作会议，总结安排工作，积极参加各项安全综合整治活动，比如每年的安全教育月、消防活动月，结合学校实际，开展一系列的安全教育活动，制定相应的安全管理制度、活动实施方案及各种应急预案。

二、多措并举，提高师生安全防范意识

一是层层签订安全责任书。学校与处室、班主任、教师层层签订责任书，明确各自的职责，学校还与学生家长、校车车主签订了安全责任书，明确了家长、校车车主应做的工作和应负的责任。在节假日期间及特殊时期还发放了致家长的一封信。通过各种安全责任书的签订，让教师、学生、家长、车主明确自己的安全职责，贯彻“谁主管，谁负责”的原则，做到职责明确，责任到人。

二是加强学生在校时间的值班力度，确保学生在校活动安全有序。学校成立了教师值班队伍、教师值护队伍、学生安全管理员的校园安保队伍。全体教师、班级学生安全管理员从周一至周五，按照不同楼层及学生课间不同的活动区域分组轮流课间值班，每位值班教师、学生安全管理员佩戴好值护牌，及时到达指定区域进行值班、导护。

三是开展应急演练，提高师生自救自护的能力。每月，学校定期进行一次应急疏散演练，目的在于通过组织开展紧急情况下人员疏散和逃生演习，检验预案的实用性和操作性、师生逃生知识的掌握程度及在重大灾情、重大险情面前的应急指挥和配合协调能力，培养师生在紧急情况下的处置和应急能力。

四是加强义务消防员的培训，提高义务消防员的业务能力。学校成立了义务消防员队伍，每学年，学校进行一次安全消防培训，向教职工介绍消防灭火器的正确使用方法、发生火灾时的注意事项、扑救火灾及火场逃生自救方法，通过培训增强教职工的消防安全意识，提高义务消防员的消防知识。

五是创新活动载体，丰富学生的安全防范知识。学校充分发挥课堂教学主渠道的作用，认真上好安全教育课，积极参加安全知识答题活动与安全征文活动；通过升旗仪式、班会、队会、墙报、手抄报、安全知识长廊及收看安全教育专题片等形式，进一步拓展学生的安全知识面；聘请校外法制辅导员对全体师生进行安全知识主题讲座，进一

步提高了师生“关注安全、关爱生命”的意识。

六是强化监督检查，定期进行安全隐患排查。学校由安全办牵头，联合相关处室负责人，对学校校舍、食堂、围墙、厕所、实验室、图书馆、微机室和室内墙壁上的悬挂物以及校园内的消防设施设备、水电暖设施、各种标识标志、校园周边环境、校车等方面进行全面检查，深入查找各种安全隐患和安全工作的薄弱环节，不走过场，不留死角，做到整改措施到位、整改时间到位、责任部门和人员到位，把安全事故的发生消灭于萌芽状态。

三、加大安保力度，营造和谐育人氛围

一是规范保安队伍，提升安保意识。学校的专职保安经过面试、政审、体检等手续，然后择优录取思想素质高、道德品质好、头脑灵活、身体健康的人进入我校保安队伍，并与其所在安保公司签订合同书，定期与不定期对他们进行安全知识培训或召开安全工作专题会议，进一步树立他们强烈的安全意识和高度责任感，要达到“上岗一分钟，干好 60 秒”的思想境界。

二是重点时段区域，群策多岗共治。实行错时放学制度及特殊天气延缓入学制度，实行 1—2 年级提前 10 分钟放学，3—5 年级按时放学等措施，同时发放了致学生家长的一封信，信中规定了学生家长接送孩子的区域与车辆停放位置，缓解了放学时，校园门口拥挤现象。特殊天气时，家长或校车司机可根据天气及路面情况，暂缓学生入校时间，确保学生路途安全。为防止接送学生的家长及车辆拥挤到校门口，发生意外安全事故，学校购置了隔离墩与警戒线，专职保安全员着好警服、持好警械在警戒线的出入口处，维持好现场秩序，并留意与观察各种人员的动态，以防暴力事件的发生。

三是强化校园防范，确保校园稳定。切实加强门卫管理，严把校园出入关口。凡是外来人员入校必须进行登记、验证，并与相关人员联系好后，方可入校；学生出校，必须持班主任签署的外出请假条交门卫室，并由来接人员签名后，方可出校。实行领导带班，教师值班制度，在学生上学、放学时，带班领导、值班教师提前到岗，在校门口管理组织学生安全有序地进、出校园。夜间及节假日期间，值班人员要按时到岗值班，专职保安要 24 小时不间断巡逻，并填写好值班与巡察记录。学校加强基础设施的安全

管理,做到人防、物防、技防相结合,形成全方位、多角度的安全防范体系,确保学校财产安全与师生人身安全。

四、关爱学生健康,打造优质育人环境

一是加强食堂管理,落实《食堂管理制度》。严格执行有关食品安全规定,严把采购、验收、索证关,不断完善和规范食堂操作规程及食堂卫生管理、消毒管理和食堂工人定期体检等制度,做好食品安全预案,将食堂管理工作落到实处。

二是管理人员充足,管理措施到位。学校现设食堂管理员 1 名,食堂工人 7 名,中午管理老师 3 人,带班领导 4 人(每周 1 人值班),管理人员及带班领导中午陪同学生就餐、休息。食堂管理及伙房人员要严格遵守《食堂卫生检查制度》、《餐具消毒管理制度》、《从业人员健康检查制度》等管理制度,定期对食堂工作人员进行培训,确保食堂管理工作安全高效运行。

三是以生为本,合理膳食。学校发放调查表,了解就餐学生的饮食习惯和饮食禁忌,为制定食谱、采购主副食品奠定基础,合理调整饮食结构,定期变换饮食的种类,既要照顾多数学生的饮食习惯,也不能忽视少数人的要求,讲究少盐多醋,肉菜合理搭配的原则,及时增减、变换主副食品花样,确保学生吃上安全、可口、营养丰富的饭菜。

安全工作,警钟长鸣。县实验一小的安全管理工作正在扎实稳步地向前推进,在今后的工作中,县实验一小将进一步加大管理力度,创新工作思路,锐意进取,努力构建"健康和谐校园"、"文明平安校园",开创学校安全发展工作的新格局!

筑梦新时代　巾帼勇担当

——女工委工作管理篇

李爱华，女，大学学历，文学学士学位，1993年7月参加工作，一级教师。她始终秉承忠诚善良、阳光开朗、踏实创新、担当有为的做人做事风格，在社会上树立了良好形象。该同志善于学习，勤于研究，工作兢兢业业，在管理岗位和日常教学上取得了良好成绩。先后荣获"山东省优秀少先队辅导员"、"东营市优秀教师"、"东营市学科带头人"、"东营市教学能手"、"东营市十佳少先队辅导员"、"东营市艺术教育先进个人"、"东营市少先队工作先进工作者"、"市八运会承办和比赛工作先进个人"、"广饶名师"等荣誉称号。被聘为"东营市小学音乐教学教研评选工作专家"、全市小学第四批青年骨干教师重点培养对象指导教师。多次执教市县公开课，执教的《白鸽》等多节音乐课荣获市优质课一等奖。该同志是广饶县政协第八届、第九届、第十届政协委员。她积极参与社会活动，建言献策、参政议政，撰写《关于进一步完善县城区西部教育园区基础设施建设的几点建议》、《关于尽快解决我县中小学教师队伍建设突出问题的建议和意见》等30多篇政协提案和建议，为政府决策和部门改进工作发挥了较好的参谋助手作用。

教育理念：贴心服务　尚学善思

广饶县第一实验小学现有女教职工113人，占全体教职工总数的77.4%。在上级工会组织、学校党总支、工会的领导、关心和支持下，女工委组织坚持"和而不同，润泽人生"的核心理念，秉承"脚踏实地、竞进不息"学校精神，充分发挥"市级巾帼文明岗"的作用，团结带领广大女教职工潜心学习、开拓创新、立足岗位、无私奉献，为全校教育教学工作做出了突出贡献。学校先后荣获"全国深化实施素质教育典型学校"、"全国高效课堂建设先进单位”、“国家级规范化汉字书写教育特色学校”、“全国百所德育示范校”、“全国少先队工作先进单位”、“全国教育艺术特色学校”、“山东省绿色学校”、“山东省吕剧传承示范学校”、“山东省传统文化体验教育实验学校”、“山东省家庭教育示范基地”、“山东省基础教育学校发展共同体成员校”、“市级文明单位”、“东营市首批中小学素质教育特色学校”、“东营市首批文明校园”、“东营市十佳少先队集体”、“全市‘少先队工作红旗单位’”等70多项荣誉称号。

一、加强师德师风建设，创建政治素质过硬的女职工队伍

学校高度重视女教职工的师德师风建设，以提高教师思想政治素质和职业道德水准为重点，加强日常管理和严格考核，深入开展师德师风教育活动，引导广大女教工牢固树立正确的人生观、世界观、价值观、教育观和质量观，增强教书育人、以身立教的责任感和使命感，努力打造一支品德高尚、爱岗敬业、业务精湛、为人师表、人民满意的女教职工队伍。

（一）加强政治理论学习，提高女教职工的政治站位。学校女工委把提高女职工政治素质作为一项重要工作来抓，采取多种形式加强政治理论学习。深入学习了习近平新时代中国特色社会主义思想和习近平总书记关于教育事业发展的重要论述。将《教师法》、《未成年人保护法》和《中小学教师职业道德规范》等法律法规的学习贯穿教育管理过程，认真查摆问题，深刻反思整改，增强政治意识，提高政治站位。同时，认真学习工会工作理论、工作法规，认真贯彻落实妇女权益保障法，提高女教职工的“四自”能力，提高自身素质。多年来，学校女教职工无任何违规违法行为发生。

（二）深化“四德工程建设示范点”建设，培育和践行社会主义核心价值观。2016年，学校被评为省级“四德工程建设示范点”。我校以四德工程建设示范点活动为抓手，巩固深化四德工程建设成果，拓展提升四德工程建设水平，引导广大女教职工自觉行动，认真学习党的十九大及习近平总书记重要讲话精神，深刻领会党的十九届三中、四中全会精神，高举中国特色社会主义伟大旗帜，认真培育和践行社会主义核心价值观，自觉增强立德树人、教书育人的荣誉感和责任感，做学生健康成长的指导者和引路人。

（三）开展师德主题教育活动，规范依法从教行为。每年，学校女工委有计划、有重点地开展“巾帼建功”活动。先后组织开展师德宣誓、师德报告会、“身边的教育故事”等主题教育活动，积极引导广大女教职工争创巾帼党员示范岗，增强了女教职工的师德规范意识，女教职工的整体素质不断提高，为人师表、爱岗敬业、廉洁从教、无私奉献的师德风貌已在学校蔚然成风。学校女教职工中 2 人被评为“全国优秀辅导员”，4 人被评为“省优秀教师”，1 人被评为“省优秀辅导员”，1 人被评为“市十佳少先队辅导员”，1 人被评为“市优秀教师”，4 人被评为“市优秀班主任”，1 人被评为“东营教师最美教师”，1 人被评为“市教师育人楷模”，5 人被评为“市艺术教育先进工作者”。

二、抓实素质教育阵地，全面提升办学水平，促进女教职工专业成长

（一）教学常规常抓不懈，全面提高教学质量。多年来，学校女工委充分发挥女教职工的优势，努力构建和谐均衡的教学环境，紧紧围绕学校中心工作，以“教书育人”为核心，积极开展巾帼建功活动，鼓励女教师在本职岗位上刻苦学习，勤恳工作，科学育人，扎实推进构建和谐高效课堂的进程，促进学校教学工作均衡、优质、特色发展。如开展的教学常规检查、推门听课、学科组内听评课、师徒结对等活动，有效地提高了课堂教学效率，切实提升了教育教学质量。我校 100 多人次参加了市、县“一师一优课，一课一名师”评选活动，其中女教职工中有 8 人获省一等奖，27 人获市一等奖，有 46 人获县一等奖，有 8 人作品上传教育部平台，参加国家优课评选。2 人报送的课程被评为教育部中小学安全教育级部优秀课程。1 人在山东省中小学体育与健康学科德育优秀课例观摩暨教学改革研讨会上执教公开课，1 人在山东省传统文化年会上执教公开课，1 人在全市小学英语课堂观摩研讨活动中执教公开课，女职工成为学校教学工作的中流砥柱。

（二）注重校本教研，努力提升教师业务水平。学校共有 17 个教研组，其中有 14 个教研组长是女教师。她们坚持以“和润教育”理念引领教学改革，注重集体备课磨课效力，实行同级部同专业一体化考核，加强团队合作意识，充分发挥集体智慧，积极开展“合作派位式”团队精品课实践探索、“人人一节公开课”等教研活动，营造浓郁的教研氛围。活动的开展，既增加了教师之间互相学习、互相交流的机会，又使教师的教学

能力和专业素养等方面得到了不同程度的提高和发展。近年来，女教职工中有3人被聘为"东营市教学教研评选工作专家库"成员；省教学能手2人，市教学能手40人，县教学能手50人；市特级教师1人；市学科带头人13人；市名师4人，县名师6人，首届广饶名师1人；市重点培养对象7人，市指导教师2人，市青年骨干教师4人；县教学先进个人21人。多位女教师登上省中小学体育与健康学科德育优秀案例暨教学研讨会、省体育教学课堂研讨会、市语文教学能手评选、市数学教学能手评选、市综合实践活动等教学教研活动的讲台。

三、开展丰富多彩的文体娱乐活动，活跃女工文化生活，促进女教职工身心健康

（一）关注女职工身体健康。健全已婚育龄妇女档案，加大健康查体力度，为女教工身体健康保驾护航。每年开展已婚育龄妇女妇科查体一次，全科健康体检一次，科学确定检查项目，为患病女职工提供优质服务和健康的生活环境。校女工委积极组织女职工参加健康知识培训学习，通过多种形式了解疾病预防相关知识，增强自我保护和保健意识，以实际的行动关爱女教工。

（二）注重女教工心理健康。学校设有心理咨询室，女教职工中有5名心理咨询师，每周一直周五轮流值班，为广大女教职工解决心理困惑和工作生活中的难题，帮助她们疏压解压。心理咨询老师经常开展"家庭和谐"、"子女教育"、"预防自闭症"等主题心理辅导活动，让她们感受到集体的温暖。

（三）关心女教职工的生活。校女工委在生活上关心教师，体贴教师的甘苦，工作细致，善解人意。每当遇有教师家中婚丧嫁娶、生病住院、生儿育女等家庭较大事情，校女工委都会在第一时间与他们进行沟通交流，并提供力所能及的帮助，进行上门慰问，送去学校的关怀和同事的浓浓情谊。

（四）开展丰富多彩的文体活动，丰富女教工业余生活。校女工委每年利用"三八妇女节"、"教师节"、"元旦佳节"等节日，开展趣味运动会和文艺演出等文体娱乐活动。通过定点投球、托球跑、跳绳、放声高歌等丰富多彩的活动，增强教师之间的友谊，团队合作精神和集体凝聚力明显提升。组织开展的"书香三八"读书活动，积极推荐阅读书

目，引领女性将阅读化为一种自觉行动，提高了女教工读书学习的自觉性和主动性。学校女教工积极参加上级工会组织的各类比赛活动。在全县“庆三八”环湖健步走活动中，连年荣获“优秀组织奖”；在全县“庆三八女教工钢笔字、粉笔字比赛”中，学校 3 名女教师获一等奖；1 名女教师参加全县辅导员技能大赛获得一等奖第一名的好成绩；2 名女教师代表教育系统参加的全县职工运动会获得好成绩；多名女教师多次在县工会、县妇联、县团委、县教育工会组织的演讲比赛中获一等奖；学校军乐队连续多年取得市县比赛一等奖第一名的好成绩，向社会展现了学校女教工昂扬向上、拼搏进取的良好风貌。

好风随春归，奋进正当时。校女工委将继续团结广大女教职工，坚持以习近平新时代中国特色社会主义思想为指导，认真践行社会主义核心价值观，不忘初心，砥砺前行，引领大家立足本职岗位，发挥自身优势，勇于挑战，开拓创新，不断实现自身的人生价值，为我县教育教学事业做出新的更大的贡献。

强师德　正师风　铸师魂

魏红光　男，中共党员，大学学历，一级教师。1992年7月至今任广饶县第一实验小学体育教师，先后担任少先大队辅导员、德育处主任、工会副主席。

本人自参加工作以来，一直负责学校少先队工作、德育工作，学校先后获得“全国优秀（示范）家长学校”、“全国中小学思想道德建设优秀成果展评活动一等奖”、“全国爱国基础教育示范学校”、“全国红旗大队”、“全国雏鹰大队”等称号。多次获得省市县“红旗单位”等称号。2005年，本人荣获“全国优秀辅导员”荣誉称号。

本人从事体育教学工作，兢兢业业，成绩突出。辅导武术队员于萌萌入选国家队，并在亚洲武术锦标赛荣获冠军。辅导的篮球队连续九年在县中小学生篮球比赛中名列前茅，本人同时连续九年获得优秀指导老师。1994年“山东省优质课评选”中获二等奖；撰写的论文《小学体育教学中渗透思想品德教育的途径与方法》在全省学校体育与健康学科优秀论文评选中荣获一等奖；2009年荣获“东营市体育教学能手”“广饶县体育教学能手”荣誉称号。

教育格言：做就做好，只有付出，才有收获。

以“和而不同，润泽人生”为新的教育理念，具体细致地在学校开展教师职业道德教育活动，在全校教职工中形成“爱岗敬业，乐于奉献，教书育人，廉洁从教，为人师表”的崇高师德风尚。以优良的师风，带动教风，促进学风，优化行风，使教师成为公民道德的楷模，让学生满意、家长满意、社会满意。

一、加强领导　健全机构　形成合力

我们认为，开展创建师德师风建设工作是实践党的根本宗旨的有效途径，是学校加强党风廉政建设的重要措施，也是顺利推进学校创新工作的迫切要求。学校遵循“以建为主，标本兼治，纠建并举”的指导思想，把师德师风建设作为学校“一把手”工程，由校长亲自挂帅，党政工领导共同配合来抓，多次召开行政会议，传达学习上级精神，讨论研究有关师德师风建设工作，及时反馈分析情况，探讨解决有关方面反映的一些热点、难点问题，促进工作的顺利开展。正因为有强有力的领导和健全的机构，为我校师德师风建设工作的有序开展奠定了良好的基础。

1. 领导小组：

组　长：闫联合

副组长：燕居丽　马仁厚　刘英军

成　员：各中层领导　级部主任

领导小组下设办公室，设在学校德育处，魏红光任办公室主任。

2. 建立师德师风考核“一票否决”制度

加强平时考核各职能处室、年级组、各课任教师的力度，结合师德考评细则，严格督查，公正公平，一丝不苟。使师德考核与晋级晋升、评优评先、岗位能力考核挂钩，师德有问题，其他全否。

二、组织学习做到计划落实，内容落实，不搞形式主义

组织教师学习国家层面及市县教育局推进师德建设活动的主要内容和师德誓词精神要义，学习《中小学教师职业道德规范》、《教师“十不准”》等，进一步明确学校师德建设的实施意见，强化教师依法治教、以德治教的意识，统一思想，提高认识。同时，要求教师深入学习《教育法》、《教师法》、《未成年人保护法》、《学生伤害事故处理办法》，自觉规范自身的教育行为，不断提高自身的师德素养。

三、建立师德师风的建设制度、相关条例，加强全员管理、科学管理，形成教职员工良好的师德行为

1. 自查。每位教师根据《教师职业道德规范》的要求，逐条对照检查自己近年来

在师德师风建设方面存在的突出问题，着力解决师德建设中的突出问题。突出以下几个方面的内容：①教师在教育目标、教育思想方面有没有违背教育方针、政策，是否存在只教书不育人的言行；②在对待学生方面是否做到理解、尊重、信任和关爱每一位学生；③在思想品德方面是否热爱教育事业，是否对学校的工作安排认真负责，兢兢业业，有没有以教谋私和追求吃喝玩乐、不思进取、误人子弟的现象，有没有向学生推销资料、乱收费、进行有偿家教、索要学生家长的礼品等不良行为；④在工作方式方法、言谈举止等方面，是否做到文明礼貌、适当得体、耐心细致，有没有言行粗鲁、工作方法简单粗暴、体罚和变相体罚学生、侮辱学生和伤害学生心理的行为。

2. 评议。学校中层领导结合我校教师队伍在师德建设方面存在的问题，分组并分别与各年级组的教职工进行谈心活动，同时，组织教师师德情况民主评议，评议结果记入教师档案。

3. 广泛征求意见。设立意见箱，向家长发放师德调查表，广泛听取学生家长和学生对师德建设方面的意见和建议。

4. 制定整改措施。结合自查、民主评议以及学生家长的意见和建议，每名教师认真分析个人在师德方面存在的问题写出反思，制定整改措施，明确整改重点，认真抓好整改。

5. 交流经验规范行为。本阶段通过开展系列活动，帮助教师树立良好的师德，规范教师教书育人的行为。一是撰写师德建设论文，在学校报刊上开展“首届师德论坛”活动；二是以年级组、学科组为单位组织开展“我的教育故事”分享会，并推荐一人参加学校师德报告会；三是在教师中广泛开展学习“十提倡”、“十不准”、“教师忌语”活动，建立完善师德建设规章制度，规范教师的教育教学行为；四是积极组织全体教师撰写“教师誓词”，使誓词的产生过程成为对教师进行师德教育的深化过程，强化教师树立教书育人的历史使命感和社会责任感。五是开展以“让读书成为教师的习惯”为主题的读书活动。要求每个教师年内要精读1—2本对个人成长有益的书籍。每位教师要撰写读书笔记，并结合教学工作实际撰写一篇质量较高的心得体会。

四、以丰富多彩的活动为依托　强化师德师风教育

活动育人是更好的育人途径。通过学习活动前的宣传发动，活动中的启发引导，活动后的总结反思，能起到潜移默化的作用，达到事半功倍的效果。学校围绕“全面贯彻教育方针、全面提高教育教学质量、全面实施素质教育”、“爱教育、爱学校、爱学生”、“让社会满意、让家长满意、让学生成才”的“三全”、“三爱”、“三让”教育活动和中级职称竞岗工作，开展教师演讲比赛，每位教师都结合自己的工作实际畅所欲言地表达了自己的心声，他们在工作中严格的遵纪行为、爱生的表现、奉献的精神，深深感动了参加活动的每位教师。

五、加强过程管理与监控　真正使制度条例通过教职员工的行为表现出来

通过学习和各种活动的开展，制度的约束，使全校教师在师德师风建设方面有了进展。为了巩固这一成果，及时发现问题，真正、全面地了解教师的治学行为，我校开展了家长、学生评价学校、教师的问卷调查活动，问卷的内容广泛，有学校办学条件、教育改革成果，有教师上课、批改作业、热爱学生、为人师表方面等等。学校根据情况进行整改和总结，从统计数据来看，全校教师的师德行为90%以上受到家长、学生的肯定。但也有少数教师在师德方面存在这样那样的问题。由校长作出调查分析，在教师会议上或私下，将此分析反馈给教师，使教师深深感到：自己在教书育人的过程中必须时时、处处为人师表，树立良好的职业道德形象。

六、以激励为手段　促进良好师德师风的形成

学校对师德师风建设进行科学评估，制定了五点师德师风责任追究，进一步完善了内部管理制度，对教师在教育教学过程中的违规行为或好人好事及时记录在案，各校建立了课堂教学考评组，考评结果与学年履职考核挂钩，更重要的是考评结果将作为文明教师评比依据，每年对文明教师进行表彰。

由于重视了师德师风建设，教师队伍整体风貌积极向上，进取精神很强，政治思想素质及师德师风水平提高很快，涌现出许多动人的事迹。如：有的教师加班加点不计报酬；有的教师带病坚持工作；有的教师在自己的孩子住院打吊针的情况下，还匆匆赶到学校为学生上课。教师为后进生耐心补缺补差是常有的事，对少数智力有障碍的学生，老师们总是那样地关心他们、爱护他们，从没有丝毫厌弃的言行，这受到了广大家长的高度评价。

总之，我们通过狠抓师德师风建设工作，深深体会到：只有制度完善、加强过程管理、发现问题并及时处理，才能保证师德建设有成效。我们将在今后的工作中，不断总结经验，进一步提高师资队伍的师德水平。